표현 · 소통 · 협력의 교육

프레네 교육학 *pédagogie Freinet*

황 성 원 지음

창지사

머리말

필자는 프레네 교육학을 전공하여 프랑스 국립 루앙(Rouen)대학교에서 박사학위를 받았다. 1997년 교육학 학위를 받고 건양대학교 아동보육학과에 재직한 지 어느덧 17년을 훌쩍 넘기고 있다. 학교 일이 매우 바쁘다 보니 개인 연구를 욕심만큼 적극적으로 수행하지 못했다. 학자로서 반성적 사고를 하며, 자신의 연구 분야에서 학문적 탐구심을 지속해 유지하는 분들을 진심으로 존경한다. 사실, 학문에 대해 꾸준하고 지속적인 열정을 갖는 것은 쉽지 않은 일이다.

2010년『표현과 소통의 교육, 셀레스탱 프레네 -프랑스의 새로운 교육-』을 출간한 후, 많은 시간이 흘렀다. 셀레스탱 프레네에 대한 연구를 가장 먼저 시작하였음에도 매번 늦어지는 연구 작업을 되돌아보며, 이번에야말로 완성도 있는 책을 내고 싶었다. 그러나 다시 읽어봐도 여전히 부족하고, 채워야 할 부분이 많아 보인다.

술술 읽히는 지인의 글을 부러워하며 글쓴이로서의 나 자신이 매우 부끄럽다. 문학적 글쓰기는 언어로 표현하는 능력이 타고나야 하지만 논리적 글쓰기는 훈련으로 잘할 수 있다는 유명한 작가의 말에 용기를 백배 얻는다.

본서는 프레네 교육학에 관심을 갖는 현장 교사들이 고민하는 것을 공유하고, 쉽게 풀리지 않는 교육 현장의 문제를 접근하여 프레네의 관점에서 해결하고자 한다.

셀레스탱 프레네(1896~1966)에 따르면, 프레네 교육도 당대의 교사들로부터 시작한 학교교육의 개혁운동이었다. 학교 밖의 삶을 교실 안에 도입하여 삶에 기초한 교육이 학교생활 전반에 자연스럽게 녹아들게 하였다. 셀레스탱 프레네는 세계적으로 잘 알려진 교육실천가이다. 영미권 교육의 영향을 받은 우리나라는 그에 대한 소개를 활발히 하지 않았지만, 그의 교육에 관심을 갖고 교실 현장의 변화를 꿈꿔온 교사, 교육기관장, 학자들은 1990년대 후반부터 프레네 교육학을 알고 있었다. 그들은 프레네 교육학에 대한 연구가 우리나라 교육 전반에 변화의 바람을 일으키길 원했고, 그의 교육방법이나 실천사례는 한국의 영유아교육, 초등교육 더 나아가 중등교육의 발전과 더불어 대안교육의 현장에도 영향을 주었다고 생각한다.

프레네 교육학은 신기하게도 영유아, 아동과 청소년뿐 아니라 대학생, 일반인 등의 성인학습자에게도 적용 가능하다. 모든 연령을 아우르며, 광범위하게 실천할 수 있는 교육활동을 포함한다. 또한, 몬테소리나 발도르프 교육학이 요구하는 특별한 교사 자격증이나 이수과정을 필요로 하지 않는다. 이러한 이유가 프레네 교사의 정체성을 확보하기 어려운 요인이 될 수 있다. 그러나 다른 한편으로, 프레네 교육학은 누구나 작은 것부터 실천할 수 있는 보편적이고 개방적인 성격을 갖는다. 프레네 교육철학이나 정신에서 출발하면 모두가 프레네 교사가 될 수 있다.

프레네 교육학의 실천은 정형화된 틀이 없다. 그의 철학에 동의하면 누구든지 실천할 수 있으며, 교육방법을 적용하면서 교사로서 어려움에 봉착하면 뜻을 함께하는 교사들과 상호 교류를 시도한다. 그래서 교사들의 연구 모임이 매우 활성화되어 있다.

프레네 교육학의 국제적 성격에 비추어 볼 때 우리나라는 시기적으로 늦은 편이지만, 교육학자나 일선의 교사들이 프레네 교육철학의 가치와 중요성을 연구하고 가끔 프랑스나 북유럽의 프레네 학교를 방문하곤 한다.

외국의 교육이 우리나라 교육 현장에 도입되어 어떻게 학습자의 연령 구분 없이 모든 세대에 적용할 수 있는가에 대해 문제를 제기할 수도 있다. 사실 프레네 교육학은 교육 대상의 연령을 별도로 구분하지 않는다. 예를 들어, 아침 시간의 '쿠아 드 뇌프(Quoi de neuf)'와 같은 교육방법의 기본 틀이 있지만, 교사는 학생들의 반응을 통해 자율성을 갖고 그 틀의 내용을 함께 구성해 간다.

전 세계의 많은 교사가 그의 교육관과 교육방법을 계승하여 자신의 학급 상황에 맞게 실천하고 있다. 프레네 교육학은 교사들의 사회 참여를 적극 권장한다. 오히려 영미권보다 유럽 전역과 남아메리카, 아프리카에서 프레네 교육학을 적극적으로 수용하였다. 아시아 국가에서는 일본이 1970년 말에서 1980년대 초 프레네의 원저를 번역 및 소개하였으나, 우리나라는 아직 프레네 원저를 출판하지 못했다. 그러나 다행히도 국내의 프레네 연구자들이 『일의 교육(*L'Éducation du travail*)』을 완역하여 곧 출판할 예정이다.

1990년대 말부터 프레네 교육학에 관한 연구물이 꾸준히 발표되어 왔다. 독일 문헌을 번역한 역서, 학위 논문, 연수 자료집, 세미나, 연구 논문 등이 있다. 대표 도서로는 2002년 송순재 교수님이 번역한 『프레네 교육학에 기초한 학교 만들기』와 2009년 정훈 교수님의 『자발성과 협력의 프레네 교육학』이 있다. 성장학교 별은 프랑스의 프레네 교사를 초정하여 세미나를 여러 회 개최하였고, 그 내용을 중심으로 『프레네 학교 이야기』 두 편을 출판하였으며, 2015년 스웨덴의 교사를 초청하여 교사 세미나를 개최한 바 있다. 충남교육연구소에서는 프레네 교육학에 대한 교원 연수를 2002년도에 실시하였다. 공립학교 교사들은 2009년에 『프레네 교육의 첫걸음』이라는 제목의 연수 자료집을 발간하였으며, 국내외 여러 대학원에서 프레네 교육학을 주제로 한 석사학위 논문들도 나왔다. 2014년, 김세희 박사는 「현대 프랑스 교육운동의 관점에서 본 '페다고지 프레네'」를 주제로 교육학 박사학위 논문을 발표하였다.

사실, 프레네 교육학을 다룬 첫 문헌으로 1990년에 이진석 선생님이 번역한 『사회주의 교육의 이론과 실천』이 있으며, '프레네 운동'이라는 제목으로 약 15장에 걸쳐 그의 교육 전반에 대한 특성을 서술하고 있다.

최근 학교교육을 개혁하고자 교육 연수를 위한 강의와 강연이 이루어지며, 행복교육 또는 나눔교육을 소개하는 선생님들도 여러 교육학자의 영향을 받았지만, 그중 프레네 교육학을 공부하며 나름의 교육관을 형성하고, 그 실천사례를 소개하는 것을 보았다. 이렇듯 프레네 교육학에 대한 연구나 교육 현장의 변화는 활발히 진행되어 왔다. 본서도 그러한 노력의 결과로서 프레네 교육학의 이론과 실제를 아우르고, 현장의 선생님들에게 프레네 교육학의 실천사례를 제시하여 자신의 학급 상황에 맞게 조금씩 적용할 수 있는 가능성을 보여 주고 싶었다. 그러한 과정을 통해 학생들이 배움의 과정을 체험하고, 자신의 학습계획에 따라 주도적으로 활동할 수 있기를 기대한다.

필자의 박사학위 논문은 「아동의 학교사회화와 에뒤카시옹 누벨 - 로제 쿠지네(Roger Cousinet)의 소집단 자유학습법과 프레네(Freinet) 교육학 비교 연구」이다. 1997년 박사학위를 마친 후, 우리 교육 현장에 새로운 교육을 소개하고자 "프레네(C. Freinet) 교육에 대한 사회학적 고찰"과 "프랑스의 열린교육: 쿠지네와 프레네의 교육을 중심으로"를 발표하였다. 그때를 시작으로 2000년 이후, 송순재 교수님의 연구물과 역서 덕분에 프레네 연구가 알려졌다. 본서는 현재까지의 연구 성과를 보완하고 프레네 연구의 발전에 계속 일조하려는 노력의 결과이다.

1983년 경향신문에서, 프레네 교육학을 소개한 기사를 발견하고 매우 놀라웠다. "주입식 벗고 자율학습 유도, 프레네 교육방법 구미서 각광"이라는 제목의 기사였다. 기자는 일본에서도 이 분야의 연구가 활발히 진행된다고 하였다. 프레네 교육학은 교사의 권위보다 아동의 자발적 표현을 중시하고, 이해와 기억이 없는 교육방법은 없다고 하였으며, 교육 매체와 기술에 바탕을 둔 학습법이라고 주장한다. 또한, 지식 위주의 엘리트 교육이 아니라 활동적인 민중교육이라고 정의하였다. 프레네 교육학은 개인주의적 교육이 아니라 협력교육을 중시하여 자발성을 키우는 학습 분위기를 형성하는 교사의 역할이 매우 중요하다.

이 기사는 프레네 교육학을 잘 정의하고 있다. 거의 30년이 넘은 옛날 기사임에도 불구하고 현재 우리 교육의 방향성을 제안하고 있다. 그렇다면 오늘날의 학생들에게 프레네 교육학이 설득력이 있는 이유는 무엇일까? 요즈음 영유아기부터 대학생에 이르기까지 예전의 전통적 교육방법을 적용하는 것은 그들의 성향과 특성에 맞지 않는다. 그들은 영상 매체를 좋아하고 매우 활동적이며, 무슨 일에나 적극적으로 참여하고 싶어 한다. 이렇게 개성이 강하고 자기주장이 강한 아이들에게 자유로운 표현과 소통의 교육은 정말 필요해졌다. 표현과 소통은 반드시 협력, 협동, 나눔, 공유적 태도에 기반을 두어야 한다. 표현과 소통뿐 아니라 협력을 실천하는 교육이 바로 프레네 교육학일 것이다.

본서는 모두 다섯 장으로 구성되어 있다. 제1장은 셀레스탱 프레네의 삶에 기초한 교육학의 형성 과정을 개화기, 전환기, 절정기, 확산기 등 모두 네 단계로 구분하여 소개하고자 했다. 제2장은 프레네 교육학의 이론을 교육원리, 현대학교 헌장, 교육학의 특징, 프레네 교사로 세 분하여 언급하였고, 한국 공교육에 줄 수 있는 영향력을 설명하였다. 제3장은 프레네 교육학의 적용과 실천, 교육학의 성과를 분석하였고, 프레네 학교교육과정, 교수학습, 교육실천의 사례, 우리 교육에의 시사점을 다루었다. 제4장은 프레네 교육학과 파리 근교의 프레네 교사들이 모여 형성한 심리치료 교육학(제도화 교육학) 사이의 관계를 설명하고, 동시에 프레네 영유아교육과 초중등교육에서 실천하는 구체적인 활동을 제시하였다. 제5장에서는 프레네 교육학의 동향과 발전 방향을 정리하였다.

필자는 일반적으로 '프레네 교육'이라고 언급하며 연구를 수행하였으나, 본서에서는 '프레네 교육학'으로 정의하고자 한다. 이유는 셀레스탱 프레네의 교육 목적, 내용, 방법 등에 관하여 독자적인 교육학 분야로 인정받아 역사적 · 심리학적 · 과학적으로 접근할 수 있기 때문이다.

프레네는 근본적으로 실천 중심의 교육을 강조하였다. 프레네의 교육 이론은 실천에서 출발하였고, 실천이 있었기 때문에 이론이 가능했다. 따라서 프레네 교육학의 특성을 반영한 적용 사례를 포함하여 영유아 보육 및 교육, 초중등교육, 더 나아가 대학생을 위한 교육방법과 교수학습 활동의 개선에 기여하길 바란다.

본서의 출판을 가능하게 해 주신 창지사 사장님과 편집부 관계자님들께 깊은 감사의 마음을 전해 드린다.

또한, 대학에서 교육학을 전공하고 싶어 하는 아들에게도 학문적 · 실천적 도움을 줄 수 있기를 바란다.

2016년 9월

황성원

차례

제 1 장

프레네 교육학 형성 과정

1. 개화기(1896~1931)
2. 전환기(1932~1944)
3. 절정기(1945~1966)
4. 확산기(1967~현재)

셀레스탱 프레네(Célestin Freinet)는 1896년 프랑스 남부지방에서 태어나 1966년에 타계하기까지 평생 일선의 초등교사로 재직했으며, 현장에서 터득한 경험을 바탕으로 교육과정, 교육방법, 교수학습 매체에서 새로운 개혁을 제시한 교육실천가였다. 그는 실천가로 출발해 독학으로 자신의 교육 이념 및 방법을 이론화했지만, 학계에 특정 이론을 남긴 교육학자는 아니었다. 그 당시 학계는 프레네 교육학에 대해 거의 무지한 단계였으나, 그의 교육이 '교육운동'으로 확산되어 현장의 교사들이 그의 교육철학을 계승하면서, 학자들도 프레네 교육학에 관심을 갖게 되었다. 이 장에서는 프레네의 생애를 통해 그의 교육이론과 실제의 형성 과정을 살펴보고자 한다.

1 개화기(1896~1931)

1) 셀레스탱 프레네

프랑스 남부 알프-마리팀 지방의 작은 마을 가르스(Gars)에서 농부의 넷째 아이로 태어난 그는 1912년 니스(Nice)에서 초등교사를 양성하는 사범학교(école normale)에 입학한다. 졸업하기 전, 제1차 세계대전이 발발하자, 참전한 교사를 대신하여 학생들을 가르치기 시작하였다. 그러나 몇 달 후, 1915년 4월 자원입대한다.

당시 많은 문학작품이 잔혹한 세계대전을 생생히 묘사한 것처럼 프레네도 당시의 상황을 다음과 같이 기술한다.

> "서둘러 기차에 올랐다. 아무도 날 돕지 않았다. 어떤 사람이 추운지, 목이 마른지, 피곤하지 않은지 묻지 않았다. 이날 아침, 불쌍한 동행자들은 영광의 후광을 보았다. 아니, 우리는 '영광스럽지' 않았다. 우리는 '가련했다'. 나의 잃어버린 어린 시절은 다시 돌아오지 않을 것이다. 그해 잎사귀들은 너무 빨리 돋아났다."[1] (Peyronie, 1999, 재인용)

1916년 4월, 프레네는 전쟁터에 도착했다. 19세였던 그는 같은 부대에서 40명과 함께 생활했다. 18개월 후 1917년 10월, 슈맹 데 담(Chemin des dames)전투에서 매우 심각한 부상을 입는다. 총탄으로 입은 이 상처는 늑막염을 일으켜 다른 수백만 사람들과 전쟁터에서 지옥 같은 나날을 보낸다. 그의 딸 마들렌느 프레네(Madeleine Freinet)는 1916년 2월부터 1918년 11월까지 프레네가 작성한 '전쟁 노트'의 글을 공개했다. 셀레스탱 프레네는 『명중! 전쟁 부상자의 기억』(1920)에서 당시의 참담한 사건들을 적고 있다.

셀레스탱 프레네는 자질이 부족하고 권위적인 상관을 모시게 되었고, 전쟁과 인간의 행동에서 군대의 권력과 인간의 능력, 지능, 감각 사이에 매우 큰 차이를 발견하였다.

> "1916년 3월 16일 목요일. 오늘 군대의 훈련은 머리로 했다면 흥미로웠겠지만 실행하기에는 어리석은 짓이었다. 몸집이 크고 거만한 부관은 무능하다. 종일 욕을 입에 달고 있다. … " (Madeleine Freinet, 1997)

> "1916년 6월 23일. 오늘 아침 또 우리는 무기 조작을 하는 데 바보가 되었다. … " (Madeleine Freinet, 1997)

---

1) 본서에서 소개하는 프레네의 글은 페이로니(Peyronie, 1999, 2000)의 책에서 주로 재인용함. 다른 참고문헌은 별도로 표기함.

> "1917년 6월 6일. 인간들이 얼마나 이기적인가! 부대의 상관은 늘 모든 책임이 부하에게 돌아간다는 것을 알고 있다. … 그 어느 때보다도 더 진저리난다. 어제저녁의 업무, 지독한 탄막사격 … " (Madeleine Freinet, 1997)

프레네는 참전하여 권력의 횡포가 주는 부당함과 군인들의 무능한 일상을 알게 되었다. 전쟁의 위험과 마주하여 발생할 정의롭지 않은 상황들을 직접 보고 경험하였다.

> "1917년 7월 10일. 전쟁이 지긋지긋하다. 계급마다 중대장이 따로 있다. 싸우기 위해 남는 군인이었다. 돈도 지배력도 아니었다. 프랑스는 더 이상 싸우지 않는다. 프랑스에는 거지들만 있다. 그들은 위험에 처해 있다." (Madeleine Freinet, 1997)

이와 같이 프레네는 몇 년 동안 전쟁의 최전선에 있었다. 그러나 1917년 10월 전투에서 폐에 부상을 입는다. 그는 전쟁의 잔혹함에 환멸을 느끼며, 당시 전쟁을 주도하는 군대의 집단적 행동과 인본주의적 관점 사이에서 갈등을 겪는다.

1918년 제1차 세계대전이 끝나고 많은 희생자와 피폐해진 잔해를 바라보며, 전쟁이 다시는 일어나지 않기를 바라고, 자본주의적 산업사회의 종말과 새로운 사회에 대한 건설을 간절히 원했다. 프레네는 더욱 정의롭고 인간 중심적인 사회가 오기를 기대했다.

1920년 1월 1일, 프레네는 알프-마리팀의 바르-쉬르-루(Bar-sur-Loup)에 있는 두 학급이 전부인 초등학교에서 다시 교편을 잡는다. 그의 나이 24세였고, 부상 후유증으로 말하는 것에 어려움을 겪는다. 많은 학교의 교사들이 그랬던 것처럼 설명 중심의 교육방법을 그대로 적용할 수 없을 정도로 몸이 쇠약해졌다.

제1차 세계대전 후, 학교는 학생 개인의 능력에 따라 사회적 역할이 결정된다는 기능주의 이론이 지배적이었다. 당시의 아버지들은 학교에 다닐 나이에 전쟁터에 있었지만, 자신의 아들은 학교라는 공간에서 시간을 보낼 수 있길 기대했다. 전쟁 후 결속된 국민의식은 평화 시에도 지속한다고 본 관점이 바로 '민중학교'의 시작이었고, 민중학교의 구축은 프레네 교육운동이 보여 준 중요한 성과였다.

프랑스 서부 지역의 브르타뉴 출신으로 셀레스탱 프레네와 처음으로 통신교류를 시작한 르네 다니엘(René Daniel)은 당시의 상황을 아래와 같이 적고 있다.

> "1920년은 전쟁에서 귀환한 해이다. 전쟁에 참여했던 우리는 속았고, 악용당하여 복수심을 갖게 되었다. 전쟁하는 동안에는 그런 생각을 가지지 않았던 것 같다. 많은 동료가 각자 일상으로 돌아갔다. '이러한 일이 다시 일어나서는 안 된다! 앞으로 다가오는 후손들은 우리가 알게 된 전쟁의 공포를 알아서는 안 된다!'고 생각하였다." (Célestin Freinet, 1980)

프레네는 전쟁 이후, 평화주의를 지향하고 전쟁이 가져오는 결과를 호소하였다. 그는 1923년쯤 국제적 명성을 지닌 사회주의 작가, 앙리 바르뷔스(Henri Barbusse)를 알게 된다.[2] 바르뷔스는 소설 『불(*Le feu*)』(1916)에서 제1차 세계대전에 대한 상투적인 묘사보다 군대의 일상에 젖어 있는 순박한 군인들을 인상 깊게 묘사하였다. 그는 이 책으로 공쿠르(Goncourt) 상을 받았다. 전쟁을 경험한 사회주의자로서 진보적 문화운동을 이끌었던 바르뷔스는 1923~1925년까지 프레네가 작성한

---

2) 앙리 바르뷔스는 바 지역에 있는 트라야 마을에서 살고 있었고, 그곳에 프레네를 초대하여 만났다.

아홉 개의 기사를 『클라르테(*Clarté*)』[3]에 실었다.

프레네가 쓴 기사의 주요 내용은 교육과 교육기관, 교육학에 관한 것이며, 사회와 어떠한 관계를 이루는가에 중점을 두었다. 프레네는 듀이(John Dewey), 페스탈로치(Johann Heinrich Pestalozzi), 케르쉔슈타이너(Georg M Kerschensteiner), 블론스키(Pavel Petrovich Blonsky) 등 유명한 교육자들의 저서를 소개하고, 독일 함부르크 학교를 방문했던 경험도 기사로 작성하였다. 그는 학교를 자본주의 경제 체제의 붕괴라는 정치적 틀에서 분석하였다. 이는 「프롤레타리아 학교를 향하여」, 「자본주의 학교의 최종 단계」라는 글을 통해 충분히 확인할 수 있으며(Barré, 1995), 학교 조직과 교육의 질서 면에서 기존에 형성된 인식과 단절하여, 그야말로 사회적 혁명을 불러일으키고자 하였다.

프레네는 「프롤레타리아 학교를 향하여」를 쓰면서 자본주의 사회에서 학교가 발전한 과정을 기술하고, 교육기관은 수업의 개선에 머물지 말고, 말 그대로 '개혁' 또는 '변혁'해야 한다고 비판적 관점에서 말하였다.

프롤레타리아 학교에서 프레네는 1789년 프랑스 혁명이 종교를 무너뜨리고 교육을 대중화하고자 하였다고 했다. 오래전부터 준비한 계몽주의는 도덕성과 사회적 행복에 관심이 있었고, 위고(Victor Hugo)는 나중에 "우리가 가르치는 모든 아동은 우리에게 도움을 꼭 주는 사람이 된다."라고 하였다.

나폴레옹은 종교의 비종교화 덕에 조국을 기리는 태도를 키우고, 민중교육을 위해 혁명적인 노력을 해야 한다고 생각했다. 이처럼 정의 · 박애 · 조국이나 인본주의와 같은 거창한 말 중에 행동을 근본적

3) 『클라르테(*Clarté*)』는 빛, 광명의 뜻이며, 바르뷔스의 저서명을 그대로 사용한 잡지이다.

으로 움직이게 한다면, 그것은 바로 자본주의 이윤 때문이라는 것이다. 학교 관계자들은 자본주의의 근본적 특징을 알고 있고, 인간교육에 대하여 중요하게 보지 않았다.

다음 인용문은 바레(Michel Barré)가 『우리 시대의 교육가, 셀레스탱 프레네』에서 자본주의 학교에 대한 특성을 제시한 부분이다.

> "많은 양의 지식을 넣어 주거나 자본주의적 경쟁 관계의 필요성이 증가함에 따라 더 가중된 주입식 교육을 강요한다. 오늘날 자본주의 학교의 특징은 사회적 행위를 규제하는 힘으로 학교를 지배하려는 욕구가 있고, 지식의 영역을 넓혀 많은 지식을 발전시키면 인간의 생명력이 커진다고 믿는다." (Barré, 1995)

프레네의 관점에서 볼 때, 당시 프랑스 교육의 중요한 결점은 우리의 존재에 관한 관심보다 얼마나 많이 알고 있는가에 중점을 두었다는 점이다. 우리가 존재한다는 것이 중요한 까닭은 많은 사람이 심리적 균형을 유지하기 힘들며, 행동보다 감정과 태도에서 매우 다른 모습을 보여 주기 때문이다.

프레네는 과학의 발견을 통해 자본주의가 사회의 발전에 도움을 준다고 하였으나, 기계적인 메커니즘으로 국민의 안녕을 크게 걱정하지 않는다고 보았다. 단지 교사나 지도자에게만 유리하길 바라는 점을 아쉽게 생각하였다. 그에 따르면, 교육학은 인간교육을 위한 교육과학적 측면이 부족하다고 하였다. 페스탈로치가 말한 것처럼 인간을 키우는 학교가 없다는 것을 프레네는 안타깝게 생각했다. 프레네가 추구하는 교육의 방향성은 학교의 혁명을 통해 새로운 질서에 부합하는 학교를 건설하는 것이었다(Peyronie, 1999).

전쟁의 경험은 셀레스탱 프레네가 교사로서 살아가는 의미를 찾게 하였고, 지적인 여정의 기반이 되었다. 프레네는 전쟁으로 몸에 70%의 장애를 얻었으며, 폐에 입은 부상으로 위축된 교육자의 이미지를 갖는다. 프레네는 가까스로 죽음을 면한 후 나머지 4년을 병원에서 보냈다. 이 시기에 프레네는 자기만의 새로운 수업방법을 고안하였다.

엘리즈 프레네(Élise Freinet)는 『민중교육의 탄생』(1976)에서 프레네 교육사상의 탄생배경과 프레네 교사협의회를 통한 확산의 과정을 시기마다 정리하였다. 엘리즈는 다음과 같이 적고 있다.

> "폐에 입은 큰 부상은 서른다섯 명 학생들이 집중하는 교실 분위기를 만드는 데 방해 요인이었다. 또한, 학교에서 풍기는 역겨운 냄새는 설명하기 힘들며, 우리와 같은 프롤레타리아를 위한 학교의 기능을 떨어뜨렸다. 두꺼운 먼지와 진흙투성이 신발로 다니는 계단, 잘 청소되지 않은 마루판 등에서 나는 냄새, 게다가 복도에는 바람이 들어왔다. 얼마 후, 이렇게 오염된 공기는 병을 악화시킬 것이다.
>
> 짧은 기간에 흉곽마비와 의식불명의 징조가 생겼다. 어쨌거나 보조교사는 교장실에 가서 상투적인 신호를 보내며 프레네가 숨을 돌리기 위해 수업을 보류하지 않을 수 없다는 것을 알렸다. … 그리고 피로에 지친 프레네는 쿠션 의자 위에서 움직이지 않았다. 생존 욕구가 강했던 한 젊은이는 매일매일 절망하고 있었다." (Élise Freinet, 1976)

프레네의 부인 엘리즈가 묘사한 내용과 같이 1961년 인터뷰에서 프레네는 그때를 기억하며 아래와 같이 말하고 있다.

> "전쟁에서 돌아왔을 때, 나는 심각한 부상을 입었다. 오랜 시간 말할 수 없었고, 교실에서는 더욱더 그러했다. 학생들에게 "너도 보다시피, 애야, 그것은 … " 이라고 설명하려면 아이들은 연필을 놓고 움직였기 때문에 수업을 지속할 수 없는 상황이었다. 다시 수업 분위기를 살려보고자 했지만, 이번엔 다른 아이가 책상을 두드린다. "아, 그렇게 계속할 거니?"

> 라고 말하게 된다. 이렇게 교사는 소리를 지르고, 아이들은 똑같은 행동을 반복하고 … 일부러 팔다리를 움직일 수 있는 기회를 엿보곤 한다.
>
> 내가 10분간 설명하면, 한 학생으로 인해 흩어진 수업 분위기를 다시 정돈하는 데 15분이 걸린다. 더 이상 이런 식의 수업을 진행할 수 없다. 그래서 나는 해결책을 찾아보았다. 바로 그 순간 가르치기를 멈추고, 효율적이고 지적인 방식으로 수업할 수 있는 다른 기술을 찾아보고자 했다. 내가 재미있고, 내 몸이 견뎌낼 수 있는 수업을 … 마침내 찾아낼 수 있었다." (Peyronie, 1999)

제1차 세계대전 이후 프레네는 교육과 정치의 관계가 매우 멀다고 생각했던 당시 교사들과 달리 학교와 사회의 밀접한 관계성을 언급하였다.

그는 사회의 변화와 학교의 변화를 변증법적으로 접근하여 새로운 민중교육을 건설하고자 하였다. 엘리즈는 셀레스탱 프레네에 대해 "가르치는 직업으로 소박한 출발을 했던 초보자"였다고 말했다.

전쟁에 대한 반감은 더욱 깊어졌으며, 사회 환경과 직업 세계에 대한 비판적인 사고도 심화되어 갔다. 질병으로 인해 '건강한 젊은이로서의 기쁨'을 누리지 못했던 프레네는 평소에 한 가지 주제에 깊이 몰입하는 습관을 가졌다. 그리고 당시의 프레네는 농촌 지역의 서민 문화에 관심이 있었고, 본질적으로 의식의 기저에는 마르크스 사상이 잠재하고 있었다. 엘리즈는 "프레네가 마르크스와 레닌의 저서를 읽으면서 혁명 사상을 지향하고 있었다."라고 말했다.

이처럼 프레네는 전쟁의 참혹한 결과를 만인에게 알려야 한다는 의무감을 느끼고 바르뷔스에게 연락하였다. 바르뷔스는 공산주의자로서 자신의 소설 제목을 그대로 따라 쓴 『클라르테(*Clarté*)』 잡지를 발간했다. 프레네는 당시 지배적이던 에뒤카시옹 누벨(L'Éducation Nouvelle) 운동의 이론가 듀이, 페스탈로치, 케르쉔슈타이너, 블론스

키를 연구하였고, 동시에 1922년 방문한 독일의 함부르크 자유주의 학교(école libertaire de Hambourg)를 언급하였다. 학교는 자본주의적인 경제 논리와 단절하고 정치적인 관점으로 교육을 접근해야 한다고 보았다. 프레네는 1920년대에 교편생활을 시작하면서 페리에르(Adolphe Ferrière), 드크롤리(Ovide Decroly), 몬테소리(Maria Montessori)가 쓴 저서를 읽었고, 1923년 몽트뢰(Montreux)에서 개최된 에뒤카시옹 누벨 국제연맹의 학술회의에도 참석하였다. 1925년에 소련의 작업학교를 방문하기 전, 막스와 레닌의 책을 읽고 사회주의 교육자인 피스트락(Pistrak), 블론스키, 크루프스카이야(Kroupskaïa)에 관한 내용도 알고 있었다. 하지만 함부르크 자유주의 학교는 프레네 자신의 교육이상을 실현할 수 있는 모델이 아님을 깨닫는다.

셀레스탱 프레네의 교육관은 학교에 대한 비판적 사고의 폭을 넓혀주었고, 앞으로 다른 사회에서 다른 교육이 필요하다고 주장한 세 가지 근거를 제시하면 다음과 같다.

- 프레네 교육학은 교육을 통해 사회를 개혁하려는 의지가 강했다. 자유주의(libertaire) 정치사상의 관점에서 과업을 수행하고자 했다.
- 프레네 교육학은 20세기 초, 러시아 혁명의 영향을 받아 학교교육의 실천과 교육 제도에 관한 정치적 · 교육적 고민을 통해 새로운 교육실천의 모형을 개발하고자 하였다.
- 프레네 교육학은 에뒤카시옹 누벨(Éducation nouvelle)이라는 유럽 신교육운동의 영향을 받았다.[4]

4) 에뒤카시옹 누벨(Éducation nouvelle)을 번역하면 신교육이라고 한다.

2) 프레네 교육학 초기 형성

(1) 자유주의(libertaire) 정치사상

학교에 대한 자유주의 정치사상과 관련하여 프레네가 갖는 의문은 정치적 검열 과정에 나타난 논쟁으로 인해 더욱 깊게 제기되었다. 프레네 교육학은 자유주의(libertaire) 교육사상에서 교육실천의 기원을 찾고자 했으며, 그에게 자유주의 전통은 가치와 타고난 성격과 성품에 기초한다.[5] 프레네는 아내 엘리즈와 함께 1950년대 초까지 러시아 혁명을 추종하는 공산당원으로 활동하였다.

1947년, 프레네 교사들의 협회 이름을 현대학교협의회(Institut Coopératif de l'École Moderne: ICEM)라고 결정한다. 이 이름은 프랑시스코 페러(Francisco Ferrer)가 말했던 것과 동일하다. 페러는 스페인 카탈로니아 출신의 자유주의(libertaire) 교육자로서 1909년 비극적으로 암살당한 인물이다. 자신의 교육운동을 현대학교라고 지칭하여 당시에 확산되었던 에뒤카시옹 누벨 운동이나 교육개혁 사상의 흐름에서 독립할 수 있었다. 대부분의 학교는 학교 개혁과 사회적 영향으로부터 분리를 당연시하였다. '현대성(modernité)'이라고 하는 개념은 현재의 시간과 모든 종류의 변화에 개방할 수 있다는 뜻이다. 스페인어로 현대학교는 에스쿠엘라 모데르나(Escuela moderna)라고 한다.

1920년대 무정부주의 교육의 실천사례는 프레네에게 영향을 주었다. 와즈(Oise)에 캉퓌(Campuis) 보육원을 설립하고 '전인교육'을 주

5) 프레네 교육운동의 역사에 대하여 연구를 수행했던 앙리 포르티에(Henri Portier)와 클로드 기요메(Claude Guihaumé)는 프레네 교육학에서 자유주의 정치사상의 기원과 관련된 많은 자료를 보여 주었다. 앙리 포르티에가 연출하고, 1996년 프레네 교사협의회인 ICEM(현대학교협의회)이 제작한 영상 자료인 「프레네 운동」을 참고하였다.

장했던 폴 로뱅(Paul Robin)이 있었다. 프레네는 1927년 어느 한 잡지에서 로뱅의 교육실천 사례를 소개하는 기사를 읽었다. 특히, 남녀 합반교육, 통합교육, 일상생활과 자연학교, 농장이나 출판인쇄 아틀리에[6] 등 다양한 아틀리에 체험을 하고, 13세에 직업교육을 실시하는 민중교육을 강조하였다. 프레네는 이 보육원에서의 교육을 중립적 · 평화주의적 · 국제주의적이며, 동시에 프롤레타리아답다고 말했다.[7]

또한, 랑부이에(Rambouillet)에 가까운 센 에 와즈(Seine et Oise)에서 1904년 개교한 에콜 드 라 뤼쉬(École de La Ruche)를 간과할 수 없다. 이 학교는 1917년 전쟁으로 인해 갑자기 없어졌지만, 그 전에는 20명의 성인 자원봉사자, 남녀 40여 명이 모여 주로 지적 활동과 수공활동을 실천하였다. 학교에는 채소밭, 암석, 수공 아틀리에, 캉퓌 보육원에서 가져온 인쇄활동기기 등이 있으며, 이를 통해 전인교육 차원에서 자유주의 교육을 실천하려는 교육 의지를 엿볼 수 있었다.

이러한 자유주의적 특성을 가진 교육 유토피아에 대한 열망은 단지 프랑스와 스페인뿐만 아니라, 유럽 전체에 퍼져 있었다. 독일의 경우, 자유주의 교육을 도입하여 교사와 학생 간 권위적인 관계가 사라졌다. 이에 대한 정보를 갖고 있던 프레네는 1922년 드디어 함부르크의 알토나 자유학교를 방문하러 간다. 그는 이 학교에서 과목별 구분이 엄격하지 않다는 점에 강한 인상을 받았다.

---

6) 프레네 교육학에는 아틀리에(atelier)라는 말이 자주 나온다. 정훈(2009, 252-253)은 이 용어를 학교의 교육공간과 시설을 조직하고 배치하는 프레네의 생각을 반영한 것으로 본다. 다양한 학습활동이 진행되는 구획된 공간을 말하며, 특정 주제와 학습활동, 학습시간을 지칭하기도 한다.

7) 로뱅의 보육원에 대해서는 나탈리 브레망(Nathalie Bremand)의 『캉퓌, 쥘 페리 시대 자유주의 교육 경험』(파리, 몽 드 리베테르 출판사, 1992)을 읽어 볼 수 있다.

> "복도에서 서성이거나 걷거나 하는 학생은 볼 수 없었다. 수학 교과는 없고 주로 움직임, 일상의 삶 등이 있으며, 체육 시간에 운동장에서 서성거리는 학생들도 없다." (Peyronie, 1999)

프레네가 함부르크 학교에서 깊은 영향을 받았다고 한 것은 미술 시간에 한 '자유 그림' 때문이었다. '산책과 나들이'를 통한 학교 밖의 경험과 문화 등이 매우 풍요로웠고, 이것이 바로 교실에서 활용할 수 있는 구체적인 학습 자료라고 말했다.

(2) 사회주의 교육자

1917년에 발생한 러시아 혁명은 19세기 노동자와 사회주의자의 간절한 희망을 실현한 사례였다. 1925년 구소련의 교원노동조합은 서유럽 교사 노동조합위원회를 초청하였다. 셀레스탱 프레네는 프랑스의 동료 교사들과 함께 이곳을 여행하게 되었다.

프랑스 교사 방문단은 계획된 시간표에 따라 또는 자유로운 방식으로 여러 학교를 방문했다. 일부는 초등학교 교사들을 만났고, 젊은 공산주의자들은 생페쩨레스부르그와 레닌그라드에서 열린 군중집회에도 참여했다. 또한, 당시 레닌의 아내이자 초등교사였던 크루프스카이야를 만나 교육 문제에 대해 논의하기도 했다.

이 여행에서 프레네는 그만의 수업기술을 개발하는 데 영감을 얻는다. '벽신문(journal mural)'은 새로운 수업 방향에 실질적으로 도움이 되는 자료였다. 프레네의 사위, 바레는 "프레네가 감탄한 것은 동아리 자치활동(self-government), 달톤(Dalton) 계획[8] 등이었으며, 현대 앵

---

8) 달톤(Dalton) 계획은 교사 계획과 학생 개별 학습법으로 프레네 교육방법의 중심이 되었다.

글로 색슨들이 주장한 교육활동을 실시하고 있다(Barré, 1995)"라고 말했다.

당시 교사들은 사회주의 혁명에 기초한 유토피아의 건설과 노동학교 건립이 가능하다는 것을 확인하였다. 프레네는 1925년에서 1926년까지 이 교육 여행에서 느낀 내용을 12회에 걸쳐 발표하였다.

셀레스탱 프레네의 개인 이야기지만 1925년 여름 동안 그는 일생의 반려자인 엘리즈 라지에-브루노(Élise Lagier-Bruno)를 알게 되었고, 그들은 1926년 3월에 결혼하였다. 엘리즈는 혁명적인 성향이 있었는데, 이에 대해 그의 딸 마들렌느 프레네는 "'혁명적이다'라는 말은 마음의 도약뿐 아니라 정의와 헌신을 향한 욕구(Madelaine Freinet, 1997)를 포함한다."라고 말했다.

(3) 에뒤카시옹 누벨(Éducation Nouvelle)의 영향

19세기 말부터 유럽이 갈망했던 교육 제도의 변화는 사회질서에 대한 급진적인 비판에서만 다루어졌던 것은 아니다. 루소(Rousseau)의 사상을 이어 온 정치계의 온건파들은 교육을 새롭게 보기 시작하였다.

'에뒤카시옹 누벨 국제연맹(Ligue internationale pour l'Éducation nouvelle)'은 1921년 8월에 창립되었지만, 에뒤카시옹 누벨 사상은 그 이전부터 존재해왔다. 1899년 페리에르가 주도하여 새로운 학교 국제사무국(Bureau international des Écoles nouvelles)을 스위스 제네바에 설립하였다.

전통교육에 바탕을 둔 학교교육은 과다한 학습량, 정신과 신체의 기계적 훈련, 아동과 청소년의 기질과 성향을 무시한다고 비난받았다.[9)]

프레네는 당시 유명한 교육자들의 저서를 읽었다. 1922년부터 1925년 『개화한 학교(*École émancipée*)』라는 이름의 잡지에 기고한 많은 글은 교육학 관련 저서 또는 에뒤카시옹 누벨 운동으로부터 영향을 받은 글이었다.

페리에르의 '능동적 학교', 몬테소리의 '어린이의 집(Casa dei bambini)', 얀 리하르트(Jan Lighart)의 가난한 아이들을 위한 교육활동, 듀이에 의한 역사교육, 드크롤리의 흥미 중심 학습방법, 에두아르 클라파레드(Edouard Claparède)가 서문을 쓴 장 피아제(Jean Piaget)의 저서 『어린이의 언어와 사고』 등을 읽었다.

또한, 프레네는 루소보다 40년 후에 나타난 스위스 교육자 페스탈로치의 빈민교육에 대한 글도 썼다. 교육을 변화하기 위해서는 행동부터 달라져야 한다는 페스탈로치의 의견에서 자신의 교육사상과 유사점을 발견하였다.

1923년 여름, 프레네는 몽트뢰(Montreux)에서 열린 '에뒤카시옹 누벨 국제연맹' 학술회의에 참석한다. 거기서 그는 페리에르, 클라파레드, 피에르 보베(Pierre Bovet), '자기 암시'와 정신분석학의 권위자인 샤를르 보두앵(Charles Baudouin)과 같은 스위스 학자들, 벨기에 의사인 오비드 드크롤리, 프랑스인 장학사 로제 쿠지네(Roger Cousinet) 등을 만났다. 그는 페리에르에게 매우 강한 존경심을 품게 된다(Ha-

9) 에뒤카시옹 누벨의 원칙과 20세기 초의 '전통 보수교육'에 대한 비평을 알려면 마르크-앙드레 블로흐(Marc-André Bloch)의 『신교육 철학』(1948, 1968)을 참조할 수 있다.

meline, Helmchen, & Oelkers, 1995).

프레네는 아동의 창조적 자발성을 강조하는 '낭만주의적' 교육사상의 영향을 받았다. 또한, 수업을 합리적으로 조직하는 데 교육공학적으로 접근하였으며, 급진적 정치비평가들의 영향도 받았다. 그 외에 의사, 철학자, 교육심리학자들과의 만남을 통해 에뒤카시옹 누벨 운동의 교육원칙을 자신이 가르치는 학교 여건에 맞게 적용하고자 노력하였다. 하지만 그 결과는 긍정적이지 않았다. 결국, 교육원칙은 그대로 적용하는 것이 아니라 지속적으로 실천하고 개발하며, 동시에 적용해가는 것이 최선이라는 확신을 갖는다.

> "새 학년이 되어 수업을 다시 시작했을 때, 어떠한 지지자도 없고 존경하는 사상가들의 심리적인 후원도 없어 절망감을 느꼈다. 그동안 교육과 관련하여 읽고 들은 어떠한 이론도 우리가 있는 조그만 시골 학교에는 적합하지 않았다. 다만 유효하게 따라서 실천할 수 있었던 것은 독일이나 스위스의 몇몇 새로운 학교가 전부였다. 그 학교들은 학생 수가 적고 교사가 많아서 교육적 효과를 나타내었으나, 내가 있는 학교의 여건은 많이 달랐다." (Madeleine Freinet, 1997)

> "몬테소리 여사와 드크롤리 박사는 의사였고, 무엇보다도 스위스의 심리학자들은 사상가였으며, 듀이는 철학자였다. 새로운 선택이 시급하다는 것을 느끼게 한다. 그들은 해방된 자유교육(éducation libérée)이라는 좋은 씨앗을 바람에 뿌렸다. 그러나 그들은 씨앗이 자랄 터를 닦는 사람들이 아니다. 어린 나무로 키우고 열매를 맺기까지 물을 뿌려야 하는 사람들도 아니다. 그들은 식물을 보살피는 일을 기술자들(교육자에 비유)에게 강제로 남겨두었는데, 만일 기술자들이 조직력, 도구, 기술이 부족하면 그들의 꿈은 현실이 될 수 없다."[10] (Madeleine Freinet, 1997)

10) 이 두 개의 인용문은 프레네의 딸인 마들렌느 프레네가 회상한 이야기 중의 하나이다. 기술자는 여기에서 교사, 교육자를 의미한다.

프랑스의 역사학자 마이외르(Françoise Mayeur)는 이 시기의 프랑스 학교교육을 평가하면서 에뒤카시옹 누벨 운동이 대중을 위한 공립학교로서의 조건에 부적합하다고 확신하였다. 그는 학교가 새롭다고 말할 수 있기 위해서는 30가지 조건, 적어도 2/3 정도 충족해야 하며, 무엇보다도 재정적 수단을 갖춰야 한다고 했다. 그래서 새로운 학교는 대중을 위한 교육이 될 수 없다고 보았다.

새로운 학교(École Nouvelle)는 재정적 여유가 있어야 한다는 점에서 그 조건을 갖춘 대표 학교로 1899년 드몰랭(E. Demolins)이 설립한 에콜 데 로슈(École des Roches)가 있다. 이 학교는 넉넉한 가정 배경을 가진 학생들이 주로 진학하는 엘리트 학교였다. 반면, 프레네는 유치원과 초등학교에 다닐 수 있고, 그 대상이 모든 계층의 자녀라는 점에서 공립 유치원과 초등학교가 충분히 제 기능을 발휘해야 한다고 하였다. 바로 이 점이 앞서 언급한 에콜 데 로슈와의 차이점이다.

3) 프랑스의 유치원과 초등학교

프랑스의 유치원과 초등학교[11)]는 새로운 교육개혁에 영향을 받았다. 1921년에서 1924년까지 교육부 장관이던 레옹 베라르(Léon Bérard)는 보수적이고 전통적인 중등교육을 선호하는 입장이었으나, 1923년 유치원과 초등학교에 관한 교육부 지침은 에뒤카시옹 누벨 운동의 영향을 반영하여 학교 밖 산책 활동을 공식적으로 인정하였다.

산책은 프레네가 교육방법의 변화를 위해 가장 먼저 도입하였다. 이렇게 도입한 새로운 교육은 학습방법 면이나 교과교육 면에서 큰

11) 프랑스는 유치원과 초등학교가 초등교육의 범주에 속한다. 우리나라 교사양성 제도의 특징을 고려하여 별도로 표기하고자 한다.

변화를 일으켰다. 프레네는 교육부 지침에 대해 상세히 언급하면서 "매우 훌륭하다."라고 하였으나 그래도 "완전히 실천할 수 있는 수준보다는 이론적 수준에 그쳤다."라고 지적하였다(Testanière, 1994).

1920년대 프랑스 파리 시의 장학사 로제 쿠지네는 '소집단 자유학습법(méthode de travail libre par groupes)'을 주장하였고, 에뒤카시옹 누벨 협회(La Nouvelle Éducation)를 창설하여 실험 연구도 진행하였다. 프레네는 1925년 이 협회에 가입한다.

아이들이 직접 준비하는 어린이 대상 월간지 『파랑새(*L'Oiseau bleu*)』는, 글과 그림을 출판하기 위해 프레네 교사들이 긴밀한 상호 네트워크를 형성해 간다.

1924년에는 또 다른 장학사, 바르텔레미 프로피(Barthélémy Profit)의 주도로 첫째로 학교 협동조합이 생겨난다. '교육기관(유치원과 초등학교) 내 상호교육'이라는 논리로 학생을 더욱 자율적이고 민주적인 사람으로 교육하고, 학습 구성원의 연대감을 키우는 방향으로 학교 협동조합을 이끌어 가고자 한다.

당시 프레네는 문학교수직을 준비하기 위해 에뒤카시옹 누벨 사상의 저서를 읽고 1923년에 시험을 보았으나, 유아 · 초등교사[12] 직무에 더욱 끌려 남은 시험을 포기한다. 그럼에도 그의 독서와 공부는 프레네가 교육에 관한 이론적 근거와 당위성을 찾는 데 도움이 되었으며, 결국 민중교육의 초석이 되었다.

에뒤카시옹 누벨 운동에 근거한 교육개혁은 '코페르니쿠스적 혁명'이라 불릴 만큼 혁신적이었다. 학교의 중심이 어린이, 더욱 구체적으

---

12) 프랑스의 초등교사는 유치원 3년과 초등학교 5년, 즉 8년의 발달 시기를 책임진다. 다시 말해서, 프랑스 교사는 유치원에 해당하는 모성학교와 초등학교를 자율적으로 선택하여 유아와 아동을 교육할 수 있다.

로 말하면 민중의 어린이에게 옮겨간 것이다.

1920년과 1926년 사이에 민중학교가 유산계급의 학교와 단절하였고, 프레네는 프랑스 공립학교를 민중학교로 전환시키고자 많은 노력을 하였다(Bloch, 1948).

셀레스탱 프레네는 교직에 몸담았던 초기부터 이론과 언어가 중심이었던 스콜라 철학과의 단절을 원했다. 특히, '침묵, 단원과 숙제에 대한 냉정함, 생활과의 거리감, 청결, 질서, 기계'를 강조하는 학교의 환경적 특성을 비판하였다. 이러한 학교의 환경은 마치 병원이 환자를 무기력하게 하듯이 아동에게도 같은 영향을 줄 뿐이라고 생각했다. 예를 들어, 꾸물대며 책을 읽는 모습, 움직이지 못하는 몸, 암기 중심의 역사-지리 교과, 억압된 자유 표현이 프레네가 학교 환경에서 자주 볼 수 있는 장면이라고 말하였다(Freinet, 1994).

▼ 1920년대 프레네와 제자들

4) 학급생활책(livre de vie)

엘리즈 프레네의 저서『민중교육의 탄생』의 초판과 장-폴 르 샤누아(Jean Paul Le Chanois)의 영화「야외 학교」는 모두 1940년대에 나왔다. 이 두 작품은 프레네 교육학을 실천하려는 교사들에게 몇 가지 중요한 사실을 알려 준다.

(1) 엘리즈의『민중교육의 탄생』에서

수업에 돌아올 시간에 조셉은 밖에서 곤충에게 먹이를 주고 관찰하도록 허락을 받았다. 오후의 자연 나들이는 마을 장인들의 집을 방문하는 것이다. 장인에는 목수, 직조공, 제빵업자, 대장장이, 도기 제조공, 향수 제조공 등이 있다.

(2) 영화「야외 학교」에서

학생에 대한 믿음과 신뢰를 학교에 확고히 정립하기 위한 젊은 교사의 노력은 성공과 실패의 연속으로 그 빛을 발휘한다. 외로운 젊은 교사를 성탄절 가족 모임에 초대할 정도로 가족의 세심한 배려와 따뜻한 시선을 느끼면서, 교사는 자기 학생들이 적어온 글을 하나하나 적어 내려간다. 얼마 후, 마을에서 가져온 짐 꾸러미를 열어 본다. 바로 '인쇄기'였다. 이 인쇄기가 학교에 도입되면서 '생활'과 '책'의 연결고리가 형성되었다.

엘리즈 프레네는 자신의 저서에서 프레네의 입장을 다음과 같이 기술하고 있다.

> "프레네의 가장 큰 걱정은 자기 수업에 관한 것이었다. 능동적 교육활동은 학생들이 일상적인 삶을 살아가는 것을 말한다. 그러나 일상의 삶과 교육과정의 틀은 차이가 난다. 특히, 학생들이 체험하고 만들어 낸 글쓰기 작품과 교사가 제공한 읽기 자료의 차이는 더 드러난다. 조르쥬가 모자로 잡은 도마뱀에 관하여 쓴 텍스트와 이해하기 힘든 문장으로 저명한 문학가가 쓴 글을 쉽게 이해하기에는 그 간격이 너무 크다. 역사적 호기심을 불러일으킬 것이라고 예상하지만, 사실 학생들은 잘 이해하지 못한다." (Élise Freinet, 1976)

프레네는 1924년에 인쇄기(imprimerie)를 도입했다. 이 도구는 프레네에게 수업의 변화를 가져온 진정한 행운의 열쇠였다. 인쇄기의 도입은 에뒤카시옹 누벨과 일 중심 교육을 실천하는 학교를 만들 수 있게 했고, 동시에 전통적으로 책에 기초한 교육활동을 할 수 있게 해 주었다.

학교에서의 인쇄기 도입은 전통 학교에서 생각하지도 못했고, 생각할 수도 없었던 것을 바꿔 놓았다. '학급생활책(livre de vie)'을 도입하여 능동적 학교, 일의 학교, 삶에 기초한 학교를 구축하겠다는 희망을 가질 수 있었고, 교과서 중심의 학습에서 벗어날 수 있었다.

프레네는 『학교인쇄출판활동』(1926) 저서에 다음과 같이 적었다.

> "1924~1925년 동안 100쪽에 해당하는 2,000여 줄을 인쇄했었다. 이 책은 분량이 많기도 하지만 직접 경험하고, 작업하고, 한 줄씩 음미하였으며, 아이들은 자신의 모습을 온전히 드러내는 데 열중하였다." (Célestin Freinet, 1926)

> "1925~1926년에 우리는 더 잘 해냈다. 잘 적응한 아이들은 긴 텍스트로 쉽게 창작하였고, 특히 빌뢰르반(Villeurbanne) 학급 친구들과 규칙적인 통신교류를 시도하였다. … 두 권의 생활책에 쓰인 3,000줄은 큰 책과 비교하면 대략 150쪽 분량이 되었다." (Célestin Freinet, 1926)

이렇게 '학급생활책'은 교과서나 동사 변화표, 구구단 등과 같은 교육 매체 없이도 수업할 수 있다는 것을 보여 주는 예이며, 프레네는 1926년 『학교인쇄출판활동』, 1928년 『교과서를 더 이상 사용하지 말자』라는 제목의 책을 저술한다.

다음은 교과서 사용을 비판적으로 바라본 프레네의 의견이다.

> "교과서는 단조롭다. 성인들이 아이들을 위해 만들었다. 교과서는 아이들을 우둔하게 만드는 수단이다. 인쇄된 글을 계속 숭배하도록 만든다. 교사들은 모든 아동을 획일적으로 가르치는 데 익숙하다. 아동을 타인의 생각에 맞추도록 하고, 아동 자신의 고유한 생각을 서서히 없앤다.
>
> 초등학교 교사는 이해하면서도 잘 믿기지 않는 태도로 고개를 흔든다. 교과서는 수업의 중심이고, 교과서의 도움 없이 수업을 이해할 수 없다고 한다." (Peyronie, 1999)

5) 상호문화 개방을 위한 학교 간 교류

'학급생활책'은 다른 학교와 정보를 상호 교류하는 자료가 되었으며, 1925년 빌뢰르반의 교사 뒤랑(Durand)이 인쇄기를 도입하여 규칙적으로 프레네의 학급과 교류하였다.

프레네는 1925년 『클라르테(*Clarté*)』와 1926년 『개화한 학교(*École émancipée*)』 7월호에 "진보의 씨앗을 포함한 진취적 실천을 함께 실행하는 데 동참하자."라고 제안하면서 자신이 하고 있는 교육실천 사례를 소개하였다. 그 후 5~6명의 교사가 모이기 시작했다. 그중에는 평생 프레네의 친구였던 알지아리(Alziary)와 르네 다니엘도 있었다. 르네 다니엘은 개인 편지의 교환으로 시작해 영화까지 만들었다. 지중해 작은 시골 학급과 프랑스 서부 브르타뉴의 작은 항구에 있는 학교는 '학급생활책'의 교류를 통해 지역 문화를 심층적으로 잘 알게 되었다.

학교에 도입한 인쇄기가 '일의 교육학(pédagogie du travail)'을 정착시킨 것처럼, 학교 간 통신교류(correspondance scolaire)는 장 비알(Jean Vial)이 이름을 붙인 '헌사(獻辭)의 교육학(une pédagogie de la dédicace)'을 실천한 사례이다. '헌사의 교육학'은 정보와 자료를 모으고 글쓰기 작업과 텍스트 삽화 그리기, 인쇄 작업까지 마친 결과물을 한 명에게 바치는 활동을 말한다(Peyronie, 2000).

학교 간 통신교류를 통해 사회 환경은 유사해지고, 학생들은 공동체 가치관을 형성한다. 프랑스 남부와 서부에 사는 두 집단의 문화는 지리적 환경과 경제적 여건이 다르고 삶의 방식과 생활 수준, 그 특징이 매우 다르기 때문에 상호 교류할 만하다.

1920년부터 프랑스 공교육은 지역의 특성을 고려하여 지리교육을 강화하고, 학생들에게 지역사회 풍습에 대한 지식을 갖추도록 하였다. 모나 오주(Mona Ozouf)는 지역을 이해하려는 이러한 열정이 당시 초등학교 교사가 전쟁을 겪으면서 '위대한 조국'에 대한 확신이 흔들린 태도와 관련이 있다는 가설을 세웠다(Chanet, 1996).

또한, 이때는 아놀드 반 게넵(Arnold Van Gennep)이 프랑스 민속학에 대한 연구를 시도했던 시기이며, 유아 · 초등교사들은 자료를 수집하는 데 협력하였다. 양차대전 사이에 발간한 프레네 교실의 학급신문(journal scolaire)을 읽어 보면, 구전되는 이야기들을 옮겨 놓은 사본을 자주 발견할 수 있다.

프레네에 의하면, 지중해 근처의 시골 학교와 브르타뉴 지방에서 볼 수 있는 자연환경과 문화적 차이는 학교 간 통신교류를 통해 서로 다른 것을 알게 되는 상호문화의(interculturel) 교육이었다. 그는 지역이나 국가 간 차이를 발견함으로써 문화적 이타성을 이해할 수 있으며, 프레네 교육운동의 지속적 발전에 영향을 줄 수 있다고 생각했다.

6) 프레네 테크닉 개발

프레네는 교사의 협력 작업이 요구하는 정도에 따라 교사 간 네트워크를 형성할 것을 권장하였다. 협력 작업을 이행하는 데 있어서 갈등도 있고 협력적 관계도 있었다. 그의 부인 엘리즈는 교사 간 서로를 도와주는 작업이 어떻게 이루어졌는지 소개하면서 교사 간 네크워크의 형성 배경과 과정을 자세히 적고 있다.

> "프레네는 날마다 그에게 묻는 편지에 길게 답장하면서, 자료의 부족함에도 불구하고 그들의 흥미와 생각을 끌어냈고, 자신에게 활력을 주는 아이디어를 위해 열심히 일했다." (Élise Freinet, 1976)

> "매일 저녁 늦게 동료들을 위해 공통의 지침을 작성한다. 그는 함께 활동하는 교사들이 영원히 모일 수 있는 교사 단체를 만들고자 노력하였다." (Élise Freinet, 1976)

1927년 『클라르테(*Clarté*)』에 실린 논문에서 보여 준 것처럼, 프레네는 협력체(coopérative)의 위상을 명확히 주장하였다.

> "내가 학교출판인쇄활동을 발견하였을 때, 많은 사람이 의도적으로 하는 것처럼 나의 발명에 특허를 낼 수 있었다. 마리아 몬테소리와 같이 새로운 교육방법의 기초가 될 교구도 특허 낼 수 있었다. 그러나 나는 처음부터 다수의 교육자와 거리가 있었기에 다른 방향을 찾았다. 내가 발견한 것을 내 것으로만 있게 하는 대신에 협력체에 완전히 쏟아부었다." (Célestin Freinet, 1927; Peyronie, 1999, 재인용)

교사들 사이에 협력체를 만드는 구조화 작업은 1926~1927년부터 실천되었다. 우선 '상호 협동체'를 구성하고 『학교인쇄출판활동』 이름의 정기간행물을 만들었다. 1927년 8월 투르(Tours)에서 '인쇄출판활동'을 진행하는 교사들이 회동을 가졌다.

▼ 학교인쇄출판활동

엘리즈 프레네가 저술한 『민중교육의 탄생(*Naissance d' pédagogue populaire*)』(1976)에서, 프레네는 자신의 학교인쇄출판활동에 대해 자신만의 독특한 테크닉을 도입하였다고 강조하였다.

프레네에게 학교인쇄출판활동은 교육에 있어서 크게 진보하는 계기가 되어 교육 현장에 새로운 가능성을 열어 주었다. 현대의 교육자들이 아동의 자유로운 활동과 개인의 내적 표현을 권장했던 점을 고려하면 학교인쇄출판활동은 인쇄기라는 도구나 매체를 통해 이런 활동을 더욱 실천할 수 있게 해 주었다.

학교인쇄출판활동은 아동에게 삶과 일에 대한 관심과 흥미를 제공하였으며, 그들이 사고하고, 활동하며, 생활과 밀접하게 연계하여 학교교육과정을 구성할 수 있는 점이 당시에 매우 새롭고 신선한 교육이었다.

엘리즈 프레네는 아동의 학교인쇄출판활동의 교육적 가치를 다음과 같이 기술하고 있다.

"아동이 목표의식을 갖고 학교의 일이나 활동, 사회적이고 인간적인 활동에 전력을 다한다면, 움직이고, 탐색하고, 창조하고자 하는 강력한 욕구가 생긴다. 교사는 학생들이 움직이고, 탐색하고, 창조하는 활동에 더욱 적극적으로 참여하므로 새롭고 신선한 교육방법을 선호한다. 특히, 학교인쇄활동에 참여하는 모든 아동은 학습 동기가 유발되어 , 동시에 열정적으로 꾸준히 참여하게 된다." (Élise Freinet, 1976)

여기에서 교사는 교단에서 여러 이야기를 늘어놓는 사람의 이미지를 버리고, 학생의 입장에서 전적으로 아이들을 위해 가르치는 사람으로서 겸손한 태도와 인간미를 갖춰야 한다. 프레네는 아동의 본성을 어떻게 인식하고 있으며, 교육이 어떠한 방향으로 나가는지를 제시하고 있다.

"아동에 대해 새로운 관점을 제시하고자 한다. 그는 삶과 활동에 대해 갈증을 느낀다. 교육 매체를 활용할 수 있도록 배치하여 스스로 삶과 행동에 대한 관심을 가지도록 하며, 매체가 아동의 성장에 유용하고, 그에게 유리한 물리적 · 사회적 조건을 제공할 수 있다." (Élise Freinet, 1976)

"우리는 새로운 교육의 방향으로 나아간다. 교과서는 학생들에게 인위적인 흥미를 만들어낸다. 거기에 큰 실수가 있다. 교과서는 학교에서 아동의 흥미를 만족시켜 주고 심화하는 데 활용할 뿐이다." (Élise Freinet, 1976)

'학교인쇄출판활동' 정기간행물은 '학교인쇄출판활동, 영화, 라디오, 민중교육의 신기술(L'imprimerie à l'école, Le Cinéma, la Radio et les Techniques nouvelles d'Éducation populaire)'이라는 이름으로 바뀌었다. 비종교 교육협동체(Coopérative de l'Enseignement laïc: CEL)는 프레네 기술에 필요한 교구, 인쇄기, 녹음기, 개인 학습파일, 프레네 운

동 출판 자료를 보급하였다.

학교 간 통신교류로 인해 우편요금이 필요했던 1926~1927년 동안 '학급생활책'은 정기간행물이 되었다. 이 생활책은 후에 학급신문으로 발전하였고, 1927년 학교인쇄출판활동을 도입한 학교의 텍스트를 모아 『문집(*La Gerbe*)』이라는 이름의 잡지를 만들어 월간지의 형태로 발간하였다. 점점 발간 수가 증가하여 외부에 프레네 교육방법을 알리는 홍보물의 기능도 담당하였다.

각 교실의 인쇄출판활동으로 작성한 텍스트를 선정하여 추가 복사하고, 『문집(*La Gerbe*)』에 실린 글들을 책자로 만들었으며, 아이들만의 글을 모아 『어린이 문집(*Enfantines*)』이라는 이름의 잡지를 발간하기도 하였다.

이러한 학교인쇄출판활동으로 학급에서 책이나 문법 자료 없이 수업을 진행할 수 있었다. 더 이상 다른 교과서가 필요 없도록 프레네 교사들은 다양한 교수학습의 매체와 자료를 개발하였다. 그것을 1929년 "협력적 학습 자료 파일(Fichier scolaire coopératif)"로 명명하였다.

> "우리가 필요한 순간에, 학생들이 유익하게 읽을 때, 읽기 자료를 선택할 수 있다면 우리의 작업 조건은 크게 개선되었을 것이다. … 모아지고 분류된 읽기 자료는 복사되고, 가독성을 키우고, 삽화를 그리고, 딱딱한 상자 위에 붙인다. 이렇게 얻어진 각 페이지는 협력적 학습 자료 파일을 구성하고, 학습계획에 따라 자료를 사용할 수 있었다." (Madeleine Freinet, 1997)

2 전환기(1932~1944)

1932년, 프레네는 아동을 위한 자료 책자인 '학습총서(Bibliothèque du Travail: BT)'를 창간하였다. 그는 방스의 생-폴에 정착하여 프레네 교육학을 교육 현장에 실천해 오고 있었다.

그러나 한 어린이의 극우파 부모가 중심이 되어 프레네의 교육방법을 정면으로 반대하고 나섰다. 이 문제는 프랑스 전체가 관심을 갖게 되었으며, 극우파들은 프레네를 공산주의자로 치부해 버리면서 그의 교육을 비판하였다.

이 사건으로 프레네는 일생에서 가장 중요한 사건을 겪는다. 프레네 교육운동은 일대 전환기를 맞이하여 1934년에 공립학교 초등교사를 그만두고, 자신의 교육 이념에 따라 운영할 새로운 사립학교, 방스 학교(École de Vence)를 설립하였다. 학교의 완공은 여러 지원을 받아 1935년에 이루어졌고, 학생들은 프레네의 딸과 지인의 자녀들, 파리 근교에 사는 취약 계층의 학생들과 스페인 전쟁을 피해 망명한 고아들이 대부분이었다.

방스 학교는 주간학습계획서, 집단생활의 규칙 제정과 학생 간 갈등을 조정하는 학생위원회, 벽신문, 자가수정카드, 자연스러운 읽기 방법 등과 같은 프레네 교육학에 기초한 새로운 수업기술을 적극적으로 적용하였다. 프레네를 중심으로 전개한 교사운동은 점점 더 그 규모가 확대되었다. 프레네가 임시정부에 체포되어 학교는 문을 닫게 되고, 감옥에 갇히면서 『일의 교육(*L'Éducation du travail*)』, 『감각심리학 시론(*Essai de psychologie sensible*)』, 『모색하는 경험(*L'Expérience tâtonnée*)』 등과 같은 여러 권의 책을 집필하였다.

전환기에 프레네 교육학의 가장 상징적인 출판물 1호가 나왔다. 그 이름은 BT(Bibliothèque de Travail)이며, '학습총서'라고 불린다. 이 학습총서는 앞서 언급한 학습카드나 책자를 발전시킨 자료로 한 가지 주제를 깊이 다루고, 완성된 형태로 편집된 일종의 백과사전적 자료라고 할 수 있다. 현재에도 시리즈로 발간하고 있으며, 학교의 도서관이나 학급 내 자료실에 비치되어 있다.

학습총서는 초기에 알프레드 카를리에(Alfred Carlier)가 제작하였다. 그는 역사학자이자 고고학자로서 『BT 제1호: 수레와 사륜마차』를 주제로 학습 자료를 만들었다. 그러나 프레네는 제작 방법에 만족하지 않았다. 그는 교사와 학생들이 주도적으로 정보를 찾아 소개하고, 학급에서 실용성이나 활용 가능 여부를 검토한 후 인쇄나 출판할 것을 결정하고자 하였다.

망쉬 지방의 초등교사인 페르낭 르카뉘(Fernand Lecanu)는 1950년대 학습총서가 만들어지는 과정을 다음과 같이 회상하고 있다.

> "교회의 스테인드글라스를 예로 들어 보자. 스테인드글라스를 어떻게 만드는지 이야기해 주시는 부르제(Bourget)씨 집에 방문한 경험을 글로 적어야 한다면, 우선 글과 그림이나 삽화가 필요할 것이다. 글은 아이들과 함께 쓰지만, 때때로 교사가 써주는 경우가 있다. 그리고 글과 사진을 함께 정리한 후, 프레네에게 보내면 그는 내용을 10개 이상으로 만들어서 10개 정도의 학교로 우편 발송한다. 이 10개 학교의 아이들은 그 자료를 읽어 본 후, 관찰한다. 이 모든 검토 과정을 계속 추가하여, 다시 원작자에게 보내고, 여러 학교 친구들은 수정 의견을 제안한다. 그리고 다시 프레네에게 보낸다. 거기에는 관찰한 내용을 수정하여 최종적으로 출판 가능하다고 판단하는 교사팀이 있다." (Peyronie, 1999)

또한, 학습총서(BT)는 과학적이고 특수한 기관들, 예를 들면 국립 자연사 박물관, 국가 지질연구소 등과 연계하여 준비한다. 1988년에 발간한 1,000호의 경우, 초안을 6~8회 정도 세심하게 읽고, 질의하고 수정하는 과정을 거쳐 출판되었다. 심혈을 기울여 제작한 프레네 교사들의 정성을 느낄 수 있다.

『어린이 문집(*Enfantine*)』이름의 소책자는 아이들이 직접 만든 글을 발표하는 곳이다. 그와 반대로 BT는 스스로 지식을 얻어가는 자료로 생물학, 실험과학, 역사, 외국문화에 대한 지식, 사회과학(인간과 일), 기술 등과 관련 있는 내용으로 구성되어 있다.

> "반세기 동안, '학습총서(BT)' 주제의 변화는 9세에서 15세까지의 아동을 대상으로 교수학적인 개념에서 인본주의적 개념으로 전환하였다."
> (Peyronie, 1999)

학습총서(BT)는 동일한 원칙에 따라 연령을 달리하여 내용을 좀 더 세분화한다. 이를 'BTJ'라고 하는데 J는 주니어(junior)의 약자이며, 6세에서 10세의 어린이를 대상으로 한다. 9세에서 11세는 이미 400호 이상을 판매하였다. 그다음 'BT2'는 중고등학교 학생을 겨냥하여 제작하였다. 갈수록 '시청각' 기술을 활용한 자료를 만들고, 음성녹음파일을 사용하기도 한다.

'프랑스 현대학교 출판부'는 연령별로 특화된 잡지를 출판한다. 예를 들면, 유아를 위한 『질루(*Jilou*)』, 만 5세 유아와 초등학교 입학 준비반 대상의 『J-매거진』, 7세부터 9세 아동을 위한 『위대한 J』, 중학생을 위해 사회과 문제에 접근한 『잠망경(*Périscope*)』, 아동, 청소년, 성인의 예술 표현의 잡지 『창조(*Création*)』를 발간해 왔다.

1932년으로 다시 돌아가면, 프레네가 발간한 『프롤레타리아 교육자』의 첫 호가 있었고, 이것은 그 뒤에 『학교인쇄출판활동』으로 변화하였으며, 『새로운 교육자(*Le Nouvel Éducateur*)』라는 제목으로 또 바뀌어 오늘날까지 이어지고 있다. 『새로운 교육자(*Le Nouvel Éducateur*)』는 프레네 교육학의 대상을 성인까지 확대하려는 노력을 하고 있다.

프레네 교육운동은 비약적 발전을 이룬다. 교사 간 네트워크가 국내에서나 국제 사회에 빠르게 형성되어 벨기에, 스페인, 폴란드, 튀니지, 아르헨티나까지 확장되었다. 프레네 교육운동은 교사 간 공유할 수 있는 교육도구와 자료를 효율적으로 함께 활용하고자 하였다.

새로운 교육실천은 출판사와 문화 관련 인사들 사이에 공감을 얻었다. 하지만 1930년대 프랑스와 유럽에서 극우파와 파시즘의 정치적인 대립은 프레네 교육학의 발전과 확대를 방해하였다.

1) 생–폴(Saint-Paul) 사건

이 시기에 민중학교(école du peuple)를 지향하는 프레네 교육학을 강력하게 반대하는 세력이 있었다. 프레네가 1928년 부임한 생-폴 마을은 그가 있었던 시골 마을과 달리 예술인과 부르주와 계층 사람들이 사는 곳이었다. 그러다 보니 지역 지도자층과의 관계가 어려웠다.

마을 사람들은 우리나라 교육청에 해당하는 아카데미(académie) 행정국과도 갈등상태에 있었다. 프레네의 부인 엘리즈가 셀레스탱이 가르치는 남학생 학교에 부임하는 것을 교육청 행정국이 거절한 것에서 시작하여 마을에서 선출된 대표 의원들과도 마찰이 있었다.

그들은 학교 재정 및 건물 유지, 교사의 정치적 노조활동, 학급신문에서 발간하는 자유 글쓰기의 내용 등을 반대하였다. 특히, 한 어린이가 꿈에서 마을 시장을 어떻게 죽였는지에 대한 이야기를 학급신문에 실었는데, 무의식을 행동의 주요 결정요인으로 본 정신분석적 접근을 이해하지 못하였다. 이러한 갈등 양상은 왕정주의자 우파와 프레네 교사 간의 대립으로 확대되어 여론이 분열되기도 하였다.

1932년 프레네 교사협의회 전신인 CEL(비종교 교육협동체)은 이브 알레그레(Yves Allégret)가 감독하고, 프레베르 형제(frère Prévert)와 마르셀 뒤아멜(Marcel Duhamel) 등이 참여했던 반자본주의적 선전영화「포상과 이익(Prix et profits)」의 제작을 재정적으로 지원해 주었다. 같은 해 8월, 프랑스 남부의 니스에서 폴 랑쥬뱅(Paul Langevin)이 이끄는 에뒤카시옹 누벨 국제연맹(Ligue internationale pour l'Éducation nouvelle) 세계 회의가 열리고, 약 100여 명의 회원이 생-폴을 방문한다. 이런 과정을 보면 프레네의 생-폴 사건은 지역 갈등이 아니라 국가 수준의 갈등 상황이었다.

1930년부터 1933년까지 진행된 일련의 대립 상황은 엘리즈 프레네가 저술한『민중교육의 탄생』에 잘 묘사되어 있다. 프레네는 여러 가지 상황을 겪은 후에 보수주의 대립에 맞서 많은 노력을 기울였으나, 결국 1933년 6월 바르-쉬르-루(Bar-sur-Loup)로 다시 발령이 난다. 보수주의 관료, 국가 행정직, 우파 정치세력, 교육청 당국은 프레네를 더 이상 공립학교 교사로 받아들이지 못했다.

65년 후 책을 쓰면서 생-폴 사건에 대해 80쪽 분량을 할애한 마들렌느 프레네(1997)는 당시 상황을 프레네 부부를 강타한 직업적 · 정치적 · 심리적 소용돌이었다고 묘사했다.

프레네 교육운동은 '생-폴 사건'으로 인해 역사적 단절의 시기를 맞이하였으며, 이후 프레네 교육학은 프랑스 공립학교의 제도적 틀 밖에서 발전하게 된다. 이는 프레네 교육학을 옹호하는 교사들과 지역 교육 당국의 보수주의자 사이에 벌어질 수많은 갈등이 일어날 것을 예고하는 상징적 모태가 된다. 여기서 보수주의자들이란 민중교육과 현대학교를 반대하는 보수적 행정가를 포함한다.

사실, 이러한 반대에 부딪히면서 버텨온 교육운동이야말로 교육의 역사성을 말할 수 있다. 현대학교운동 옹호자들이 일상의 교육 현장과 프레네 교육자라는 집단의식 안에서 보수 세력에게 얼마나 정치적으로나 문화적으로 적대감을 느꼈을까?

프레네 교사들은 국가의 교육 방향이나 정책에 많은 관심을 보였다. 사회질서 유지를 위해 통제된 형태에서 교육개혁을 시도한다면 이러한 개혁을 반대하는 의견이 없을 수 없다. 전통적으로 프레네 교사들은 지배계층의 교육과 문화를 비판적 관점에서 접근해 왔다.

2) 방스 학교(École de Vence, 4~14세)

1933년 새 학기, 프레네는 바르-쉬르-루(Bar-sur-Loup)로 발령이 나면서 교사로서 해야 할 임무를 더 이상 하지 않겠다고 하였다. 그는 전쟁 후유증으로 오랫동안 휴직할 수 있었다. 2년 후에는 교직 임무를 수행하기에 부적합한 장애가 있다는 이유로 스스로 은퇴를 결심한다. 프레네는 즉시 수업 활동을 멈추고 열성적으로 다른 여러 활동을 주도한다. 예를 들어, 생산, 판매, 생산품을 소포로 보내기, 조합원 활동, 정치 등 교실 내에서 하지 않아도 되는 자유로운 활동들이었다. 그러면서 방스(Vence)에 사립초등학교를 설립할 계획을 세웠고, 그 학교가 자신의 교육원리와 이론을 적용할 수 있길 기대하였다. 프레네의 동료들은 이 계획을 실행하는 데 망설였으나, 일반적으로 종교적 영향을 갖는 사립학교로부터 공립학교를 보호하자는 의견에 동의하면서 참여하는 교사들이 증가하였다.

3) 프레네 학교의 탄생

프레네 가족은 '르 피울리에(le Pioulier)'라고 불리는 방스(Vence) 지역에 건축물과 대지를 소유하고 있었다. 바로 이 공간에서 경제적 어려움과 복잡한 행정절차에도 불구하고 1935년 방스 학교를 개교하였다. 그러나 남녀 혼성 기숙사를 운영하려는 학교의 개방성이 문제가 되어 개교에 어려움이 있었다.

1935년 새 학년이 되어 방스 학교는 15명의 아동을 그룹으로 묶어 6명의 교사가 지도하였다. 그 가운데 '발루레트(Baloulette)'라는 별명을 가진 프레네의 딸 마들렌느가 포함되어 있었다. 이어서 8명의 아동이 입학하였다. 당시 학급신문의 이름은 '개척자(Pionniers)'였다. 이 제목을 통해 당시 방스 학교의 분위기, 구성원들의 자세와 태도를 알 수 있다.

▼ 방스 학교(École de Vence)의 프레네(가운데)

셀레스탱 프레네와 교사들은 방스 학교를 새롭게 지어 학생을 모집하였고, 프레네의 교육 이론과 실천에 기초한 학교의 특성을 소개하면 다음과 같다.

(1) 프레네 학교의 특성 1

프레네 학교는 기존에 프레네 교육학을 시작한 공립학교의 연장이다. 프레네 테크닉은 그대로 적용되고, 학교의 교육적 기능과 실천 여건은 더욱 발전하였다.

(2) 프레네 학교의 특성 2

방스 학교의 새로운 교육적 실험은 프레네 교육학의 형성과 정착에 매우 중요한 시점이다. 지중해가 보이는 학교 부지, 기숙학교 제도의 도입, 자연주의와 채식주의의 중요성, 학생 구성원의 특성에서 학교의 정체성을 찾을 수 있다. 이 시기의 학생들은 주로 프레네의 딸, 몇 명의 외부 기숙생, 파리 근교에 사는 서민층 가족, 스페인 공화국에서 망명한 가족의 자녀들이다. 1935년에서 1939년까지 5년간 방스 학교는 어떠한 기반도 없이 시작하여 많은 업적을 이뤄냈다.

방스 학교의 설립 이념은 다음의 세 가지 지향점으로 요약할 수 있다.

첫째, 서민에게 적합한 에콜 데 로슈(École des Roches) 형태의 학교이다. 에콜 데 로슈는 자연주의적 가치관에 근거하여 생명을 존중하고 과학 기술적 관점과 공동체 생활을 실천한다. 방스 학교를 소개하는 자료를 보면 학교의 운영 방향과 특성을 알 수 있다.

> "여러분의 자녀는 심리적으로 연약합니다. … 여러분은 불안해합니다. 프레네 학교는 여러분을 안심시킬 것입니다. 우리 학교는 여러분의 자녀를 회복시켜 줄 것입니다. 자녀에게 생기와 활력, 도약과 열정을 생기게 할 것입니다. 또한, 지적이고 도덕적인 조화에 필수적인 건강과 신체와의 조화를 이루고자 합니다."
>
> "저희는 교육에 여러 가지 기술을 활용할 것입니다. 말하자면 학생들은 다양한 사회 활동을 체험할 것입니다. … 우리가 취하는 교육은 공동

> 체 기반이 될 것입니다. … 방스 학교는 개인의 자유로운 표현을 강조하는 프레네 테크닉에 따라 자연스럽게 공부할 것입니다. … 저희는 정말 삶을 신뢰합니다.” (프롤레타리아 교육자 18호, 1935)

둘째, 전인교육을 실천하는 학교를 만드는 것이다. 이 전인교육은 19세기 노동자와 사회주의자들에게 이상적인 학교였다. 마들렌느 프레네는 그것을 다음과 같이 표명했다.

> “프레네 학교에는 서열이 없다. 친구들은 공동체를 형성하여 서로의 의견을 맞춰 가며 생활한다. … 아이들은 어른들의 도움을 받아 중요한 일을 담당한다. 그들은 함께 부엌으로, 기숙사 침실로, 세탁장으로 간다. 그들은 함께 식탁을 차리고, 각자 담당하는 동물을 돌본다. 학교 재정 운영에 대해 논의하자 그 순간부터 학생 공동체는 재정을 확보하기 위해 노력하였다. 이것이 바로 학교의 계획이었다.” (Madeleine Freinet, 1997)

셋째, 1920년대 러시아 학교 모델을 지향하였으며, 방스 학교를 프랑스 사회주의 학교의 실험실로 만들고자 하였다.

> “우리는 정치적이고 조합적인 조직과 합의하여, 노동자층과 함께 프롤레타리아 학교를 실험할 수 있기를 바란다. 우리는 우리 학교를 러시아의 아르텍(Artek) 학교처럼 만든다는 것이 행복했다. 이 아르텍 학교는 혁명적 투쟁을 하는 자신을 훌륭한 노동자로 내세울 수 있다.” (Madeleine Freinet, 1997)

방스 학교는 1935년 10월 1일 개교하였으며, 프레네가 본 방스 학교에 대한 소개는 자신이 쓴 『프롤레타리아 교육자』 18호(1935)에 실려 있다. 모두 여섯 가지 특성으로 정리하고 있으며, 이를 간략히 소개하면 다음과 같다(Peyronie, 1999).

① 알프-마리팀 지역, 방스의 프레네 교육기관(4~14세)은 취약한 학생들을 위해 노력한다.

공립학교의 과다한 학습량은 학생을 혹사하여 그들의 성장과 발달에 해롭다는 것은 누구나 알고 있는 사실이다. 프레네 학교는 학습에 부담을 주지 않을 예정이며, 학생에게 이로운 방향으로 학교를 운영한다.

② 프레네 학교는 학부모와 신뢰하는 관계를 형성하고, 아동의 성장과 발달의 리듬을 회복시켜 준다.

방스 학교에서 아동은 학교라는 체제의 틀에서 엄격함과 생동감을 학습할 수 있다. 자신의 발전 가능성을 확인하고 배움에 대한 열정을 가질 수 있도록 학부모와의 신뢰적 관계를 우선적으로 형성하고자 한다.

③ 프레네 학교는 건강과 신체의 발달을 매우 중요시하며, 지식과 도덕성 교육과의 조화에 최선을 다한다.

- 방스 학교는 신선한 공기와 눈 부신 태양, 숲과 친환경적 교육환경을 갖추고 있다.
- 엘리즈 프레네가 직접 준비하는 특별 건강식을 섭취하며, 계절에 따른 열매와 과일, 자연산 밀가루를 사용하여 만든 빵을 먹는다.
- 실외에서의 활동을 격려하고 걷기, 정원 가꾸기 등 체험하는 기회를 제공하여 일을 통한 교육을 실천한다.
- 나약하고 내성적인 아동에게는 대범함과 과감함을, 게으른 아동에게는 활동성을, 이기적인 아동에게는 이타적 태도와 마음을 가지도록 개별성을 존중하는 교육을 실시한다.

④ 프레네 학교에서의 교육활동은 다음과 같다.

아동이 다양한 활동을 할 수 있도록 유도한다. 예를 들면, 식물 기르기, 나무 키우고 자르기, 텃밭에서 일하기, 재배하기, 다양한 기계와 도구를 활용하기 등이 있다. 이런 활동을 통해 프레네는 공동체 교육을 강조한다. 말하자면 아동이 주체가 되어 그들을 위해 연구하고 실천하는 학교가 되는 것이다. 아동과 성인 간의 협력이 바탕이 되었을 때, 교육적 효과가 제일 크다고 본다.

⑤ 프레네 학교는 개인의 자유 표현에 기초한 프레네 테크닉을 도입하여 운영한다.

전통 수업 대신에 새로운 교육을 도입한 프레네 학교는 교사의 보살핌과 정성으로 아동에게 배움의 욕구와 호기심이 생기고, 지속적으로 활동하고 싶은 욕구가 나타나길 기대한다. 프레네 테크닉에는 학교인쇄출판활동, 다른 학교와의 정기적 교류인 학교 간 통신교류, 자가수정카드, 풍요로운 학습총서(BT), 영화와 촬영도구, 사진, 영사기, 라디오, 음반 등이 있다. 이러한 매체들이 교실 분위기와 교육활동에 자연스럽게 녹아들도록 노력한다.

4) 엘리즈 프레네의 영향

마들렌느 프레네는 어머니 엘리즈가 표현 예술에 관심이 많았다고 하면서, 프레네 교육학의 형성 과정에 어떠한 영향을 주었는지 언급하였다. 엘리즈 프레네는 방스 학교의 교육적 실천에 매우 중요한 역할을 하였다. 예술 활동의 중요성, 채식주의나 과일을 주식으로 하는 식사, 브로쇼(Vrocho) 교수로부터 영향을 받은 냉수 목욕, 마사지, 자연주의 치료 등은 엘리즈의 영향을 받은 방스 학교교육의 일부였다.[13]

13) 방스 학교를 졸업한 지 40년이 지난 졸업생 증언을 수집한 것이다. 아침에 실시했던 냉수 목욕에 대한 기억이 "냉 쇼크"로 묘사되어 있다. 자크 몬돌리니(Jacques Mondolini)의 『프레네의 학생들』(1996)을 참조한다.

방스 학교의 '건강과 신체의 조화'라는 교육은 일반 대중이 생각하는 학교의 기능과 부합한다. 말하자면 기술 교육과 공동체 교육, 프레네가 개발한 학교인쇄출판활동, 신문 만들기, 자유 글쓰기, 자연과 지역사회에의 개방, 학습의 개별화 등과 같은 교육실천 사례가 있다. 엘리즈 프레네는 『아동의 건강』(1946), 『민중교육의 탄생』(1949)의 초판, 『예술가로서의 아동』(1963), 『교사의 역할』(1966), 『아동을 보호하는 프레네 학교』(1974) 등의 책을 출간했고, 셀레스탱 프레네와 공저로 『아동 시인』(1954), 『아이가 있어요』(1962) 등을 출간했다.

엘리즈 프레네는 방스 학교에서 단순히 보조적인 역할을 수행하는 배우자의 위상을 뛰어 넘어 셀레스탱 프레네와 교육의 동반자로서 창조적인 상호작용을 활발히 해온 직장 동료였다.

이 둘은 부부이면서 같은 학교에 재직하였다. 정치 성향은 비슷했지만 엘리즈는 셀레스탱 프레네와 분명한 차이점이 있었다. 무엇보다 가정 환경이 달랐다. 평범한 농부의 아들이었던 셀레스탱과, 교사 부부의 딸로서 성장한 엘리즈의 유년기는 달랐다.

엘리즈의 부모는 평범한 가정환경 출신으로 당시의 초등교사를 "초기 결정론에서 벗어나 학생을 이끌어 주고 성공시키는" 위치에 있다고 묘사한 작크와 모나 오주(Jacques et Mona Ozouf)와 동일한 교육 신념을 갖고 있었다.

다음은 프레네의 딸 마들렌느가 어린 시절을 회상하며 외조부모에 대하여 적은 글이다.

"내 할머니, 줄리(엘리즈의 어머니)는 1870년 10월 8일 오뜨-알프(Hautes-Alpes) 마을에서 농부의 열 번째 아이로 태어났다. 할아버지는 1817년생인데, 젊은 시절에 임시학교 교사로 일했다. 할아버지는 가을마다 읽고, 쓰고, 계산할 줄 안다는 것을 의미하는 세 개의 깃털로 장식된 모자를 쓰고 리옹(Lyon)으로 떠났다. 할아버지는 장터에서 행상인들과 주석 도금공, 의복 상인들을 만나기도 했고, 필요에 따라 그들을 위해 일하기도 했다.…

(초등교육 수준의 자격증을 취득한 얼마 후) 가족들이 엘리즈에게 개에 물린 조카를 파리로 데려가도록 하였다. 그리고 어머니는 이 시기에 백신 주사를 직접 놓던 파스퇴르(Pasteur) 박사를 만났고, 그는 어머니에게 가르치는 직업을 갖도록 격려하였다.…"

"교사, 클로드(엘리즈의 아버지)는 접힌 칼라 깃, 어두운 색깔 옷에 넥타이를 매고 학교에 가곤 했다. 지나가는 들판에 보이는 꽃의 라틴어 이름도 알고 있었다. 그는 자유로운 사색가였다. … 바르스(Vars)에 도착한 지 3년 후, 교회와 국가의 분열에 대해 마을 성당에서 시위가 있었다. 사제가 맨 앞줄에 서고 마을 주민들이 지나가고 있었다. 이때, 클로드는 2층 발코니에 그의 학생들을 일렬로 앉히고 냉소적인 웃음을 지었다." (Madeleine Freinet, 1997)

▼ 프레네 가족사진

사실상 클로드 라지에-부루노(Claude Lagier-Bruno)는 1924년에 찍은 가족사진에서도 접힌 칼라에 넥타이를 매고 어두운 옷을 입고 있었다. 그 사진은 대칭적인 구도를 보여 준다. 아버지는 뻣뻣한 태도로 굳어서 정면에 앉아 있고, 배우자는 화려하게 장식된 원탁의자를 사이에 두고 떨어져 있다. 이 부부는 딸 넷과 아들 둘을 낳았다. 자녀 여섯 명은 모두 부드러운 모습으로 부부의 뒤편에 서 있다. 뻣뻣함과 부드러움의 서로 다른 이미지를 보여 주는 엘리즈의 부모와 형제는 다른 세대의 사람들이었다.

▼ 엘리즈와 셀레스탱 프레네

엘리즈는 셀레스탱 프레네와 함께 민중학교 설립에 많은 기여를 하였다. 그러나 그녀가 당시 학교의 분위기와 전통적 교수법과 거리를 둔다는 것은 공교육 옹호자인 부모, 특히 아버지의 위상을 거부하는 의미도 있었다.

그녀가 보편적인 형태의 학교와 거리를 둔 것은 프랑스 공립학교 제1세대 교사들이 갖고 있는 직업윤리와 결별하는 것이었다. 그녀는 예술을 통한 표현활동으로 학교교육의 개혁을 실천하였고, 교육의 이념으로 자연주의를 표방하였다. 또한, '교정된 신체'를 통해 '인내심 갖고 행동하기'가 교육목표였던 보수적 관점과는 정반대의 교육을 실천하였다.

엘리즈가 도입한 일광욕, 채식주의, 자연주의 등은 국가가 공식적으로 추진한 교육활동이 아니었다. 그러나 건강과 위생, 신체에 대한 표상 활동을 통해 삶과 자연의 개념을 연결하여 여러 가지 자유 표현 활동을 도입하였다.

엘리즈와 다르게 셀레스탱 프레네는 소작농 가정에서 자랐다. 프레네의 유년기 환경은 초등교사로서의 정체성을 갖고, 교사의 노조 활동을 병행하며 매사에 적극적으로 참여하는 의지를 보이는 데 큰 영향을 주었다.

마들렌느는 1924년에 찍은 어린 셀레스탱 프레네의 가족사진을 갖고 있다. 현관 층계 앞에서 찍은 사진이었다. 프레네의 아버지인 델팽(Delphin)과 그의 아내 마리-빅토와르(Marie-Victoire), 다른 어른과 한 아이가 층계에 앉아 있는 모습이다. 세 명의 성인은 일하고 있는 중이었으며, 들에서 햇빛을 피하고자 챙 있는 모자와 여성용 두건을 쓰고 있다. 개 한 마리가 코를 대고 있고, 어린 프레네는 사진 왼편에 서 있다. 프레네는 당시 학교 방학을 이용해 부모님 집에 잠깐 머물러 있었다. 프레네 가족들은 양복, 조끼, 넥타이 등을 걸치지 않고 자유로운 시간을 보내는 모습이다. 프레네가 교직을 선택한 이유는 자신의 가족 환경과는 다른 환경을 경험해 보고 싶었기 때문이라고 한다.

5) 세계대전과 레지스탕스

1939년 제2차 세계대전이 시작되기 5년 전, 프레네 교육운동이 발전하게 된 두 가지 이유가 있다. 첫째, 방스 학교와 국제적 수준의 협력기관이 프레네 테크닉과 교육도구를 제작하고 개발하였다는 점이다. 둘째, 프레네 교사 간 소통을 견고히 하고 상호 교류 및 교육활동을 적극적으로 할 수 있는 교육적 장치를 마련했다는 것이다.

프레네 테크닉과 교육도구의 비약적 발전에는 비종교 교육협의회(CEL)의 자료 개발과 텍스트를 저렴한 가격에 재생산할 수 있는 기계인 리모그라프(limographe)의 보급, 학습총서(BT)의 증가가 전제되어 있다. 더불어 역사, 실험 과학, 시청각 자료와 그림을 통한 교수법 개발이 있다. 개별화된 활동계획, 평가 도구의 개발, 자유 표현의 실천 등의 교육적 진보가 있었기에 프레네 교육학은 더욱 발전하게 된 것이다.

프레네 교육학을 확고히 하고자 정기적인 회의가 자율적으로 생겨났고, 지역별 모임도 구성하였다. 아울러 1936년부터 방스 학교에 여름 학기 형태의 연수 체제가 진행되었다. 프레네 교육학의 실천사례들을 보급하고자 '현대학교총서(Bibliothèque d'Éducation Moderne)'를 만들어 책자도 발간하였다. 국제적 교류를 활성화하기 위해 에스페란토어를 활용하였으며, 프레네는 프랑스 전 지역에 강연 요청을 받고 자신의 교육방법을 설명하는 기회를 많이 가졌다.

1936년, 인민진선의 지배가 두느러지면서 민중의 승리를 이끌어 내었다. 장 제이(Jean Jay)는 새 교육지침을 발표했는데, 이에 대해 프레네가 많은 관심을 보였다. 의무 취학기간을 13세가 아닌 14세까지 늘리는 것이었다. 그러나 프레네는 '아동기 전선(Front de l'enfance)'을 구축하는 데 실패한다. 이 '아동기 전선'이 성공하였다면 민중교육을 실현하기 위해 다양한 힘을 확보할 수 있었을 것이다.

방스 학교의 모험은 스페인 전쟁을 통해 더욱 뚜렷이 알려졌다. 스페인 카탈루냐에서 프레네 교육학을 실천한다고 주장하는 학교가 100여 개 있었다. 바르셀로나에는 한 개의 학교가 문을 열었다. 그 당시 학교 창립자는 헤르미니오 알멘드로스(Herminio Almendros), 조세 드 타피아(Josede Tapia)와 파트리시오 레동도(Patricio Redondo)가 있었다.

1937년부터 방스 학교는 스페인의 젊은 정치 망명자들을 받아들인다. 학급신문은 이중 언어로 발간되었고, 교육은 양국 간 문화교류 안에서 이루어졌다.

1939년 9월, 독일에 대한 프랑스의 선전포고가 있었다. 1939년 10월 1일부터 정기간행물을 『교육자(*L'Éducateur*)』라고 불렀고, 그 이후로 더 이상 『프롤레타리아교육자(*Prolétarien*)』라고 말하지 않았다. 공식적 검열 이전에 자체 검열이 있었다. 1940년 3월 20일, 프레네는 체포되고 니스 감옥에 수감된 후 몇 개의 수용소를 거친다.

엘리즈는 셀레스탱 프레네가 없는 어려운 형편에도 불구하고 학교를 가까스로 운영해 보지만, 결국 1941년 4월 문을 닫게 되었고, 아이들은 학교를 떠났다. 같은 해 10월, 프레네는 감시받으며 거주지가 정해졌고, 1944년에는 독일에 대항하는 레지스탕스 단체를 지도하기 시작하였다.

모든 민주주의 형성 과정이 그러하듯이, 프레네 교육학을 지지하는 교사집단은 협독정부에서 전쟁에 대한 희생을 더욱 심하게 감내해야 했다.

6) 활발한 글쓰기

프레네는 투옥된 후 풀려나 거주지에 감금되어 살았던 1942년에서 1943년까지 많은 시간을 글쓰기 작업에 몰두한다. 이전에는 교사로서 바쁜 생활 때문에 글을 쓸 시간이 없었으나, 이 시기 동안 몇 권의 책을 집필하였다.

(1) 『부모에게 주는 조언(*Conseil des parents*)』

1942년 벨기에 잡지에 실린 글로 1948년 다시 출판하였고, 1962년 『아이가 있어요』라는 책에 '아동 건강'이라는 제목이 달린 엘리즈 글을 첨가하여 증판하였다.

(2) 『일의 교육(*L'Éducation du travail*)』[14)]

1947년에 출판된 이 책은, 등장인물의 의견이 달라 서로 대립하는 이야기로 문학적인 서술 방식을 따른다. 주요 인물은 마티유(Mathieu)로 농촌의 전형적인 철학자로서 지혜의 화신 혹은 '대대로 내려온 인본주의자'라 할 수 있다. 마티유가 학교에서 얻는 지식으로 '박식한 지식인'을 옹호하는 초등학교 교사 롱(Long)씨 부부와 의견을 교환하는 대화 내용이 주를 이룬다. 마티유는 경험으로 알게 된 실천 방법을 더 신뢰한다. 예를 들면, 초등교사가 발목에 고통을 느끼자 마티유는 '접골술'을 제안한다. 이는 진보와 과학에 대한 개념 인식이 어떻게 다른가를 보여 주며, 특히 농업 분야에서의 '기술적 진보'에 대해 문화적으로 비판한다.

---

14) 프랑스어로 번역하면 '일의 교육'이지만 John Sivell은 『일을 통한 교육(*Éducation through work*)』(1994)으로 영문 번역하였다.

교육과 관련하여 '일-놀이(Travail-jeu)'의 관점을 본질적으로 중요하게 생각하였다. 교육을 다시 세워야 한다는 이데올로기적 맥락에서 농부의 일이나 과업을 모델로 삼고, 전통적으로 노작에 대한 노력이 자연적이라고 말하였다.

그렇다면 프레네는 일-놀이를 어떠한 관점에서 보았는가? 그는 우선 일과 놀이를 매우 상반된 개념으로 보았다. 일반적으로 일은 괴로움과 고통을 생각하게 하며, 가급적 빨리 벗어나고 싶은 상황을 연상시킨다고 하였다. 일은 신분과 지위가 낮으면 해야 하는 의무라고 보기 쉽다고 했다.

반면, 놀이는 맹목적이고 일시적인 기쁨과 즐거움을 준다고 하였다. 그래서 일과 놀이는 대립적인 개념으로 이해된다. 일은 부담스럽고 압박을 주며, 아동을 위한 것이 아니라고 한다. 학교에서는 공부로 대체되며, 그대로 놀이와 학습의 분리로 이어진다.

교육학자와 심리학자들은 인간의 유희적 본능을 강조하면서 일이나 공부의 개념을 일찍부터 분리해 왔다. 하지만 프레네에게 일과 놀이는 대립적인 개념이 아니며, 일은 아동의 욕구에 인위적인 연출이나 욕구를 대체하는 반응 없이 본질적이고 자연적인 기능이라고 하였다.

프레네가 일의 의미를 알게 된 계기는 그의 어머니가 정해 준 염소 한 마리 덕분이었다. 어머니는 프레네가 염소를 매일 돌봐 주고 먹이를 주며, 신선한 염소 우유를 짜 먹는 기회를 주었다. 이런 일을 일찍부터 하도록 하여 프레네에게 일이 무엇을 의미하는지 알게 해 주셨다고 한다. 염소에게 먹이를 주기 위해 일찍 일어났던 기억, 과제를 부여받아 그 과제를 마쳐야 했던 기억, 해야 할 일을 마치고 맛있는 식사를 했던 기억 등 어떠한 일을 마무리하였을 때, 신체적으로는 힘들지만 자랑스럽게 느꼈던 점 등이 기억에 남아 있었다.

이러한 일련의 기억을 통해 프레네는 '일-놀이(travail-jeu)' 개념을 확립해 갔다. 일-놀이의 개념을 일반화하여 학교에서 그 장점을 최대한 강조하고자 하였다. 일이 프레네 교육학의 주요 관심사이며, 일을 삶의 중심에 놓고자 하였다. 결국에는 일-놀이의 관계를 새롭게 정립하였다(Freinet, 1978; Peyronie, 1999).

(3) 『감각심리학 시론(*Essai de psychologie sensible*)』

이 책은 1940년대 초, 왕성한 글쓰기를 하던 시절에 구상되었으나 1950년에 출판되었다. 이 책은 이전에 발간한 저서와 전혀 다르게 쓰였다. 프레네 스스로가 자주 말했던 것처럼 다양한 삶의 경험에서 다져진 '독학자' 수준의 에세이이다. 행동주의 심리학과 파블로프의 조건형성[15)]에 관한 심리학적 이론이 있었음에도 프레네 교육학의 원칙은 자연주의적 역동성 혹은 생명의 도약에 근거를 둔다.

> "모든 일은 마치 유기체인 개인이 삶의 잠재력을 가지고 있는 것처럼 일어난다. 우리는 그 잠재력의 근원, 본성, 목적을 정의할 수 없다. 단지 보존하는 경향이 있고, 다시 채우더라도 더 자라야 하고, 최대한의 힘을 갖고, 개화하여 다른 사람에게도 잠재력은 지속적으로 더 커져야 한다. 이 모든 것은 우연히 일어나는 것이 아니고 우리 몸의 기능에 포함된 일련의 특수성과 평형 상태에 따라 생명력을 유지한다." (Célestin Freinet, 1994)

프레네가 1950년에 출간한 『감각심리학 시론』에서 주장하는 내용을 간추려 소개하면 다음과 같다.

15) 프레네는 『감각심리학 시론』을 작성할 때, 행동주의 심리학이나 조건형성에 관한 어떠한 책도 읽어 보지 않은 상황에서 책을 썼다고 한다.

첫째, 아이들이 태어나기 전부터 어른의 실수로 장애를 입지 않도록 유의해야 하며, 가정과 주위 환경은 어린이의 성장과 발달에 매우 결정적인 영향을 주므로 어른의 각별한 관심이 절대적으로 필요하다.

둘째, 어린이는 기본적으로 식사와 영양, 배변 등 생리적인 기능이 정상적으로 수행되어야 사회 · 정서적이고 심리적인 안정 상태를 유지한다. 이 상태를 바탕으로 자연스럽게 고등정신 기능을 갖춘다. 그러므로 어린이의 조기 성장과 발달에 너무 집착하지 않도록 한다.

셋째, 프레네는 경험을 매우 중요하게 생각하여 성공한 경험은 생활 규칙을 구성하고 삶의 기술로 확장될 수 있다. 어린이를 위한 환경은 그들이 항상 시도하고 경험할 수 있는 분위기를 기본적으로 구축해야 한다.

넷째, 프레네는 어린이의 생리학적 리듬의 관점에서 자신의 이론을 정립하고자 하였다. 모든 연령과 발달 단계마다 개인이 원하는 최고의 욕구를 인정하고 그 욕구를 더욱 촉진할 수 있도록 도와주어야 한다.

다섯째, 프레네는 다양한 표현 도구를 활용할 것을 권장한다. 표현 도구에는 말과 글, 인쇄 매체, 그림 등이 있다. 어린이가 개별적으로 자신을 표현하여 조화로운 성장이 가능하도록 지속적인 고민과 연구가 필요하다고 보았다.

이러한 관점에서 프레네는 교육의 이론과 실제의 방향성을 언급하였다.

- 프레네 교육학은 생애 초기 영유아기부터 교육의 중요성을 인정한다.
- 인간의 성장과 발달은 생리학적 균형 및 안정 상태가 반드시 필요하다.
- 5세 이전에 발달의 조건을 고려한 상황에서 탐색과 시도, 경험을 보장할 수 있는 풍부한 환경을 구성한다.
- 교육 매체를 점진적으로 잘 활용하여 어린이의 다양한 경험을 촉진한다. 바로 이런 과정이 교육의 힘을 느낄 수 있는 부분이다.
- 7세까지 성격 형성을 마친 어린이는 외부 세계에 일정한 패턴을 갖고 반응한다. 따라서 어린 시기부터 일-놀이의 개념에 기초한 교육활동을 도입한다.
- 인성 · 지성 · 심리적 구조를 형성하는 단계로 발달해 간다.
- 교사와 학교는 어린이가 혼자 할 수 있는 기회를 주되, 도와주는 태도를 유지한다. 자신의 어려움을 스스로 극복하도록 자생력을 키워 준다.
- 프레네가 어린이로부터 믿는 것은 그들의 생명력이며, 생명력에 기초한 교육을 실천하고자 한다.

출처: Peyronie (1999). *Célestin Freinet, Pédagogie et émancipation*.

(4) 『프랑스 현대학교(*L'École moderne française*)』

이 책은 1946년에 발행된 '민중학교에 대하여 교육적이고 기술적인 조직을 위한 실천 안내서'이다.

프레네는 현대학교의 일반적인 원칙을 다음과 같이 언급하고 있다.

> "아동 중심의 학교, 내일의 학교는 가득 찬 그릇보다 잘 조직된 머리와 능숙한 손을 가진 일의 학교가 될 것이다. 잘 정리된 일은 합리적 훈련을 요구하며, 학교에서의 재적응은 기초부터 출발해야 한다. 민중의 학교는 민중의 사회 없이 성립할 수 없다." (Célestin Freinet, 1946)

프레네는 『프랑스 현대학교(*L'École moderne française*)』에서 유치원과 초등학교에서 교육을 실천하는 데 필요한 기본적 조건을 분명히 설명하고 있다. 각 학교급에 따라 그가 추구하는 교육의 방향을 안내해 준다. 예를 들어, 청결과 예절 등 학교생활과 관련한 협동조합(coopérative) 운영, 연간 및 월간 단위의 학습과 주간학습계획서(plan du travail) 작성, 그 외에 인쇄기, 흥미의 복합성, 학습자 발표 등에 대해 학급 운영의 특성을 제시하고 있다.

또한, 그 당시 새로운 교육 매체인 영화, 오디오, 라디오, 타자기 등의 활용 방법을 보여 주고, 그 외에 평가와 자기평가의 문제 등을 다루고 있다. 마지막에 약 30가지의 교육불변의 원리를 소개하여 학급에서 점진적으로 도입할 수 있는 방안을 설명한다.

아래 내용은 프레네가 제시한 새로운 교육활동의 방안이다.

- 교사 강단의 폐지
- 학교협동조합(Constitution d'une coopérative scolaire)의 구성
- 자유 글쓰기
- 학교 정원 가꾸기
- 산책 수업, 학급 탐험, 지역사회 탐구(Étude du milieu local)
- 학생들이 직접 생각한 학급 회의 또는 학교 회의 안건
- 자가수정카드
- 학교 간 상호 교류
- 자유 그림
- 자유로운 일의 조직
- 주간학습서 계획
- 벽신문
- 학교협동조합 카드 활용
- 학습총서(BT) 조직
- 파일 분류와 사전 활용
- 학생 발표 시간 도입

- 프레네 교육학 실천을 위한 환경 구성
- 학급신문 제작과 인쇄출판활동
- 리노타이프 조판 활동
- 학교 출판사
- 아틀리에 교실
- 자격증 평가
- 과학 실험 아틀리에
- TV, 기기 · 고정 프로펠러 구입 및 활용
- 영화, 카메라, 오디오, 라디오
- 연극, 인형극, 영화 도입

출처: Freinet (1977). *Pour l école du peuple*.

엘리즈 프레네는 셀레스탱 프레네가 1950년대에 쓴 여러 논문과 소책자의 내용을 모아 『자연스러운 방법(*La méthode naturelle*)』을 출판하였다. 이 책은 전체 3권으로 구성되어 있다. 제1권 『언어 학습(*L'apprentissage de la langue*)』은 1947년에 이미 나온 『자연스러운 읽기 방법(*Méthod naturelle de lecture*)』을 포함하고 있다. 프레네 부부가 자신의 딸, 마들렌느를 키우면서 5년 동안 읽기와 쓰기에 관한 탐색과 관찰을 정리한 자료로 광범위한 내용을 담고 있다.

프레네의 저서, 『자연스러운 읽기 방법(*Méthod naturelle de lecture*)』은 다음의 내용을 다루고 있다. 이를 간단히 소개하면 다음과 같다.

어린이가 똑바로 서서 과감하게 한 발을 내딛고 걷기가 가능했다면 말하기와 읽기에서도 동일한 방식으로 학습이 이루어질까 의문을 가질 수 있다. 아기의 걷기 학습은 여러 번 시도하고, 연습하고, 실수하고 다시 반복하면서 가능해진다.

프레네가 생전에 말하길, 공립학교는 어린이에게 일을 완성하는 의지나 동기를 불러일으키지 못하고 있다고 비판하였다. 그럼에도 그들은 단순한 행동을 어떠한 의미나 동기 없이 기계적으로 반복하는 성향을 나타내고 있다. 역량이 부족한 교사는 이러한 어린이의 경향을 알면서도 특별한 교육적 대안이나 지도법으로 어린이의 관심을 확장하지 못한다.

프레네에 의하면, 읽기의 기본 통로는 표현과 소통에 있다. 말하자면 기호를 통해 어린이가 표현하는 생각과 바람을 이해하고 예측할 수 있다고 한다. 그들은 자신의 방식대로 기질에 따라 실험적 모색을 하고 있다.

실험적 모색이 자연스러운 학습 과정인 것처럼 어린이는 언어의 기본적 구조를 갖추기 이전에 읽고 쓴다. 사회적 환경에서, 감각과 직관을 통해, 사람들과의 관계를 통해 읽을 수 있게 된다. 사실 이러한 사회적 환경은 가정과 가정 밖의 환경도 포함하지만, 학교의 환경과 밀접히 연계하여 구성할 수 있다.

사람들은 보통 어린이가 언어 기술을 단련하면 말할 수 있다고 생각했으나, 영유아는 언어를 기술적으로 습득하기 이전에 자기를 이해하고 타인에게 자신을 이해시키는 능력을 갖고 있다. 단지 언어 능력은 4~5개의 음절을 최대한 활용하고, 다양한 의미를 가진 단어 세 개 정도만 알고 있을 뿐이다.

이처럼 어린이가 자연스럽게 읽기에 도전하려면 부모의 안정된 심리 상태와 보살핌이 매우 중요한 필요조건이며, 부모의 섬세하고 민감한 반응에 따라 언어발달이 다르게 이루어진다. 프레네 교육학에서 읽기는 우선 어린이에게 언어 기호에 대해 설명하고, 언어가 일상을 살아가는 데 매우 필요한 의사소통의 도구라고 강조한다. 또한, 전체적으로 텍스트를 탐색하며 내용을 이해하여 기계적인 읽기 학습이 아니라 텍스트를 이해하려는 노력이 따라야 한다(Peyronie, 1999).

제2권은 『그림 학습(*L'apprentissage du dessin*)』으로 1951년에 나온 글과 아동의 그림이 어떻게 발전하는지에 대한 일련의 연구물을 포함하고 있다. 특히, 사람, 집, 자동차, 새, 말 등을 어떻게 표상하고 있는지를 설명한다. 제3권은 『쓰기 학습(*L'apprentissage de l'écriture*)』이며, 파스칼(Pascale)의 학습에 관하여 약 60쪽 분량의 내용을 담고 있다. 제1권에서 활용한 관찰법에 기초하여 파스칼의 학습과정을 이해하였다. 또한, 프레네가 잘 알고 있는 폴 르 보엑(Paul Le Bohec)이 작성한 약 50쪽 분량의 글을 읽을 수 있다. 폴은 프레네 교육학을 현재까지도 적용하고 있는 계승자로서 '파트릭과 쓰기, 왼손잡이의 쓰기 변화 연구'라는 제목으로 글을 쓰기도 하였다.

프레네 생전에 마지막으로 출간된 책은 1964년의 『현대학교의 프레네 테크닉(*Les techniques Freinet de l'École moderne*)』이다. 이 책은 그야말로 교육 현장에의 실천을 목적으로 하였으며, 1944년에 발간한 『프랑스 현대학교(*L'École moderne française*)』를 연상시킨다. 그러나 1944년과 1964년 책의 논조는 시대적 차이로 인해 매우 다른 분위기를 나타낸다. 1944년의 책은 민중학교와 일의 교육을 우위에 두지만, 1964년도 판은 현대교육의 필요성과 위급함을 지적하고 있다. 그 이유는 생활양식의 개선과 기술의 진보는 아동의 정체성을 혼란스럽게 하고, 교육에 대한 관점도 변화했기 때문이다.

"요즈음 아이들은 여러분이 그들 나이였을 때의 모습과 다르다. 그들은 서로 같은 유형의 걱정, 관심, 성격을 가지고 있지 않다. 점점 빠른 속도로 현대화되고, 행동은 달라졌다. 이렇듯 과거의 모습은 변했다. 여러분들이 이렇게 달라진 아이들과 대화하려면 10년 전의 소통 방법을 바꿔야 한다. 그들이 여러분을 이해하는 방식은 변화했다. 다시 말해서 그들은 여러분의 개인 경험에 관심이 없다. 그런 점에서 매우 빨리 늙어버린 느낌을 느낄 수 있다." (Célestin Freinet, 1964)

1930년대 말, 민중학교의 설립을 금지하는 정치적 분위기에도 불구하고, 프레네 테크닉은 어느 정도 완성되어 가고 있었다. 이는 『프랑스의 현대학교(*L'École moderne française*)』라는 책에 잘 설명되어 있다.

제2차 세계대전이 끝날 무렵, 프레네 교육학의 주요 이론을 다룬 책이 다수 출판되었다. 1920년에서 1930년대 사이에 쓴 논문들이 정치적 성격이 강했다면, 제2차 세계대전 중에 썼던 저서들은 철학적 · 심리학적인 성격이 강하게 나타난다.

그의 이론적 글은 논리가 어떻든 간에 교육적 실천이 가능한가에 기반을 두었다. 바로 이점이 프레네 교육학의 독창성이자 저력이다.

프레네는 자신의 글이 혁명적 교육자로서의 위상을 확고히 해 준다고 보았으며, 사회주의자의 유토피아에 부합하는 학교를 건설하고자 하였다. 그는 꾸준히 민중학교의 기술과 사회 개혁에 관한 논문도 썼다.

그는 정치적 목적을 지닌 글을 쓰기보다 보편적이고 시공간의 영향을 받지 않는 이론적 기반을 세우고자 했다. 프레네는 『일의 교육(*L'Éducation du travail*)』과 『감각심리학 시론(*Essai de psychologie sensible*)』에서 철학적 · 심리학적인 영감을 얻어 저술하였고, 농촌 지향적 · 자연주의적인 일의 개념과 생명주의적인 관점을 강조하였다.

그의 탄생 100주년 기념 논문에서 르그랑(Louis Legrand)은 셀레스탱 프레네에게 두 가지의 교육 이념이 공존한다고 보았다. 첫째 개념은 바르-쉬르-루(Bar-sur-Loup)와 생-폴(Saint-Paul)에서 시작한 기존 학교 체제와의 단절을 말한다. 둘째 개념은 방스 학교(École de Vence)에서 이루어진 모든 교육의 실천과 건강관리가 이론적으로 타당하고, 교육의 효과도 있었다는 점이다.

다음의 인용글을 보면, 프레네 교육학에 나타난 교육 이념을 파악할 수 있다.

> "한편으로 정치 사회구조의 불가피한 변화에 따라 정치적이고 사회적인 개념이 나타난다. 다시 말하면, 예전의 영주들은 그들에게 맞는 학교가 있었고, 교회와 자본주의도 각 체제에 맞는 학교를 운영하고 있다. 우리가 준비하는 학교도 사회주의를 지향하는 학교였다. …
>
> 다른 한편으로는 인류학적이라고 말할 수 있는 개념으로 기술적이고 사회적인 인간의 변화가 있어야 하며, 간혹 우회를 하거나 너무 앞서갈 수도 있다. 학교는 이러한 사회의 변화에 적응해야 할 것이다." (Legrand, 1996; Peyronie, 1999, 재인용)

3 절정기(1945~1966)

프레네는 랑쥬뱅과 발롱이 주도하는 국가의 교육개혁 플랜을 논의하는 교육위원회에 참여할 기회가 있었으나, 실현되지 못하였다. 1947년 셀레스탱 프레네와 프레네 교육학을 지지하는 교사들은 프랑스 중부지방 디종에서 현대학교협의회(Institut Coopératif de l'École

Moderne: ICEM)를 결성하였다.

프레네는 1927년부터 프랑스 공산당원으로 활동해 왔으나, 일부 공산주의자들이 프레네 교육운동을 반대하면서 팽팽한 의견 충돌이 있었다. 이를 계기로 프레네는 공산주의와의 30년 인연을 끊고 결별을 선언한다. 그 이후 프레네 운동(mouvement Freinet)은 점진적으로 외국에 확산 · 보급되어 유럽, 불어권 아프리카, 라틴 아메리카에 ICEM 지부를 두었다. 1957년 현대학교운동의 국제연합 단체가 결성되었으며, 이를 FIMEM(Fédération internationale des mouvements d'École Moderne)이라 불렀다.

국제적 수준에서 프레네 교육학을 어떻게 실천할 것인가의 문제는 각 국가와 학교가 놓인 상황과 여건에 따라 교사가 융통성 있게 운영할 수 있는 점이 매우 특징적이다.

이 시기에는 여러 종류의 정기간행물이 발행되었다. 1950년부터 『아동의 예술(*Art enfantin*)』, 1959년부터 『삶의 기술(*Technique de vie*)』, 1963년부터 『중등학교 교육자(*L'Educateur second degré*)』 등이 있다.

1964년 프레네가 세운 방스 학교(École de Vence)는 실험학교로 인정받아 국가가 교사 인건비를 지급하였고, 학교의 인지도가 높아져 수많은 실습생과 방문자가 전 세계에서 찾아왔으며, 매년 여름 교사 연수를 진행했다. 방스 학교는 프레네 부인 엘리즈 여사가 1981년까지 학교 운영을 맡아오다가, 그 이후부터 1991년까지 마들렌느 프레네가 운영 책임자였으나 같은 해, 재정적으로 어려워 국가가 학교를 매입하여 공립초등학교로 전환하였다.

▼ 1960년대의 셀레스탱 프레네

1) 프레네 교육운동의 부활

1944년 말, 프레네는 물리학자 폴 랑쥬뱅[16]이 주도하는 교육개혁위원회의 작업과 연구에 함께 참여하기를 원했다. 이 위원회는 고위공무원, 대학교수, 교사 협회의 대표자들로 구성되어 있었다. 당시 프레네의 명성이 대단했음에도 교사들은 교육개혁위원회에 참여할 수 없는 분위기였다. 그러나 정치적 성향이 비슷할 경우 위원회 회의에는 참석할 수 있었다. 이것은 프랑스 초등학교의 매우 편협한 관점을 보여 준다. 그럼에도 민중학교의 프레네 테크닉과 교육부의 지침을 이어주는 기회가 되어 프레네 교사들의 참여를 격려하였다. 이렇게 종전 이후의 프랑스 초등학교는 큰 변화를 겪는다.

프레네 교육학은 교사 간 네트워크 형성을 시작하며, 1945년부터 『교육자(*L'Éducateur*)』라는 잡지를 다시 발행하기 시작하였다. 1939년부터 더 이상 프롤레타리엥(prolétarien)이라 용어를 사용하지 않았다. 여러 번 어려움이 생겼지만 비종교 교육협의회(CEL)를 다시 결성하

16) 의사이자 심리학자인 앙리 발롱(Henri Wallon)이 랑쥬뱅을 계승하였다.

였고, 방스 학교도 문을 열어 프레네 부부는 칸(Cannes) 지부의 협회를 운영하느라 예전보다 학교에 많은 개입을 하지 못하였다.

1947년 현대학교협의회(Institut Coopératif de l'École Moderne: ICEM)가 창립되었다. 상업적 인식이 너무 강한 비종교 교육협의회(CEL)는 더 이상 교육운동을 한다고 말할 수 없었고, 프레네는 1946년 프랑스 에뒤카시옹 누벨 그룹(Groupe française d'Éducation Nouvelle: GFEN)에서 탈퇴한다.[17]

1948년에 장-폴 르 샤누아(Jean-Paul Le Chanois)는 「야외 학교」라는 영화로 프레네의 교육적 모험과 생-폴 사건을 완곡하게 영상화하였다. 이어서 1949년 엘리즈 프레네는 『민중교육의 탄생』의 초판을 출판하여 프레네 교육학의 초기부터 당시까지의 변화와 흐름을 자세히 소개하였다.

2) 공산당과의 단절

제2차 세계대전이 끝나고 프레네는 공산당과 매우 긴장된 관계에 있었다. 1944~1945년 전쟁 동안 프레네의 태도에 대해 여러 소문이 공산당 내에 퍼졌다. 이 시기에 이런 환경에서 중상모략하는 사람들은 매우 쉽게 파괴자가 되어 버린다. 프레네는 1950년대 초반에 공산당을 탈당한다. 1948년에 「야외 학교」가 개봉될 때, 영화에는 프레네 학교에 대해 언급한 자막이 없었고, 공산주의자들의 출판물들은 프레네에 대한 불쾌한 내용도 포함되었다.

---

17) 앙리 발롱(H. Wallon)은 이 두 조직의 의장을 맡았다. 그는 프랑스 에뒤카시옹 누벨 그룹(GFEN)에 매우 의욕적으로 참여하였고, 대학교수들의 영향도 한몫하였다.

1950~1953년 사이 공산주의자들은 프레네 교육학을 반대하는 논쟁을 전개한다. 지식인들의 잡지인 『누벨 크리티크(*La Nouvelle critique*)』에서, 1951년 창간한 『학교와 국가(*L'École et la nation*)』에서 프레네 교육학을 신랄하게 비판했다. 이 당시 공산주의 지식인이던 스니데르(Snyders), 가로디(Garaudy), 코뉘오(Cogniot)는 프레네 교육학의 이론을 공격하는 데 앞장섰다. 냉전과 스탈린의 공산주의 체제가 막강하던 시절, 현대학교협의회(ICEM) 교사들이 힘을 합해도 프레네를 비판하는 당의 세력을 역전시킬 수는 없었다.

1953년 드디어 프레네는 공산당과 결별했고, 현장의 초등교사들은 충실하게 프레네를 따랐지만, 공산주의 조직에 가입되어 있어 프레네 교육학의 실천에 이중으로 참여하는 상태가 오랫동안 지속되었다.

이후, 스탈린의 지배 체제에서 프레네 교사들은 공산주의 입장을 유지하기 어려웠고, 점점 사회주의적이고 비판적 성향에 가깝게 변화되었다. 이들은 환경운동가, 여성운동가, 좌파적 성향, 사회주의적 경향 등으로 나타났다. 이런 성향은 1968년 프랑스의 학생운동으로 시작하여, 1970년대 초에는 활발한 정치적 참여 활동으로 이어졌다.

3) 현대학교협의회의 갈등

1950년대 말, 현대학교협의회인 ICEM의 파리 지부는 큰 변화를 겪는다. ICEM의 파리 지부는 1946년 창립되어 1957년부터 국가교육연구소와 우호적인 관계를 맺고, 프랑스 전역에 『일 드 프랑스의 교육자(*L'Éducateur d'Ile-de-France*)』라는 제목의 잡지를 발간하고 보급해 왔다. 1958년 ICEM 회의는 파리에서 개최되었고, 파리 지부는 교사 연수를 진행하였다.

프레네와 ICEM의 핵심 집단에 반대하는 젊은 교사들의 갈등은 여러 가지 이유로 나타났다. 프레네 교사 간의 세대 차이, 농촌 지역의 소규모 학교와 대도시에 위치한 단위 학교의 매우 대조적인 여건, 중앙 정부와 대학교수들의 갈등, 파리와 같은 대도시와 지방도시의 격차, 임상심리학의 영향을 받은 교사들과의 이론적 대립 등이 갈등의 원인이었다.

특히, 파리의 프레네 교사들은 토스켈(F. Tosquelles)과 우리(J. Oury)의 심리치료학, 사회심리학, 정신분석학 등의 영향을 받았다.

브뤼리아르(L. Bruliard)는 ICEM 본부와 파리 지부와의 갈등 형태를 다음과 같이 요약하였다.

> "1958년에서 1961년에 프레네의 정신을 직접적으로 계승한 ICEM 중앙 지부와 파리 지부의 일부 교사 사이에 일련의 오해와 의견 불일치가 생겼다. 이런 갈등은 파리 지부의 주요 인물인 퐁비에유(Fonvieille)와 우리(Oury)가 1961년 ICEM을 탈퇴하는 것으로 일단락되었다. 그들은 '제도화 교육학(pédagogie institutionnelle)[18]'이라 불리기에 적절한 혁신적인 교육 관점을 추구하였다. (Bruliard & Schlemminger, 1996)

ICEM 조직에서 분리된 제도화 교육학(pédagogie institutionnelle)과 자주 교육학(pédagogie autogestionnaire)은 1960년대 이후부터 프레네 교육학을 실천하는 프랑스 학교교육의 실천을 풍요롭게 하였다. 특히, 새로운 사회의 맥락에 나타난 학교 문제를 직면하도록 해 주었다.

---

18) 본서에서는 원어 그대로 번역하여 제도화 교육학이라 하였지만, 그 당시 프레네 교육학과 교사가 변화하는 맥락을 고려해 보면, 독자들이 이해하기 쉽게 적절한 용어로 번역하기가 쉽지 않다. 저자는 제4장에서 '심리치료 교육학'이라고 새롭게 명명하였다. 독자는 구체적인 이유를 잘 읽어보길 바란다.

4) 현대학교의 방향

바레(Barré)는 『우리 시대의 교육자, 셀레스탱 프레네』(1994)를 준비하여 프레네 교육학의 역사에 대한 풍부한 정보를 한 권의 책으로 묶어 정리하였다. 그는 프레네의 사위로서 프레네가 생을 마감하기 전 마지막 시간을 언급하고 있다. 프레네의 죽음을 알려 준 한 친구의 전화 통화, 장례식을 알리는 전보, 칸느와 방스에서 프레네 교사 단체와 친구들의 재결집, 프레네의 고향 가르에 있는 작은 묘지를 만든 일 등 다수의 일을 단계별로 구분하여 회상하였다.

낡은 하드커버 파일 속에 칼바도스의 교사였던 가브리엘 바리에(G. Barrier)는 1952~1966년 사이 셀레스탱 프레네가 우편으로 부친 모든 편지를 보관하였다. 우편물 묶음을 둘러싼 색이 바랜 하늘색 전보종이도 있었다. 그 종이에는 다음과 같이 적혀 있었다.

> "C. 프레네가 오늘 아침 소천함. 장례식은 10일 월요일 10시 방스(Vence) 예정, 장지는 가르(Gars)이며, 12시 30분. 꽃과 화환, 조의 사절함."

카리스마 있는 지도자의 영면은 그의 교육을 추구하던 교육자들에게 커다란 동요를 불러일으켰다. 1966년 10월, 갑작스럽게 끝이 난 학교 간 통신교류(correspondance)에 대한 이야기는 조용한 침묵을 깨고 알려졌다.

프레네 교육학이 더욱 발전한 이유는 1930년대부터 제2차 세계대전이 끝난 이후까지 교육의 창시자를 존중하는 분위기를 잘 형성했기 때문이다. 아무래도 현대학교협의회(ICEM)라는 이름 아래 조직된 '작업장(chantiers)'과 풍부한 교사의 네트워크가 바탕이 되었을 것이다.

ICEM의 프레네 교육학은 프레네 사후에도 꾸준히 발전해 오고 있다. 예전에 초등교사였던 대학교수 장 비알(Jean Vial)은 프레네와 매우 친밀한 관계였다. 여러 교육자 중 프레네 교육사상의 독창성을 다음과 같이 강조하였다.

> "사실, 프레네가 가장 가깝다고 생각했던 페스탈로치를 제외하고, 위대한 교육자들은 자신의 임무를 마쳤을 때, 비극적으로 혼자 남겨졌다. 페스탈로치도 사실 거의 혼자였다. 프레네는 직감과 투지로 교육운동을 창조할 수 있는 가능성과 의지를 보여 주었던 프랑스의 유일한 교육자였다. 프레네는 교실에서만 협력하는 것이 아니라 자신을 넘어 그 이상의 수준에서 협력하는 관계를 만들어 냈다." (Vial, 1998; Peyronie, 1999, 재인용)

4 확산기(1967~현재)

1) 프랑스 공교육의 역사적 배경

1789년 프랑스 혁명 이전에는 교회가 엘리트 교육을 전적으로 담당하였다. 이처럼 교육의 기회가 매우 한정되어 있었으나, 혁명가들은 새로운 개혁안으로 교육의 평등을 실현하고자 하였다. 1791년 헌법에서, 그들은 모든 아동에게 공통의 기초교육을 실시하는 평등이념에 동의하였다. 말하자면 모든 시민을 무상으로 교육한다는 의미이다(Decaunes & Cavalier, 1962). 프랑스에서 공교육 이념의 토대를 마련한 콩도르세(Condorcet)는 교육기관을 단계별로 구분하여 시민들에게 사실적 평등을 확립해 주고 법으로 인정된 정치적 평등을 현실화하자고 제안하였다(Decaunes & Cavalier, 1962).

이렇듯 평등적 민주주의를 실현하는 프랑스 학교는 오랫동안 역사적으로 이원적인 체제를 갖추고 있었다. 그 이유는 단일체제의 학교를 실현하려는 의지가 인간의 사회계층을 구분 짓는 그 시대의 통념을 타파하지 못했기 때문이다. 또한, 문명화된 모든 인간 사회는 두 개의 계층으로 분리되는데, 한 계층은 노동일로 생계를 유지하고, 또 다른 계층은 자신의 소유물에서 얻는 소득과 정신노동을 요구하는 사회적 지위의 이익으로 생활한다고 보았다. 공교육 체제는 이런 계층을 정신노동과 육체노동에 적합한 인재로 양성하고자 그들에게 맞는 교육을 이원적으로 조직하였다. 이런 관점은 프랑스 교육의 근본적인 특징이 되었다.

프랑스 교육의 이원성(dualité)은 교육체제에 국한되지 않고 교육내용에서도 찾아볼 수 있다. 공교육의 필요성을 주장한 것 이외에 콩도르세(Condorcet)는 교육내용에 있어서 우선 다양한 직업에 관계되는 지식을 제공해야 한다는 입장과, 순수 과학을 통한 인간정신의 계발을 기본적으로 강조하는 입장이 있다고 하였다. 이러한 이원성 때문에 각자 개인에게 인간으로서 알아야 할 모든 것을 가르쳐 주는 동시에 학생들에게 미래의 직업에서 필요로 할 지식이나 기술을 준비시킬 수 있는 공교육이 필요하다는 의견이다. 교육에 대한 이러한 관점은 중등교육까지 이어져 이원적 교육체제가 확립되었다.

체제 면이나 교육내용 면에서 19세기의 프랑스는 두 가지 유형의 교육기관이 병행하여 존립했다. 첫째, 모든 아동이 일정 나이가 되면 국민의 기초교육을 담당하는 초등학교(école primaire)에 다녀야 하며, 둘째, 귀족 집안의 자녀가 학업을 지속해서 수행할 수 있는 중등교육기관이 있다. 이 기관은 앙시엥 레짐(Ancien Régime)의 잔재로 나폴

레옹의 고등교육 정책의 일부였으며, 당시 많은 관심을 얻었다. 그에 비해 초등학교는 정치 및 재정 지원, 이데올로기적 합의가 부족하여 1833년 기조 법안(lois Guizot)이 발의되었음에도, 변화가 매우 느리게 진행되었다(Albertini, 1992).

이러한 계급 간의 이중 체제는 프랑스 교육의 역사를 이해하는 데에 매우 중요하다. 귀족과 평민의 대립 관계를 사회적으로 유지하는 데에 학교의 기능이 일조하였다. 귀족 계급의 자녀는 고등학교까지 진학하고 졸업 후에는 사회의 지도자층이 되었다. 거의 서민계층의 남자들은 초등학교 학력만을 갖출 수 있었다. 이렇듯 프랑스는 19세기 초부터 모든 사람에게 동질적인 기초교육을 시행하지 못했으며, 계층의 구분은 교육의 차별화로 이어졌다.

프랑스 혁명으로 공교육의 이념이 생겨났지만, 교육을 지배해 오던 교회세력은 그 당시 아직도 많은 힘을 갖고 있었으며, 쥘 페리(Jules Ferry, 1832~1893) 전까지 교회가 교육 현장에 미치는 영향력은 상당히 컸다.

이렇듯 19세기의 프랑스 교육은 페리의 등장으로 이전과 이후를 구분하여 설명할 수 있다. 그는 실증주의자로서 프랑스 혁명기의 공교육 법안을 제안했던 콩도르세의 영향을 받았으며, 카톨릭의 교육관에 대립하여 자연주의적 이성을 통해 개인의 해방을 추구하였다(Albertini, 1992). 또한, 1882년에는 교육부 장관으로서 프랑스의 초등교육을 공교육화하는 데 기여하였으며, 국가가 국민 기초교육에 주도적으로 개입할 필요성을 역설한 교육개혁자였다.

페리 등장 이전의 프랑스 교육은 국가의 개입보다는 종교의 영향을 많이 받았다. 1816년부터 종교가 초등교육에 적극적으로 참여하는 상황에 이르러 성직자들이 학교 운영에 영향력을 행사할 수 있었다. 19

세기의 프랑스는 왕정과 공화정이 수시로 대립되며, 국가와 교회 간 경쟁관계 체제로 유지되어 왔다.

1850년 팔루 법안(lois Falloux)은 성직자의 교육적 기능과 역할을 다시 인정해 주었다. 그러나 제2차 왕정 때, 학교 내에서 반교권주의(Anti-Cléricalisme scolaire)가 형성되어 프랑스 교육의 비종교성(laïcité)과 교권주의(cléricalisme)가 지속적으로 대립하였다.

페리는 19세기 말, 콩도르세(Condorcet)처럼 교육의 평등주의를 실현하고 계층의 구분을 없애는 개혁안을 내놓았다. 그는 인간을 '교육을 받은 자'와 '교육을 받지 않은 자'로 나누었으며, 이 두 계층을 서로 통합하려는 시도가 없었다면, 교실에서 부자와 빈자의 자녀가 함께하는 평등 국가를 만들 수는 없었을 것이다(Prost, 1968).

1880년대 초등교육의 개혁안은 교육의 이원적 체제와 기초교육의 내용을 전수하는 데 관심을 두었지만, 이보다 더욱 중요한 것은 공교육을 통한 대중교육의 실현에 있었다. 그렇기 때문에 1881년, 초등학교의 수업료를 폐지하였고 1882년, 만 5세에서 만 12세까지 의무교육 대상 연령을 확정하였으며, 학교교육의 비종교화도 공식화하였다.

이처럼 페리는 프랑스 학교의 역사에 큰 획을 그었다. 특히, 교육이 종교에서 독립할 수 있게 해 주었다. 종교로부터 독립한 교육의 중립성은 학교의 기능이 지식을 대중화하고, 미래의 민주시민을 양성하는 데에 중점을 두게 해 준다. 바로 실증주의적 관점과 과학적 관점이 통합된 상태이다.

2) 에뒤카시옹 누벨[19)]

1882년에 프랑스 초등교육의 의무화 · 무상화 · 비종교화가 이루어지면서 합리주의적 관점과 교과 중심의 관점이 매우 경쟁적이었다. 초등 공교육의 실현은 개인의 자유와 지식 교육을 동시에 존중하였으나, 현실적으로는 교사의 권위를 강화하고 학생들의 순종적 태도를 키우는 데 불과했다.

이 시기 학교교육의 특성은 지시적이며, 교재 중심의 교육이 지배적이었고, 교사와 학생의 관계는 형식적이고 엄격한 주종관계에 있었다. 학생의 자발성은 무시되어 수업 방식은 문법적 요소와 역사적 사건의 연대순 암기, 지역 이름 암기, 시 암송 등으로 이루어졌다. 암기 위주의 학습방법, 과다한 학습량은 그 당시 학교교육의 큰 문제로 나타났다.

제3공화국에서 추구하는 학교교육은 학생에게 국가적 정체성을 확립시켜 프랑스 국민이라는 것을 인식하게 한다. 학교는 '과학과 진보'를 지향하고 있었으며, 파스퇴르와 같은 과학자의 발견은 비종교적 성향을 갖는 과학적 진리의 전도사로 묘사되었다. 이런 과학에 대한 숭배는 교육을 국제적 이슈로 떠오르게 했다(Albertini, 1992). 다수의 전문가는 당시 과학적 실험연구의 결과를 교육에 적용하였으며, 아동발달과 심리학에 관한 연구는 에뒤카시옹 누벨 운동을 확산하는 데 기여하였다.

---

19) 프랑스는 새로운 교육을 에뒤카시옹 누벨이라고 한다. 미국에서는 진보주의 교육, 독일에서는 개혁 교육학으로 불리웠다. 신교육운동을 실천하는 학교는 에콜 누벨(École nouvelle)이며, 프랑스어로 번역하면 새로운 학교라는 뜻으로 에콜은 '학교'이며, 누벨은 '새로운'이라는 뜻이다.

에뒤카시옹 누벨 운동은 프랑스의 중등교육이 인문학적 전통과 현대적 교과 간의 갈등이 심화될 때 나타났다. 제3공화국이 강조한 교육의 현대화는 그 당시 많은 교육자에게 엘리트 중심의 고등학교(lycée)에 개혁이 가능할 것인가에 대한 문제를 제기하는 것이었다. 당시 고등학교 교육은 전통적 방식으로 이루어지고 있었다. 이에 반기를 든 교육개혁론자들은 당시 전통교육에 반하여 '에듀카시옹 누벨(Éducation nouvelle) 또는 새로운 교육'을 교육 현장에 도입하고자 하였다.

프랑스의 에뒤카시옹 누벨 운동은 사회학자 드몰랭이 『앵글로 색슨의 우월성은 어디에서 유래하는가?(*A quoi tient la supérioritédes Anglo-Saxons?*)』(1897)의 출판과 더불어 본격적으로 시도되었다. 드몰랭은 우선 영국인과 독일인을 비교하면서 당시 세계 문화의 주도권이 영국인에게 있었고, 영국이 산업과 경제가 가장 진보한 국가였으므로 진취적인 국민이라고 생각했다. 영국인의 우월성은 국민성에서 유래된다고 보았으며, 영국인은 집단에 귀속된 개인보다 예전부터 개별적 주도성이나 자발성을 강조해 왔다(Beattie, 1998). 이러한 영국인에 비해 프랑스인은 덜 도전적이고 덜 적극적이라고 보았다.

드몰랭(1897)은 영국이 프랑스보다 우월한 또 다른 이유가 현실적이고 실용적인 영국의 교육 제도에 있다고 보았다. 그는 19세기 말 프랑스 교육 제도를 언급하면서 사회적 성공을 위해 경쟁시험을 반드시 거쳐야 할 학생들, 성공하기 위해 일찍부터 구분되는 사회계층 간 분류, 합격생 수에 따라 평가받는 학교의 위상, 이로 인한 학교의 생존 여부를 결정하는 상황 등을 볼 수 있다고 하였다. 그 이유는 공화국 체제에서 학교교육의 주 목표는 공무원과 군인을 양성하는 것이었으며, 공무원 양성 기능을 수행하기 위해서 학교 졸업 후에 경쟁시험에 합격해야만 했다. 국가가 교육에 주도적으로 개입하면서 시험 준비를 위한 주입식 공부만 하였고, 이를 프랑스어로 '쇼파쥬(Chauffage)'라 불렀다. 원래는 '난방', '열기'를 의미하나 시험을 위한 주입식 공부로 해석할 수 있다(Demolins, 1897). '쇼파쥬'는 학생들이 교과의 지식을 '피상적(superficiel)'이며 '일시적인(momentané)' 학습의 형태로 받아들이는 것을 말한다.

선발 경쟁시험은 점차 어려운 문제로 합격과 불합격을 판정하기 때문에 피상적인 지식만을 다루고, 암기능력만을 키우는 평가를 하므로 단기 형태의 학습만을 하게 된다. 이러한 퍼붓기식의 지식 전달은 학교가 마치 국가 공무원 양성소로 인식될 수 있다. 학교에서도 학생들이 사고력과 판단력을 키울 수 있는 기회를 갖지 못하고, 교사가 가르쳐 준 그대로 받아들이는 수동적 태도를 형성할 수밖에 없었다. 따라서 학생들은 토론과 판단 없이 외부의 질서를 있는 그대로 수용하는 공화국 체제 내의 순응적 공무원으로만 양성되었다(Demolins, 1897). 드몰랭은 인간교육과 국가 공무원 양성 교육이 전혀 일치할 수 없다고 보았으며, 규칙에 얽매인 공무원 교육은 독립된 상황을 창출할 수 있는 인간의 주도성, 자발적 의지, 자신감을 형성하지 못한다고 하였다. 프랑스 교육 체제에서 인간교육은 오히려 억압되어 있다고 개탄하면서 젊은 학생들의 미래가 반드시 국가 공무원에만 제한될 수는 없고, 공무원 시험에 합격하지 못한 것을 한탄할 것이 아니라, 인간 사회에는 많은 종류의 직업이 있으므로 학교는 직업 진로교육을 일찍부터 실시해야 한다고 주장하였다(Demilon, 1897).

드몰랭은 프랑스인이 영국인에 비해 열등한 이유가 바로 자국의 교육 체제에 있다고 보았다. 많은 프랑스인이 영국에 비해 보수적이었으나, 드몰랭은 매우 개혁적인 입장이었다. 그는 프랑스인의 인식을 개선하기 위해 무엇보다도 교육개혁을 시작해야 한다고 주장하면서 그 모델로 영국의 새로운 학교(New School)[20] 체제를 도입하자고 제안하였다.

1899년에는 프랑스 최초의 새로운 학교 설립을 알리는 저서, 『에뒤카시옹 누벨(*L'Éducation Nouvelle*)』을 집필하였고, 드몰랭은 이 책을 통해 새로운 교육의 이념과 목적에 따라 노르망디 지역 파리 근교(Verneuil-Sur-Avre)에 새로운 학교, '에콜 데 로슈(École des Roches)'를 설립하였다. 영국에서 일어난 새로운 교육운동의 이념과 실천사례를 프랑스에 도입한 첫 사례이다.[21]

그렇다면 영국의 교육개혁은 어떠한 상황이었을까? 레디(Cecil Reddie)가 애보츠홈(Abbotscholme)에서 1889년 세운 '새로운 학교(New School)'는 교육개혁의 모델로 소개되어 동시대 영국인의 많은 관심을 받기 시작하였다. 특히, 베들리(Badley)는 1893년 비데일즈(Bedales)에 학교를 세웠고, 이 학교의 과학교사였던 라이스(Rice)는 1897년 햄스테드(Hampstead)에 킹 알프레드 학교(King Alfred School)를 설립하였다. 레디가 설립한 학교에는 영국인뿐 아니라 유럽인의 방문도 이어졌다(Skidelsky, 1972).

프랑스의 드몰랭 이외에 독일의 헤르만 리츠(Hermann Lietz)가 영국의 애보츠홈(Abbotscholme) 학교를 방문하였으며, 그는 1898년 일젠부르그(Ilsenburg)에 독일 최초의 새로운 학교를 설립하였고, 하우

---

20) 'New School'은 기존의 전통적인 교육방법과는 전혀 다른 새로운 교육을 적용한다는 의미에서 사용하였다.

21) 필자는 2003년 한국연구재단이 지원해 준 새로운 학교교육문화운동에 관한 연구 프로젝트에 공동연구원으로 참여하여 에콜 데 로슈를 탐방할 수 있었다. 자세한 내용은 오인탁, 양은주, 황성원, 최재정, 박용석, 윤재홍의 『새로운 학교교육문화운동 -대안교육의 뿌리를 찾아서』(2006) 를 참고하기 바란다.

빈다(Haubinda)에 두 번째 학교를 세웠다. 그 외에도 폴 게에브(Paul Geheeb)는 오덴발트(Odenwald)에 또 다른 학교(new school)를 설립하면서 독일뿐 아니라 벨기에, 네덜란드, 스위스 등 유럽 전역에 에뒤카시옹 누벨 운동이 확산되었다. 특히, 스위스의 불어권 제네바에서 페리에르는 드몰랭을 만나 에콜 데 로슈를 방문한 후, 1899년에 새로운 학교 국제사무국(Bureau international des Écoles Couvelles: BIEN)을 세웠다. 그는 당시 새로운 교육운동의 이념과 실천을 대표하는 학교들이 상호 교류하는 기회를 장려하였다(Raillon, 1994).

새로운 학교 국제사무국(BIEN)[22]은 새로운 학교(Écoles Nouvelles)들 간의 교류를 격려하고, 관련 자료를 수집하여 미래 교육을 위한 심리학적 실험 결과를 공유하는 목적이 있었다. 페리에르는 1900년에 독일의 헤르만 리츠가 세운 전원 기숙사 학교와 하우빈다의 두 번째 학교에서 교사생활을 직접 경험하였다. 이러한 경험이 페리에르에게는 유럽 내 에뒤카시옹 누벨 운동을 제네바 중심으로 전개하는 계기가 되었으며, 1915년에 그는 새로운 학교의 특징을 30가지로 요약하여 제시하였다.

페리에르는 1912년 새로운 학교 국제사무국(BIEN)의 회의를 개최하면서, 새로운 학교(Écoles Nouvelles)를 '전원에 위치한 가족 형태의 기숙사 학교로서 아동의 개인적 경험은 수작업과 자치적 학교 운영을 통해 도덕적 · 지적 교육의 기초가 된다'고 정의하였다(Ferrière, 1947). 이렇듯 프랑스의 에뒤카시옹 누벨 운동은 영국의 영향을 받기도 했지만 독일을 제외한 유럽 대륙 내의 새로운 교육운동의 확산에

22) BIEN은 1899년에 형성되었으나, 본격적인 움직임은 1912년 스위스 제네바 대학 교육학과 전신인 '장 자크 루소 연구소(Institut Jean-Jacques Rousseau)'를 설립하면서 이루어졌다.

영향을 주었다.

프랑스 에듀카시옹 누벨 운동의 또 다른 기원은 19세기 말부터 이루어진 과학의 발달에서 유래한다. 특히, 심리학은 합리적인 방법으로 교육의 기초를 마련해 주었으며, 아동에 대한 과학적이고 심리학적인 연구의 영향을 받았다. 파리에서는 지능검사를 최초로 개발한 비네(Binet)와 제네바에서는 클라파레드가 아동에 대한 과학적이고 체계적인 연구를 통해 아동 중심 교육의 필요성을 검증함으로써 새로운 교육운동의 근거를 마련하였다. 또한, 스위스 제네바 대학의 '장 자크 루소 연구소'에서 진행된 보베와 클라파레드의 심리학 연구도 많은 영향을 주었다.

그럼에도 전통적 교육방법과 수업 방식을 개선하려는 프랑스의 에듀카시옹 누벨 운동은 다른 유럽 국가와 비교해 볼 때 매우 느리게 확산되었다. 엠(Ehm, 1937)에 의하면, 프랑스에서의 에듀카시옹 누벨 운동이 인근 국가에 비해 지연된 이유는 프랑스인의 보편주의적 지식관과 개인주의적 태도 때문이라고 보았다. 대부분 교육개혁을 실현한 국가들이 신교가 널리 보급된 상황과 달리 프랑스는 가톨릭 영향이 강한 국가였으며, 이러한 종교적 특성은 새로운 학교를 확산하는 데 방해 요소로 작용하였다.

에콜 데 로슈는 현재까지 남아 있는 유일한 프랑스의 에듀카시옹 누벨 운동 학교이며, 중등학교로 시작하였다. 1920년대부터 본격적으로 시작한 새로운 교육운동은 1921년 칼레(Calais)에서 에듀카시옹 누벨 국제연맹(Ligue international de l'Éducation Nouvelle)을 결성하였고, 이때에 교육전문가, 교사, 심리학자, 의사 등이 참여하였다. 이 시기부터 프랑스의 교육계는 새로운 국면을 맞이하였고, 1929년에 프랑스 에듀카시옹 누벨 그룹(Groupe français de l'Éducation Nouvelle)을 만들었다.

프랑스 초등학교 교육개혁의 대표자로는 로제 쿠지네(Roger Cousinet, 1881~1973)와 그의 영향을 받았지만 나중에는 독자적인 입장을 보여 준 셀레스탱 프레네(Célestin Freinet, 1896~1966)가 있다. 쿠지네와 프레네는 사회화에 교육의 목표를 두었고 교육방법을 다양하게 실천함으로써 당시 새로운 교육개혁 운동을 대표하였다. 쿠지네는 '소집단 자유학습법(Travail libre par groupes)'을 1920년부터 자신이 장학사로서 관할하던 학교에 적용하기 시작했으며, 프레네는 학교현장에서 '학교인쇄출판활동(Imprimerie à l'école)'을 실천하였다. 그들 이외에 프로피(B. Profit)는 1928년 '학교협동조합(coopératives scolaires)'을 제안하여 경직되고 교사 중심이던 학교생활에 변화를 주고자 하였다. 이 세 명의 프랑스 교육개혁자는 공통적으로 국공립학교에서의 개혁을 시도하였으나, 교육부와 학부모의 인식 부족으로 항의를 받기도 하였다. 쿠지네와 프레네가 제시한 교육방법은 그 당시 보수적이었던 교육부와의 의견 대립으로 주로 사립학교에서 실시되었지만, 공립학교에서도 점차 그들의 교육방법에 관심을 가졌다.

이렇게, 쿠지네의 교육 이념을 기반으로 '프랑스 에뒤카시옹 누벨 발전 협의회(Association nationale pour le développement de l'Éducation Nouvelle)'와 프레네 교육학을 적용하는 일선 교사들의 연구 모임인 '현대학교협의회(Institut Coopératif de l'École Moderne)'가 20세기 프랑스의 새로운 교육운동의 확산에 매우 중요한 역할을 담당하였다. 새로운 교육을 실현하려는 단체의 움직임은 교육부와 마찰을 빚어왔으나, 1960년대에 이러한 교육 이념을 교육 현장에서 구체화하는 학교들이 생겼다. 특히, 프레네 교육학이 공교육 제도에 흡수되기 시작하면서 본격적으로 이루어졌다.

현재까지 남아 있는 학교는 에콜 데 로슈(École des Roches)와 프랑스 공립학교에 속한 프레네 초등학교(École Freinet)이다. 에콜 데 로슈는 1899년 설립되어 100년 이상의 역사를 지닌 학교로 그동안 여러 번의 재정적 어려움을 겪었지만, 당시의 설립이념과 목적에 따라 학교 운영을 유지하려고 노력하면서 그 명맥을 유지하고 있다.

프레네 초등학교는 프레네 교육학을 실천하고 있는 교사들이 모여 전체 학교를 프레네 학교로 부르거나, 교사가 개별적인 관심을 갖고 각자의 교실에서 프레네 테크닉을 적용하는 경우가 있다. 공교육 체제에서 프레네 교육학을 실천하고 있는 교사들은 학급을 자율적으로 운영하는 경우가 많다. 이렇듯 프레네 학교는 어떠한 특정 학교를 지칭하기보다는 프레네 교육방법을 적용하고 있고, 관심 있는 교사에 따라 유아교육기관부터 중등학교까지 확산된 모든 학교를 말한다.

프랑스의 에뒤카시옹 누벨 운동에서 실천하는 교육방법을 활동적 방법(méthode active)이라 부른다. 여기에서 'active'라는 의미는 '동물이 자신의 먹이를 찾아 먹듯이 아동도 자신의 에너지를 욕구, 관심, 기원을 만족시키는 데에 소비한다'는 의미로 사용한다(Legrand, 1968).

교육방법에는 집단 학습과 개별 학습으로 구분할 수 있는데, 부쉐(Bouchet)와 도트랭(Dottrens)은 개별 학습을 제안하였고 쿠지네는 소집단 자유학습법을 개발하였다. 부쉐(Bouchet, 1948)는 개별 학습을 '학생들의 개별 작업에 유리한 조건을 만드는 것'에서 실행할 수 있다고 보았기 때문에, 특히 환경적 구성에 대한 준비를 강조하였다. 그러나 도트랭(Dottrens, 1963)은 반드시 개별적으로 학습이 이루어지는 것이 아니라 집단 학습과 개별 학습의 혼합적 운영이 바로 능동적인 교육방법이라 정의하면서 학생 각자가 자신에게 적합한 학습방법을 선택하도록 하였다. 여러 유형의 교육방법 가운데, 드크롤리의 흥미 중심 교육, 몬테소리의 흡수 정신에 바탕을 둔 교육, 쿠지네의 소집단 자유학습법(Travail libre par groupes), 프레네 테크닉(Techniques Freinet), 프로피(Profit)의 '학교협동조합(Coopératives scolaires)' 등은 교실에서 교육과정의 적용을 도와주는 새로운 교육방법의 모형이다(Hwang, 1997).

에뒤카시옹 누벨 운동에서 강조하는 교사의 특징은 전통적 교육방법을 적용하는 교사와 비교할 때, 다양한 수업방법의 개발과 수업에 필요한 학습 도구의 활용 유무에 있다고 할 수 있다. 예를 들어, 교실 환경이나 학교 환경의 개선, 교구를 활용한 교육방법의 다양성에서 벨기에의 드크롤리는 자연과 가까운 교육환경의 개선에 역점을 두었고, 이탈리아의 몬테소리는 아동과 교구의 상호작용에서 교사의 관찰 능력이 중요하다고 말했다. 이러한 환경 구성과 교구의 개발이 곧 아동의 자발성을 키운다고 보았다.

교사는 학급의 운영자, 충고자, 학습의 안내자로서 자유로운 분위기를 형성하여 학생이 스스로 발견하도록 도와주는 역할을 수행한다. 그러나 이러한 교사의 역할은 학생을 그대로 방치하는 것이 아니라 학급 조직 내의 질서와 규율을 유지할 수 있어야 한다. 페리에르 역시 "자유와 질서는 보완적이다. 인간은 최소한의 질서 없이 살지 못하며, 더구나 최소한의 자유 없이도 더 이상 살 수 없다."라고 언급하였다(Ferrière, 1947). 이렇듯 교사는 교육방법을 통해 미래 사회에서 요구하는 인간상에 적합한 인재를 양성하는 책임을 갖고, 학생 중심의 활동을 근거로 적절한 지도와 지원을 해 주어야 한다. 그러기 위해서는 학생들에게 규율과 질서가 어느 정도 필요하다. 프레네는 이 점에 동의하면서 학급 내의 질서와 규율을 존중하는 가운데, 상황에 따른 수업기술의 변화가 곧 교육방법이라고 보았다(Freinet, 1969).

쿠지네는 오랫동안 초등학교 장학사로서 프랑스의 에뒤카시옹 누벨 운동의 확산에 많은 도움을 주었다. 그는 다양한 교육방법 중에서 집단(groupe)에 기초한 학습방법을 제시하였다. 집단의 자유로운 형성을 통해 아동에게 자연스럽게 나타나는 연대감을 발견하고, 집단을 해체시키는 요인에 대항하여 발현되는 응집력을 직접 관찰하였다. 이러한 아동 집단의 성격을 충분히 파악하여 활용하는 교육방법을 제안하였다. 집단생활은 아동에게 연대감과 사회 정의를 학습할 수 있는 기회를 제공하며, 사회성 증진과 타인 존중, 규칙 준수 등 윤리 및 도덕 교육에 참여하는 역량을 강화한다(Hwang, 1997).

3) 에뒤카시옹 누벨과 프레네 교육학

프레네는 여러 세대가 뒤섞여 살아가는 마을 공동체의 영향을 받았다. 그의 저서 『일의 교육(*L'Éducation du travail*)』(1978)에서 묘사한 민중의 삶은 프레네가 직접 체험한 농촌 생활을 반영하고 있다.

니스의 초등교사 양성대학(École normale)을 졸업한 후, 프레네는 초등학교에서 교직생활을 하다가 1915년 4월 제1차 세계대전에 참전하였다. 몇 년 동안 전쟁의 최전선에 있다가 1917년 10월 슈맹 데 담의 전투에서 폐에 부상을 입는다. 그는 전쟁의 잔혹함에 환멸을 느끼면서 전쟁을 주도한 군대의 집단주의를 거부하고 인본주의적 관점을 견지하게 된다. 1918년 제1차 세계대전이 끝나고 많은 희생자와 피폐해진 사회를 목격하면서 전쟁이 다시 일어나지 않도록 하기 위해 자본주의 사회의 막을 내리고 새로운 사회를 건설할 필요성을 느낀다. 이렇게 프레네는 좀 더 정의롭고 인간적인 사회를 원했다.

1920년 1월 1일, 프레네는 알프-마리팀의 바르-쉬르-루(Bar-sur-Loup)의 작은 초등학교에서 다시 교편을 잡게 된다. 당시 프레네는 24세였으나, 폐에 부상을 입은 후유증으로 말하기가 어려워 교사 중심, 설명 중심의 교육방법을 그대로 적용할 수 없었다.

이 시기부터 프레네는 자신이 근무하는 학교에 적합한 교육방법을 모색하고자 부단히 노력하였다. 그는 유럽에서 확산되고 있던 에뒤카시옹 누벨 운동에 깊은 관심을 보이면서 프레네 교육학(pédagogie Freinet)을 구축해갔다. 학교 교실에서 처음 시도한 것은 매일 오후, 학생들을 학교 밖으로 데리고 가는 산책 수업 또는 활동(Classe-promenade)과 일의 교육(Éducation du travail)이었다.

프레네는 산책을 다녀온 후, 학생들에게 느낌이나 기억에 남는 것, 새로운 것 등을 글로 자연스럽게 적게 하였고, 글과 그림을 모아 신문이나 문집을 만들어 여러 사람과 함께 나누었다. 또한, 학교생활에 필요한 의자 만들기, 염색하기, 텃밭 가꾸기, 재배하기 등을 통해 일을 통한 교육활동을 도입하였다.

1924년 프레네는 '인쇄기(imprimerie)'를 도입하여 수업에 활용하기 시작하였다. 물론, 인쇄출판활동은 프레네 이전에 18세기의 오베를랭, 19세기의 로뱅 등 이미 몇몇의 교육실천가가 도입하였지만, 프레네는 자신의 학교 여건에 맞게 새롭게 적용하였다. 학생들이 학교 인근 지역에 산책을 다녀온 후 글로 쓴 내용을 인쇄물로 만들게 하였다. 철자의 조합을 통해 인쇄된 텍스트는 읽기 교육의 시작이었고, 학교 간 통신교류로 확대하였으며, 더 나아가 학급문집이나 학급신문까지 제작하여 학교 주변의 마을 주민들에게 보여 주었다.

프레네가 1925년에 처음으로 시작한 타 지역 학급과의 편지 교류 활동은 현재에도 많은 학급에서 실천하고 있다. 당시 '학교 간 통신교류'는 국가 교육과정 지침에서도 적극 권장하고 있던 상호적 의사소통 방법이었다.

프레네는 당시의 어려운 재정 여건에도 불구하고 이틀에 한 번씩 30명의 학생이 작성한 편지를 우편으로 보내고, 지역 특산품과 싱싱한 과일과 열매, 놀잇감과 사진도 서로 주고받았다. 학교 간 통신교류가 본격적으로 시작된 것은 1926년 7월 27일이었으며, 이때부터 프레네는 각 교실에 비치된 인쇄기에서 바로 찍어낸 글을 프레네 교육학(pédagogie Freinet)의 가장 대표적인 활동으로 강조하기 시작했다.

편지 교류를 할 때, 모든 교사가 지켜야 할 기본 원칙은 지속적이고 반복적인 교류가 되어야 한다는 것이었다. 좀 더 자세히 살펴보면 다음과 같다. 예를 들면, 우선 학생들이 『학교생활책(*Livre de vie*)』(제1권)에서 자유롭게 작성한 27장의 편지를 준비하여 다른 학교에 보낸다. 상대방 학교는 편지를 학생들에게 나눠 주고, 읽은 후 각자의 느낌을 적고 궁금한 점을 질문한다. 아이들은 자신이 적은 편지를 『학교생활책』(제2권)에 넣는다. 이런 방식으로 아이들은 두 권의 생활책을 가지고 있는데, 한 권은 자신의 학교에서 보낸 것이고, 다른 한 권은 편지교류를 하는 대상 학교 학생들의 것이다. 학교생활책은 몇 회의 편지교류활동을 통해 조금씩 채워가며, 해당 학급만의 소중한 문화유산이 되어 간다.

이러한 학교 간 통신교류는 지역적으로 멀리 있어도 서로의 일상생활을 알 수 있으며, 주변 환경의 특성을 알려 줄 수 있다. 교사는 동료교사에게 보내는 편지를 적어 상대편 학급으로 보내고, 학생들은 매월 학급 내 일대일 친구를 만들어 그에게 신문, 이미지, 놀잇감, 사진, 선물 등을 보낼 수 있다(Freinet & Alziary, 1947).

프레네 교육학의 방법은 1927년부터 프랑스 각지의 교사들을 중심으로 확산되었다. 그 해에 투르(Tours)에서 40명의 교사를 중심으로 프레네 교육학을 실천하는 첫 연구 모임을 개최하였으며, 이들은 각 학급에서 '인쇄한' 학생들의 작품을 모아 1927년 4월부터 매월 잡지를 발간하였다.

1928년, 프레네 교육학에 관심을 가진 현장 교사의 연구 모임이 프랑스 파리에서 열렸고, 참가자들은 '비종교 교육협동체(Coopérative de l'Enseignement laïc: CEL)'이라는 교사협의회를 결성하였다. 프레네 교사들은 학교인쇄출판활동과 라디오와 영화를 활용한 수업을 전개함으로써 학교의 미디어 활용 교육을 적극적으로 도입하였다.

1932년, 프레네는 아동을 위한 교육자료 '학습총서(Bibliothèque du Travail)'를 창간하고, 에뒤카시옹 누벨 국제연맹의 학술모임에 참석하는 등 다양한 활동을 펼친다. 하지만 이 시기에 프레네는 자신의 일생에서 전환점이 될 가장 큰 사건을 겪게 된다. 1932~1933년에 프레네는 프랑스 남부지방 방스(Vence)의 생-폴에 정착하면서 프레네 교육학을 실천하고자 했지만, 극우파 성향의 학부모들 중심으로 그의 교육방법을 정면으로 반대하는 움직임에 봉착하게 된다. 그들은 프레네를 공산주의자로 간주하면서 그의 교육 방식에 공개적으로 문제를 제기한다. 이 사건으로 프레네 교육운동은 일대 전환기를 맞이한다.

프레네는 1934년 공립학교에서의 교편생활을 접고, 자신의 교육 이상에 따라 운영할 새로운 학교, 방스 학교(École de Vence)를 설립한다. 1935년에 이 학교를 완공하였으며, 프레네의 딸과 지인의 자녀들, 사회 경제적으로 어려운 상황에 있었던 파리 근교의 학생들, 스페인 전쟁을 피해 망명한 고아들이 입학하였다. 이 학교에서 프레네는 주간학습계획서, 집단생활의 규칙 제정과 학생 간의 갈등 조정에 필요한 학생위원회 구성, 벽신문 활용, 자가수정카드, 자연스런 읽기 방법

등의 새로운 교육방법을 개발하고 적용하였다.

방스 학교의 개교 이후, 프레네 교육학에 매료된 교사 모임의 규모는 점점 커지고, 1936년에 교사 모임의 회원 수는 거의 1,500명 정도 되었다. 프레네 교육학을 실천하는 교사들은 방스 학교와 협력하여 다양한 수업기술과 교육 자료를 개발하였고, 활발한 교류를 통해 프레네 교사 간 연대감을 돈독히 하였다.

제2차 세계대전이 발발하면서 프레네는 독일에 협력한 비시정부에 의해 체포되었고 프레네 학교는 문을 닫는다. 그는 감옥에 갇혀 있으면서 『일의 교육(*L'Éducation du travail*)』(1942~1943년), 『감각심리학 시론(*Essai de psychologie sensible*)』, 『새로운 경험의 모색(*L'Expérience tâtonnée*)』(1941~1943년)을 집필하였다. 특히, 1943년에 완성한 『프랑스 현대학교(*L'École moderne française*)』는 이전의 책과 달리 민중학교의 교육적이고 기술적인 학급조직을 위한 실제적 안내서라고 할 수 있다.

『프랑스 현대학교(*L'École moderne française*)』는 프레네 교육학을 실천하기 위해 필요한 시설과 환경을 제시하고, 다양한 수업기술에 대한 설명을 읽을 수 있다. 프레네 교실에서 요구하는 예의 바른 태도와 협동적 태도, 주간학습계획의 조직, 인쇄 매체의 활용을 서술하고 있으며, 수업에 도입할 수 있는 영화, 오디오, 라디오 등과 같이 소통하는 교육 매체를 소개하였다.

1950년 이후 프레네는 『아동의 예술(*Art enfantin*)』(1950~), 『생활의 기술(*Technique de vie*)』(1959~), 『중등학교 교육자(*L'Éducateur second degré*)』(1963~) 등 정기간행물을 통해 프레네 교육학의 이론과 실제를 심도있게 다루고자 하였다.

4) 프레네 교육학 국제 연대

프레네 교육학을 지지하는 현장 교사들은 1947년 디종(Dijon)에서 교사협의회를 결성하였다. 현재 이 협의회는 대규모의 교사운동 단체가 되었다. 프레네 교사협의회는 같은 해에 모임의 이름을 비종교 교육협동체(Coopérative de l'Enseignement laïc: CEL)에서 '현대학교협의회(Institut Coopératif de l'École Moderne: ICEM)'로 전환하였다. ICEM은 현재 프랑스 낭트에 본부가 있으며, 인근 유럽 국가에 국가별 지부를 두고 있다. 벨기에(1937)[23], 네덜란드(1950), 이탈리아(1951), 스위스(1952), 포르투갈(1966), 독일(1976), 스페인(1977), 스웨덴(1977), 오스트리아(1992)에 공식적인 지부가 결성되었다. ICEM은 매년 지역별로 교사들이 소단위 세미나를 열거나 2년마다 프레네 교육학에 대한 주제를 정해 세미나를 개최하고 있다. 교사, 교수, 학자들을 대상으로 하며, 프레네 교육학의 적용과 실천에 관한 발표가 주를 이룬다. 이 기간은 프레네 교육방법의 실천이나 성과에 대한 활발한 연구 자료 및 정보를 교류하는 시간이다.

▼ 교사들에게 강연하는 셀레스탱 프레네

23) 벨기에는 비종교 교육협동체(CEL)가 현대학교협의회(ICEM)로 전환되기 이전부터 프레네 교육학에 관심이 있었다. 이런 경우, CEL부터 지부가 있었던 것으로 인정하여 1937년이라 명기하였다.

1957년에는 현대학교운동의 국제연합단체(Fédération internationale des mouvements d'École Moderne: FIMEM)가 결성되었다. 독일의 조르그(Hans Jörg, 1994)는 현대학교운동의 국제연합단체(FIMEM) 활동에 대해 다음과 같이 평가하였다. 우선 유럽 대륙에서 벨기에는 일찍부터 프레네 교육학에 관심을 가지고 많은 저서를 플랑드르어로 번역하였으며, 스위스는 제네바 대학의 장 자크 루소 연구소와 페리에르, 도트랭, 피아제 등과 프레네 교사들이 활발한 교류를 했다. 스위스의 프레네 교사협의회는 매우 활동적 · 조직적 · 체계적으로 운영되었다(Peyronie, 1999).

스페인은 프레네와 1920년부터 밀접한 관계를 맺으며 파시스트 독재에 대항한 투쟁을 해 왔으며, 거의 1,200명의 스페인 교사들과 800명의 포르투갈 교사가 프레네 정신으로 교육하고 있다. 네덜란드에서는 두 가지 경향이 공존하는데, 하나는 '정치적'이고 다른 하나는 '교육적'이다. 독일은 프레네 교육학을 서남부 랜더(Länder) 지방에서 처음 실천하였으며, 이론과 실제를 교육 현실에 맞게 재구성하고 있다.

라틴 아메리카의 경우, 포르투갈어와 스페인어로 번역된 프레네의 저서들이 프레네 교육운동을 국제화하는 데 많은 영향을 주었다. 알멘드로스(Herminio Almendros)는 1937년 바르셀로나에 프레네 학교를 세운 창설자로서 스페인 내전 중 프랑코주의의 승리 이후 1939년 쿠바로 피난하였다. 20년 동안의 체류 후, 1959년 그는 대중의 문맹퇴치 계획 아래 '학교도시'를 구상하면서 프레네 교육학으로부터 교육개혁을 시도하는 데 영감을 받았다.

조르그(Jörg, 1994)는 중미와 남미의 프레네 교육학에 대하여 다음과 같이 적고 있다.

> "프레네 교육학은 스페인어와 포르투갈어를 사용하는 국가에서 활발한 관심을 불러일으켰다. … 많은 경우, 정치적 동기가 여러 국가에서 프레네 교육학이 발전하는 데 큰 몫을 하였다. 멕시코와 브라질에서는 '자유사상' 운동과 만났고, 미션 스쿨과 교사 조직에서는 강력한 응집력을 발견할 수 있다. … (1980년대 말에) 프레네 교육운동은 1961년 이후 프레네와 교류를 가졌던 파울로 프레리(Paulo Freire)의 교육운동과 동일한 평가를 받았다. 멕시코, 콜롬비아, 파나마에서 그리고 무엇보다도 브라질에서 매우 어려운 상황임에도 프레네 교육학을 지지하는 교사들은 집단으로 재결집하였고, 일상적인 교육 현실과 프레네 교육학의 정신을 접목하려는 노력을 하였다." (Peyronie, 1999)

프랑스어를 사용하는 세네갈, 부르키나-파소, 말리 등의 아프리카 교육전문가는 1930년대부터 프레네 운동에 협력하였다. 식민지 해방 이후 프레네 교육학의 시행이 긍정적일 수 있었던 것은 당시 지배자의 이데올로기와 거리를 두려는 정치적 입장이 교육자들 사이에 싹트기 시작하였기 때문이었다.

일본은 프레네 교육학에 대한 관심이 상당히 일찍부터 시작되었다. 후루사와(Furusawa, 1997)는 일본에서 '노동자', '노조', '프롤레타리아' 등의 용어가 활발하게 사용되기 시작했던 1920년대부터 일본에 프레네 교육학이 소개되었다고 한다. 후루사와는 사토루가 저술한『규율에 관한 현대교육사상』에서 프레네를 '사회주의적 교육개혁 운동을 주도한 투사'로 묘사하고 있다.

프레네는 러시아의 톨스토이(Leo Tolstoy), 인도의 타고르(Rabindranath Tagore), 미국의 킬패트릭(William Heard Kilpatrick)과 함께 규율에 대한 자유주의적 비전을 보여 준 교육사상가라고 보았다(Furusawa, 1997). 1955년도에 프레네 교육운동을 전반적으로 소개하려는 시도가 있었다. 1960년대 경제발전의 가속화와 더불어 일본 정부는 국가 인재양성이라는 엘리트 교육을 지향하였고, 교육과정에서 국가주의의 강조, 교사와 학생 통제 강화 등 교육정책의 문제점이 서서히 드러나면서 학교교육개혁의 실천사례로 프레네 교육학에 더욱 관심을 갖게 되었다.

1970년 말에서 1980년까지 셀레스탱 프레네와 그의 부인 엘리즈 프레네의 주요 저서가 일본어로 번역 출간되었다. 와카사(Wakasa, 1980, 1983, 1986, 1988)는 도쿄(Tokyo)의 초등학교 교사로서 1970년과 1980년대에 유일하게 프레네 교육학을 실천하던 교사였으나, 국가 교육과정, 교과서, 시간표가 정해져 있는 일본의 교육 현실에 직면하게 되었다. 그는 프레네 교육학을 기반으로 새로운 교육방법의 도입과 실천을 꾸준히 시도하였다. 마침내 1983년 8월 6일, 50명의 교사와 교수들이 일본 프레네 교육연합회를 결성하였고, 이 연합회는 1996년에 더욱 확대되어, 프레네에 관한 연구와 실천사례에 대한 발표도 있었다(Furusawa, 1997).

한국은 2000년대 초부터 프레네 교육학을 학교 현장에서 받아들이기 시작하였다. 처음으로 도입한 곳은 성장학교 별이라는 대안학교이며, 학생들에게 학습의 자율적 선택권을 부여해 왔다. 초중등 공립학교 교사들도 프레네 교육학에 흥미를 느껴 방학 동안 프랑스를 비롯한 유럽 학교를 탐방하는 연수에 참여하거나, 자발적으로 모여 자체 연수를 실시하기도 했다. 2007년 여름, 파리에서 필자와 교사 약 13명이 현대학교협의회(ICEM)가 주관한 세미나에 참여하였다. 이들은 모두 프레네 교육학을 통해 교실 현장을 개선하는 데 노력하자는 의견에 동의하였다.

한국에서 아직 프레네의 저서가 완역된 것은 없지만 프레네 교육학에 관한 연구물은 1997년부터 「프레네 교육에 대한 사회학적 고찰」

과「프랑스의 열린교육: R. 쿠지네와 C. 프레네의 교육을 중심으로」를 시작으로 1999년의「공고육의 개혁을 위한 셀레스탱 프레네의 교육실천」과 더불어 현재까지 다수의 논문이 발표되었다. 2002년,『프레네 교육학에 기초한 학교 만들기』번역서가 출간된 이후, 2010년부터 초중등학교 교사들의 석사학위 논문이 나오고 있으며, 국외 교육학 박사 논문이 1편, 국내에서는 2편의 교육학 박사 논문이 발표되었다. 제목을 제시하면,「아동의 학교사회화와 에뒤카시옹 누벨-쿠지네의 소집단 자유학습법과 프레네 교육학 비교 연구」(1997)는 프랑스 국립 루앙대학교 교육학 박사학위 논문이며,「프레네의 일을 통한 교육론」(2006)과「현대 프랑스 교육운동의 관점에서 본 '페다고지 프레네'」(2014)는 고려대학교 교육학 박사학위 논문이다.

2015년 9월 교육부와 한국청소년정책연구원 주최로 대안교육의 국제포럼이 열렸고, 한국에 몇 번 다녀간 올리비에 프랑콤(O. Francomme) 교수와 프랑스와 르 메나에즈(François Le Ménahèze) 교사를 초청하여 새로운 교육학, 프레네 교육학, 프레네 학교에 대한 발제가 있었다. 필자는 2006년「개방형 공립학교 모델: 프랑스 프레네 학교」연구를 한국연구재단의 지원을 받아 수행한 바 있고, 2016년에는「ADDIE 모형을 활용한 프레네 교육 기반 영유아 교수방법과 활동자료 개발」연구를 수행 중에 있다.

지금까지 우리나라와 일본을 포함하여 국제적으로 프레네 교육학이 국제적으로 어떻게 확산되었는가를 살펴보았다. 프랑스에서뿐만 아니라 유럽, 라틴 아메리카, 아프리카, 아시아 등지에서도 활발하게 실천되고 있음을 알 수 있다. 물론, 국가, 사회, 학교마다 교육 특성이 다르게 나타난다. 국가별 교육의 여건과 상황, 학급을 구성하는 학습자의 특성과 개인차가 프레네 교육학의 정착에 영향을 주는 것은 당연한 일이다.

앞으로 프레네 교육학을 조금씩 실천해 가고 있는 현장의 선생님들을 지면을 통해 많이 소개할 수 있길 기대해 본다.

제2장

프레네 교육학 이론

1. 프레네 교육원리와 현대학교 현장
2. 프레네 교육학의 특징
3. 프레네 교사
4. 한국교육에의 영향

1 프레네 교육원리와 현대학교 현장

민중교육을 지지하는 프레네 교사들이 모여 '현대학교협의회(ICEM)'를 결성하였고, 활발한 출판활동을 전개하였다. 그런 덕분에 교사, 교육학자, 교육행정 관계자들은 프레네 교육학에 관심을 가졌으며, 그동안 유럽, 남미, 아프리카, 캐나다, 일본, 최근에는 중국[24]까지 확산되었다. 한 초등학교 교사로부터 1920년대 출발한 프레네 교육운동은 여전히 현재진행형이다.

셀레스탱 프레네는 자신이 직접 언급하였듯이 교육이론가보다는 교육실천가이다. 수업기술을 통해 학교 현장을 과감하게 바꾸고자 했던 그는 프랑스 농촌 학교의 교사로서 당시 학교교육의 변화를 주장하되 공교육 제도 내에서의 개혁을 강조하였다.

프레네는 교육과 정치를 불가분의 관계로 인식하였기 때문에 학교 개혁을 통해 새로운 사회를 만들고자 하였다. 학교 개혁의 주체자인 교사는 수업기술의 변화를 가져오고, 학생에게 타고난 일의 욕구를 충분히 채워주기 위해 협동체 중심의 학급 운영, 수평적인 교사와 학생의 관계 형성, 수업기술의 도입, 다양한 프레네식 학습 자료의 개발을 시도하였다.

프레네 교육학에 대하여 여러 국가가 보여 준 관심 정도는 우리나라가 비교적 늦은 편이다. 하지만 프레네 연구자로서 지금의 이 상황은 매우 반갑고 기쁜 일이다. 한국 공교육의 허점을 보완하고자 다양한 교육적 시도를 바탕으로 프랑스의 프레네 교육학이 우리나라 교육

24) 중국 항저우에는 2013년부터 프레네 유치원을 설립하여 운영 중이다.

현장에 과연 어떠한 영향을 줄 수 있을까? 앞으로 지속적으로 연구해야 할 과제이다. 한 가지 분명한 것은 교실 내의 각 상황과 여건에 맞추어 교사와 학생이 상생 협력하여 추진하는 교육개혁이 필요하다. 그런 점에서 프레네 교육학은 우리의 교육 현장에 영향을 주는 의미가 크다고 하겠다.

1) 프레네 교육불변의 원리(invariants pédagogiques)[25]

셀레스탱 프레네는 1964년 『교육불변의 원리(*Les invariants pédagogiques*)』라는 제목의 매우 얇은 책자를 발간하였다. 그 책자에는 프레네가 35년 교직생활 동안 정리한 30가지의 교육원칙이 정리되어 있다. 원칙마다 프레네 교육학의 기본 취지를 잘 실천하고 있는지 교사가 점검할 수 있는 평가 문항을 제시하고 있다. 30가지 교육원칙은 누가 프레네 교육학을 실천하는가에 관련 없이 어느 지역, 어느 교실이건 반드시 고려해야 할 조건으로 구성되어 있다. 이 조건을 만족시킨다면 프레네 교육학을 성공적으로 실천한다고 자기평가할 수 있다.

프레네는 교사가 자신의 교육실천을 스스로 평가할 수 있도록 신호등 체계를 도입하였다. 예를 들어, 교육불변의 원리를 문항별로 소개하면서 이 원리에 적절한 교수행동이나 프레네 교육학의 목적 또는 목표를 반영하였다면 초록불로 표시할 수 있고, 교육불변의 원리에 적합하지 않아 최대한 빨리 없애야 하는 것이 교사의 역할이라면 빨

25) 프랑스어 그대로 번역하면, 교육불변의 것, 교육불변 요소라고 말할 수 있다. 여기에서는 프레네 교육학의 목적과 목표를 제시하는 내용이므로 프레네 교육학 원리 또는 원칙으로 해석하고자 한다.

간불, 어떠한 상황에서는 효과적일 수 있지만 경우에 따라 학급이나 학생들에게 바람직하지 않는 교수행동이라면 노란불로 표시한다.

이제 30가지 교육불변의 원리를 한 문항씩 살펴보면서 프레네의 아동관, 교육관, 수업기술의 특성을 이해하고, 신호등 체계에 따라 교수행동을 어떻게 구분할 수 있는지 살펴보고자 한다.

(1) 아동의 본성

① 아동은 성인과 동일한 본성을 갖고 있다.

프레네는 성인과 아동의 본성은 동일하나 단지 정도의 차이라고 하였다. 아동은 적절한 영양을 섭취하고 지속적인 성장을 하며, 어른처럼 먹고, 느끼고, 행동하고 반응한다. 이렇듯 아동에게 질문을 하거나 반응을 유도할 때, 먼저 질문을 해 보고, 그를 살펴보는 것이 필요하다. 이 원리를 일상에서 꾸준히 실천한다면 초록불이며, 이 사실을 인지하면서도 완전한 인식이 되지 않았다고 판단하면 노란불, 교사로서 아동은 다른 본성을 갖고 있다고 생각하면 빨간불로 자기평가할 수 있다.

② 교사가 키가 크고 나이가 많다고 해서 학생보다 위에 있어야 하는 것은 아니다.

성인이 아동보다 키가 큰 것은 당연하다. 사람들은 자신보다 작은 사람을 쳐다볼 때, 우월감이나 지배의 욕구를 느낄 수 있다. 예를 들면, 교단이나 강단은 교사의 키를 더 커 보이게 한다. 교사의 권위는 이런 인식에 보태져 더 강화해야 한다는 인식이 오래전부터 있었지만, 바로 이러한 감정이 교사의 역할을 제대로 못 하게 할 수 있다. 그래서 프레네는 자신의 학생들과 눈높이를 맞추길 원했고, 교사와 학생 간의 거리를 줄이고자 교단을 치워 버렸다. 또한, 강단은 교사가 설명식 수업을 하는 데 더 필요하다고 하였다. 프레네는 학생의 수준을 맞추는 교사의 역할이 매우 중요하다고 생각하였다.

교사의 행동이 모든 교육적인 결과를 인지하고 강단을 제거하였다면 초록불, 학생이 앉아 있는 높이에 맞게 교사의 책상을 조정했다면 노란불, 전통적인 교실처럼 교사의 강단이 그대로 있다면 빨간불로 표시할 수 있다.

③ 아동이 학교에서 보이는 행동은 자신의 건강 상태, 신체 기관과 체질의 상태에 따라 다르다.

교사는 학습에 흥미가 없고 문제행동을 보이는 아동을 좋아하지 않는다. 아동이 보이는 모든 행동에는 사실 자신만의 의도가 있을 수 있으나, 건강 상태에 따라 교사를 힘들게 하는 상황을 만들 수 있다. 아동이 교사와 또래 친구들에게 협력적이지 않을 때, 그 원인을 찾는 것이 바람직하다. 건강상의 이유인지, 가정에서 어떤 일이 생겼는지, 최근에 마음이 불편해지는 일이 생겼는지 등을 자세히 살펴볼 필요가 있다. 구체적인 이유를 찾지 못할 때, 서서히 아동과 공감대를 형성하는 기회를 마련해야 할 것이다.

교사가 자기평가를 할 때 문제행동에 대해 사회적 심리적 이유를 찾으려고 노력한다면 초록불, 매우 제한된 경우에만 시도한다면 노란불, 학생 개인의 어려움을 고려하지 않고 기존대로 교사의 역할을 수행한다면 빨간불로 표시한다.

(2) 아동의 반응

④ 성인만큼이나 아동도 권위적인 명령을 좋아하지 않는다.

사람들은 권위적인 명령을 들으면 반사적으로 방어하고 싶은 본능이 생긴다. 큰 소리를 듣거나, 밀치는 행동을 보게 되면 얼굴이 빨개지거나 손을 뻗어 막는 저항 행동을 하게 되며, 감정적으로 놀라거나 당황하게 된다. 그러므로 일단 권위적인 명령은 바람직하지 못하다. 그렇다면 아동의 경우도 마찬가지로 그들이 스스로 결정하고 행동할 수 있도록 교사는 명령보다 조언을 해 주어야 할 것이다. 프레네 교육학은 아동이 자발적으로 말하고, 또래끼리 협력하여 주도적으로 학습하는 환경을 만들어 준다. 학습 환경을 여유 있게 구성하고자 매 학습 활동마다 권위적으로 강요하지 않고, 아동이 직접 선택할 수 있는 권리를 부여한다.

그래서 교사가 권위적인 명령을 하지 않는 교실 분위기를 조성한다면 초록불, 교사의 권위가 남아 있고, 학생의 자유를 제공하여 혼합된 형태의 교실이라면 노란불, 모든 상황이 교사의 결정에 따른다면 빨간불로 표시하여 자기평가를 할 수 있다.

⑤ 어느 누구도 외부 규율에 수동적으로 복종하는 것을 좋아하지 않는다.

아동에게 규칙이나 규율이 필요하다. 게임을 하거나 공동생활을 하면 일정한 질서가 필요하다. 질서를 유지하기 위해 지켜야 할 규칙이 있다. 예를 들어, 학교에 가야 하는 시간, 건강한 신체를 유지하기 위해 지켜야 할 식사시간 등은 아동이 스스로 지킬 수 있는 생활 규칙이다. 이처럼 교사가 자신의 지위를 남용하지 않고, 학생이 어쩔 수 없이 지켜야 하는 강제적 규율이 아니라면 교사와 학생의 관계는 변형되지 않을 것이다.

학교에는 교사와 학생이 지켜야 할 규율이 있고, 서로가 규율을 존중하여 자발적으로 지킨다면 성공적인 학교생활을 할 수 있다.

교사의 권위를 내세워 규칙이나 규율을 만들면 빨간불, 최소한의 명령으로 규율을 세운다면 노란불, 강제적인 규율보다는 협력적으로 규칙을 제정하여 계속 지켜 나간다면 초록불로 교사의 교육실천을 스스로 평가해 본다.

⑥ 어느 누구도 어떠한 일에 구속되어 완성하는 것을 좋아하지 않는다. 그 일이 특별히 싫지 않더라도 구속되어 일하는 것은 의욕을 더욱 상실하게 한다.

만일 교사가 명령조로 "이렇게 해야지!"라고 한다면 어른이나 아동 구분 없이 다 싫다는 반응을 보여줄 것이다. 아동이 어른의 말을 잘 듣도록 해야 한다는 이유로 그가 복종이나 순종적인 자세를 보여 준다면 어른은 아마도 자신의 권위를 확인하였기 때문에 기분 좋은 일일 수 있다. 하지만 아동이 스스로 규율을 받아들이고, 어떠한 일이나 학습에 동기가 부여된다면 더욱 적극적인 태도를 보여줄 것이다.

교사의 직접적이고 권위적인 명령 대신에 수업에 흥미를 유발하는 방법을 모색하고 시도한다면 초록불, 점차 명령을 줄이고 줄서기와 팔짱을 자주 끼며 교사의 권위를 나타낸다면 노란불, 교사가 지시한 규율과 명령이 남아 있다면 빨간불로 표시하여 자기평가할 수 있다.

⑦ 아동은 자신에게 유리한 것이 아니더라도 자기 일을 스스로 선택하는 것을 좋아한다.

아동은 자신의 의견을 고려하여 선택하고, 결정할 수 있는 기회를 많이 가져야 한다. 교실에서도 교사가 학습 내용이나 학습량을 정해 학생들이 일률적으로 그에 따라간다면 의욕과 열정이 없을 것이다. 그러므로 글쓰기 주제, 활동방법과 자료를 학생들이 전적으로 선택하도록 한다.

교사가 교육실천에 대해 자기평가를 실시할 때, 학생이 수업을 선택하는 권한을 누릴 수 있다면 초록불, 국어와 수학 수업에서만 학생이 학습 내용을 선택할 수 있다면 노란불, 모든 교과에서 학생의 의견을 고려하지 않고 교사가 수업을 일방적으로 진행한다면 빨간불에 해당한다.

⑧ 어느 누구도 자신이 참여하지 않는 기계적인 사고와 행동을 좋아하지 않는다.

모든 연습문제를 개인별 과제로 하여 학생들이 자발적으로 풀어간다면 초록불, 수업하는 대신 연습문제를 풀어가며 학습 동기를 부여한다면 노란불이다. 반면, 강요된 연습문제만 푼다면 빨간불로 표시할 수 있다.

프레네 교육학은 전통적 수업을 대신하기 위해 프레네 테크닉을 개발해 왔고, 교육 현장에 적용하도록 노력해 왔다. 그러나 여전히 전통적 수업은 존재하고, 그 수업을 대체하기 위해 꾸준히 노력해 오고 있다.

⑨ 일의 동기가 필요하다.

프레네에 의하면 일은 두 가지 유형으로 구분하여 소개할 수 있다. 첫째는 동기가 없고 목적도 없는 일이 있으며, 둘째는 학습자가 강하게 동기 부여가 된 일을 말한다. 즉, 프레네는 일이 하기 싫은 노동이 되거나, 아니면 그야말로 자유가 될 수 있다고 말한다. 그동안 억지로 해 왔던 연습문제나 숙제가 개인의 생활을 반영하고, 성장과 앎에 대한 욕구를 불러일으켜 즐거움을 준다면 아동은 활동에 적극적으로 참여할 것이다. 어린이가 학급에서 타 학교와의 교류를 위해 신문 제작과 편지 교류를 위한 자유 글쓰기를 기쁘게 하고 있다면 초록불, 학교 간 통신교류를 위하여 상대방에게 편지를 쓴다면 초록불, 학생이 인쇄하고 그림을 그리고 발표 준비를 한다면 초록불에 해당한다.

이렇게 교사는 학생의 학습 동기가 적극적으로 부여된 활동에 참여한다면 초록불, 새로운 시도를 하지만 기존 활동과 혼합된 활동이라면 노란불, 일상적인 활동과 일만을 적는다면 빨간불로 표시할 수 있다.

⑩ 실생활과 관련 없는 학교만의 삶과 규칙은 더 이상 의미가 없다.

교사가 열정을 느끼고 학생들이 정해진 수업시간 이외에 쉬는 시간에도 시간 가는 줄 모를 정도로 교육활동에 전념하는 수업이라면 초록불, 현대학교협의회(ICEM)의 영향을 받았으나 수업에서 여전히 전통적이며 학습 내용이 중요하게 남아있는 경우는 노란불, 마지막으로 전통적인 학교수업인 경우에 빨간불로 표시할 수 있다.

⑩-1. 모든 사람은 성공하고 싶어 한다. 학업 실패의 경험은 학습에 대한 에너지와 정열을 파괴한다.

프레네는 이 원리를 매우 강조하고 싶어 했다. 이유는 많은 학생이 학교에서 실패의 경험을 더 자주 경험하기 때문이다. 상위권 학생은 좋은 점수를 받고 시험에 합격하여 성공의 경험을 알지만, 그렇지 못한 학생은 어떠한가? 일찍부터 아이들이 학습 과제를 수행하면서 좌절감보다는 성공이나 성취의 경험을 할 수 있게 하자는 것이다. 자신의 학습 수준에서 학업성취감은 매우 중요하다. 성공한 학습 경험은 더 열심히 하고 싶어 하는 욕구를 고취시킨다. 따라서 학생 개인별 성공을 실현하는 교수방법을 적용한다면 초록불, 최소한의 실패를 경험하게 한다면 노란불, 학생의 실패 경험이 많은 교수방법은 빨간불에 해당한다.

⑩-2. 아동에게 자연스럽게 나타나는 것은 놀이가 아니라 일이다.

프레네의 일과 놀이의 구분은 기존의 심리학 관점과 다르다. 부모는 영유아기부터 놀이와 일을 구분해 왔다. 놀이에 우위를 두면서 놀이만이 아동이 누리는 특권이라고 생각했다. 그래서 일이나 학습은 숙제나 연습문제 등을 하는 것으로 인식되었다. 반면, 프레네는 일-놀이를 주장하였고, 프레네 교육학이 바로 일의 교육이라고 정의한 것처럼 일을 통한 교육과 수업을 창조하는 것이 교사의 역할이다. 일과 놀이의 상태가 일치할 때, 교실 수업은 변화할 수 있다고 보았다.

교사가 일을 통한 학교를 최대한 실현하고자 한다면 초록불, 일(Travail)과 아동에게 부여하는 과제를 혼합한다면 노란불, 일을 통한 교육이 아직 없다면 빨간불로 표시할 수 있다.

(3) 수업기술

⑪ 학교에서 본질적으로 수행하는 지식 습득의 과정은 관찰, 설명, 시범이지만, 프레네 교실은 가장 자연스럽고 보편적인 방법으로 실험적 모색(tâtonnement expérimental)을 강조한다.

전통적인 교육에서 교사는 주로 설명 중심 교육을 실시한다. 설명을 보충하고자 실험이 필요했고, 아동의 삶과 무관한 내용으로 흥미를 느끼지 못하는 학습 내용이 주를 이룬다. 프레네는 이런 학습을 매우 피상적이고 허무하다고 말한다. 이러한 학습을 지양하기 위해 프레네는 '실험적 모색'을 제안한다. 실험하고 탐색하는 학습의 과정이 가장 자연스럽고 보편적이라는 것이다.

실험적 모색을 통해 삶과 경험에 기초한 교육을 실천한다면 초록불, 설명식 수업을 유지하면서 점차적으로 실험적 모색의 과정을 도입한다면 노란불, 주입식 교육과 전달식 수업의 변화가 없다면 빨간불로 표시할 수 있다.

⑫ 학교에서 많이 하는 기억을 통한 학습은 아동의 삶과 연관이 있는 경우와 실험적 모색 과정에 통합되어 이루어진 경우에만 교육적 효과가 있다.

몽테뉴가 "외우는 것은 아는 게 아니다."라고 말한 것처럼 지식을 전달하는 교육은 교육이 아니다. 물론 우수한 기억력은 반드시 훈련이 필요하고 지식 전달의 수단이지만, 사실상 기계적으로 암기하고 학습 내용을 우리의 기억으로부터 그대로 끌어오는 것은 학습이 아니다.

기억을 통한 학습이 보조적인 역할을 하고 아동의 삶에 통합된 교육을 실시한다면 초록불, 기억력에 의존하지만 여러 자료에 근거하여 살아있는 수업을 시작한다면 노란불, 기억력 학습과 훈련이 주가 되는 수업이라면 빨간불에 해당한다.

⑬ 학습은 규칙과 법을 공부하는 것이 아니라 경험을 통해 가능하다. 국어, 미술, 수학, 과학에서 규칙과 법을 연구하는 것은 소 앞에 쟁기를 놓은 것과 마찬가지이다.

만일 실험적이고 생생한 일의 교육을 한다면 초록불, 수업이 도움이 될 것이라는 희망을 품고 규칙을 제정하여 함께 배우는 학습 경험을 제공한다면 노란불, 교과의 개념 원리를 암기하는 전통적인 교육을 실시한다면 빨간불로 표시한다. 학생들이 배우는 규칙과 법칙은 처음부터 암기해서 아는 것이 아니라 많은 경험을 한 후에 얻어진 경험의 결과라는 점이다.

⑭ 지능은 개인의 생명력과 분리된 채 기능하는 능력이 아니다.

지능은 그 자체로서만 존재하지 않고, 인간이 지니고 있는 여러 가지 역량을 종합한 결과이다. 프레네에 의하면 지능은 경험을 통해 더욱 발달한다고 보았다. 개인이 경험에 민감하고, 성공적인 경험을 많이 할수록 발달 수준은 점점 높아진다고 하였다. 아동의 지능은 실험적 모색의 과정을 통해 더욱 발달한다고 보았다.

수업이 프레네 교육학에 근거하여 실험적 모색의 과정을 실천하면 초록불, 지식 중심의 교육에서 실험적 모색 과정을 점진적으로 도입한다면 노란불, 지식 전달식 수업을 여전히 유지한다면 빨간불로 표시하여 교사는 자신의 수업 실천을 스스로 평가할 수 있다.

⑮ 학교는 생생한 삶의 밖에서, 기억력에 묶인 단어와 고정된 생각으로만 움직이는 지능의 추상적인 형태만을 키운다.

프레네는 실험적 모색의 과정을 체험하면 다양한 형태의 지능이 발달한다고 보았다. 예를 들어, 손의 지능, 예술 지능, 지각 지능, 사색 지능, 정치 사회적 지능이 있다. 손의 지능은 환경을 변화시키거나 지배할 수 있고, 지각 지능은 세상을 바라보는 관점이나 지각력을 키우며, 사색 지능은 과학자와 국제 관계 또는 기업인을 양성하고, 정치 사회적 지능은 사회운동가와 민주시민을 키운다. 현대사회는 이런 다양한 기능을 갖춘 관리자, 연구자, 창조자를 필요로 한다. 프레네 교육학은 당시 많은 지식을 습득하여 시험에 성공하고 졸업장을 받은 지식인만이 인정받는다고 비판하였으며, 바로 교육이 이를 예리하게 발견하여 교육방법을 개혁해야 한다고 주장하였다.

그래서 개인의 여러 지능을 최대한 발달하는 데 도움을 주는 수업방법을 적용한다면 초록불, 지식 위주의 지능을 보완하는 학습 가능성을 개발한다면 노란불, 여전히 학교가 만족하는 지능에 멈춰 있다면 빨간불에 해당한다.

⑯ 아동은 교사의 수업을 듣기만 하는 것을 좋아하지 않는다.

아동은 필요성을 느끼지 않으면 들으려 하지 않는다. 이는 어른도 마찬가지일 것이다. 학생들이 수업을 경청하게 하려면 교사는 나름의 수업방법을 개발해야 한다. 프레네 테크닉은 교사가 일방적으로 가르치는 것을 포함하지 않는다. 학생이 스스로 탐구하고, 읽고, 조사하고, 자료를 선택하여 분류할 수 있는 수업을 계획해야 한다. 능동적인 활동을 통해 학생은 학습의 주제에 점점 흥미를 느끼고 질문하게 된다.

교사가 모든 교과를 학생의 경험을 고려하여 정보를 제공하는 것으로 시작한다면 초록불, 흥미로운 수업을 진행하려고 노력하지만 여전히 일방적인 수업이라면 노란불, 일방적인 수업 그대로라면 빨간불로 자기평가할 수 있다.

⑰ 아동은 삶의 연장에 있고 자신에게 맞는 일을 하는 데 지치거나 피곤해할 줄 모른다.

성인이나 아동이나 원하지 않는 일을 하게 되면 쉽게 피곤해지고 지친다. 보통 학령기 아동은 40분 이상 공부할 수 없으므로 꼭 10분의 휴식 시간이 있어야 한다고 말한다. 그러나 프레네 학교에서는 이런 시간의 구분이 매우 인위적이며, 아동이 하고 싶은 일이나 활동을 하면 절대 피곤해하지 않고 오히려 2~3시간 이상 지속할 수 있다고 본다.

아동이 피로감을 느끼지 않고 몇 시간 동안 활동한다면 초록불, 때때로 피로감을 느끼고 휴식이 필요하다면 노란불, 쉬는 시간을 반드시 가져야 한다면 빨간불에 해당한다고 판단할 수 있다.

⑱ 아동이나 성인은 만인 앞에서 평가받는 것을 좋아하지 않는다. 이런 시험이나 벌은 자신의 존엄성을 손상시킨다고 생각한다.

전통적인 학교의 학생은 과제를 수행하고, 연습문제의 답을 맞혀 틀린 것을 다시 공부하고 지식을 암기한다. 교사도 학생의 과제나 시험문제에서 주로 잘못한 것을 지적하곤 한다. 이러한 상황은 학생이 열등감을 느끼기 쉽다. 학생이 이러한 감정을 느낀다면 교사는 교육의 관점을 바꿔야 한다. 성공 경험을 더 가질 수 있도록 하고, 실수나 잘못을 하였다면 다시 회복할 수 있는 기회를 제공해야 한다. 프레네는 자연주의 교육방법을 선택하여 학생이 자발적으로 모든 활동에 참여할 수 있도록 하였다. 그래서 아동이 수업과 학교생활에 관심을 갖도록 하는 점이 목표이다.

교사가 빨간색의 채점 습관을 버리고 학습 조력자의 태도를 보인다면 초록불, 학습을 조력하는 교육목표를 절반 달성하였다면 노란불, 오래된 채점 방식과 벌을 주는 원칙에 머물러 있다면 빨간불로 표시할 수 있다.

⑲ 성적과 분류는 잘못된 것이다.

프레네는 성인이 아동의 활동과 일을 평가하여 점수를 주는 것에 반대하는 입장이었다. 일단 점수를 매겨 석차를 내기 위해 필요한 통계를 가장 비인간적이라고 싫어했고, 학부모는 이에 집착한다고 밝혔다. 이런 학부모의 태도가 또래 간 경쟁심을 유발한다는 것이다. 이런 상황을 프레네는 매우 심각하게 바라보았다. 사실 단순한 지식 습득은 수치화할 수 있지만, 개념을 이해하고 행동하거나 창조한다면 측정이 어렵다. 따라서 프레네는 다음과 같은 제안을 하였다. 첫째, 학생들에게 일의 필요성과 취향을 키워 준다. 둘째, 학교 내 협력하고 경쟁하는 건강한 경쟁 심리를 강화한다. 셋째, 시험 점수나 석차 대신에 자격증과 그래프를 통해 성적 향상 정도를 파악해 본다.

교사는 자신의 수업에서 점수와 석차를 없애고 새로운 일 또는 활동을 도입한다면 초록불, 점수와 석차를 다른 이름으로 대체하였다면 노란불, 학생들을 분류하는 오래된 방식을 사용하고 있다면 빨간불로 교육활동을 자기평가할 수 있다.

⑳ 말을 아껴야 한다.

프레네는 수업에서 설명하려는 습관을 버리라고 하였다. 오히려 교사는 학생들에게 덜 말하고 더 행동하라고 안내한다. 아동은 직접 활동하고 실험적 모색을 할 때 더 잘 학습한다고 말했다. 그러러면 교육도구나 매체를 충분히 활용할 수 있어야 한다는 것이다.

교사가 말로 하는 수업을 점점 없애고 말을 줄인다면 초록불, 설명 중심의 수업을 덜 하고자 하지만 여전히 교육실천의 변화를 가져오지 못했다면 노란불, 설명하는 수업이 주를 이룬다면 빨간불로 표시할 수 있다.

㉑ 아동은 개별성이 드러나지 않고 개인이 로봇처럼 보이는 대집단 활동을 좋아하지 않는다. 대신에 협력적 공동체 안에서 개별 활동과 소집단 활동을 좋아한다.

모든 학생이 한 교실에서 동일한 과제를 하거나 같은 활동을 동시에 하는 것은 바람직하지 않다. 학생들은 같은 공간에 있건 같은 활동을 하건 똑같은 태도를 보여 주지 않는다. 그들은 더 빠른 리듬으로 학습하거나, 현 수준에 머물러 있기도 한다.

프레네는 학급의 공동체에서 개별 학습과 협력 학습을 동시에 할 수 있는 학급 분위기를 만들고자 하였다. 학급의 모든 학생이 동시간에 같은 활동을 하지 않을 수 있음을 인정하는 것이다.

교사가 수업에서 각기 다른 개별 활동을 실제로 해 본다면 초록불, 또래 간 협력활동을 몇 번이라도 시도한다면 노란불, 전통교육에서와 같이 학생이 동시에 동일한 과제나 활동을 한다면 빨간불로 자기평가할 수 있다.

㉒ 수업에서 질서와 규율이 필요하다.

프레네 교실은 앞서 설명한 대로 개별 학습과 또래 간 협력 학습이 동시에 이루어질 수 있기 때문에 너무나 자유롭고, 학급의 질서가 매우 어지럽다는 우려 섞인 의견이 있을 수 있다. 하지만 이렇게 학급을 운영할 경우, 교사가 지도해야 할 질서와 규율이 더욱 필요하다.

그렇다면 프레네가 말하는 질서는 무엇일까? 교사가 감독하여 학생이 지켜야 하는 형식적인 질서가 아니라 학생의 적극적인 태도와 진지한 수업에 녹아 있는 자발적인 삶의 기술이라는 것이다. 말하자면 학생이 스스로 지키는 질서를 말한다.

만일 수업에서 학생이 자발적으로 질서를 확립하게 되면 초록불, 질서가 충분히 잡히지 않으면 노란불, 학생이 외부로부터 정해진 질서를 반드시 지켜야 한다면 빨간불로 표시할 수 있다.

㉓ 처벌은 항상 잘못된 것이다. 모든 아동에게 치욕적이며, 부득이하게 벌을 내리더라도 교사가 원하는 행동 수정의 목표에 이르지 못한다.

일반적으로 처벌이 반드시 필요하다고 생각하는 사람이 많다. 어떠한 상황이건 질서를 유지하기 위해 벌이 유일한 해결 방안이라고 판단하기도 한다. 그러나 벌 받을 때 아동은 벌을 주는 사람에게 분노, 화, 증오 등의 감정을 느낀다. 무엇보다도 수치심이 생겨 예기치 못한 행동을 나타낼 수 있다. 만일 아이에게 벌을 가한 후 표면적으로 차분하고 조용한 학급 분위기를 만들 수 있지만 오래가지 못할 것이다. 그 순간을 벗어나기 위한 외형적인 모습일 수 있다. 벌은 절대로 교사가 원하는 행동을 수정하지 못함을 잘 인식해야 한다.

교사가 수업을 하거나 학급을 운영할 때 벌을 내리지 않는다면 초록불, 벌을 주지 않으려고 노력하지만, 가끔 학생들에게 벌을 줄 때도 있다면 노란불, 벌은 필요하다는 자세로 아이들을 지도한다면 빨간불에 해당한다.

㉔ 학교의 새로운 삶은 바로 학교 협력(coopération scolaire)이다. 학교 협력은 교사를 포함하여 모든 학생의 학교생활과 학업 수행에 녹아 있다.

교사는 학생들이 학교 협력을 할 수 있도록 학교 협력체의 기능을 충분히 인식해야 한다. 학교 협력이 잘 이루어지려면 책임이 학교 협력체에 최대한 귀속하도록 하는 것이다.

교실에서 활동이나 과제를 수행할 때, 학생들이 완벽하게 협력한다면 초록불, 학급에서 항상 협력하지 않으며 책임감도 부여하지 않는다면 노란불, 모든 권위가 교사에게 있다면 빨간불로 표시할 수 있다.

㉕ 교실에 학생 수가 많으면 교육적 실수를 범하게 된다.

프레네는 교실에서 익명성이 가능한 학급 운영은 권장하지 않았다. 말하자면 약 20~25명 정도의 학생 수가 적절하다고 보았다. 이유는 학생들이 집단생활에서 활동하고 생활하면서 공동체를 경험한다면 미래 사회가 요구하는 도덕적이고 사회적인 인간, 자신의 권리와 의무를 인식하는 민주시민으로 성장할 수 있기 때문이다.

학급 정원이 20~25명이면 초록불, 30~35명이면 노란불, 30~35명 이상이면 빨간불로 표시할 수 있다.

㉖ 단위 학교의 학생 수가 많아지면 교사와 학생 간의 익명성이 높아진다. 이 역시 교육적 실수이자 방해가 된다.

대집단 활동이 주를 이뤄 학생 수가 많아지면 개인 간 심리적 공감대가 부족하여 모든 학생이 상호 교류를 활발히 할 수 없다. 따라서 5~6개 학급으로 구성된 소규모 학교를 권장한다. 교사도 서로 알지 못하고 학생들도 서로 잘 모르면 공통의 관심사를 끌어낼 수 없다.

학교 운영의 규모 면에서, 학교가 5~6개 학급으로 구성된다면 초록불, 지역사회 연계나 교과 분리 수업과 같은 특수한 조건이 큰 규모의 학교를 필요로 한다면 노란불, 군대 조직과 같이 익명성을 보장받는다면 빨간불에 해당한다.

㉗ 내일의 민주주의는 학교 내 민주주의 실천으로 가능해진다. 학교의 권위적인 체제는 민주시민의 양성에 위반될 수 있다.

여전히 어른은 아동을 대할 때 권위를 좋아하고, 그들의 권위에 아동이 도전을 한다면 참지 못해 벌을 내리거나 혼을 낸다. 어른의 권위로부터 벗어나고 싶은 아동은 자기 통제를 하지 못해 어른을 놀라게 하고 당황스럽게 한다. 민중학교는 실제적인 사례와 행동으로 민주주의를 미리 체험하는 장소이다.

따라서 교사가 학교에서 민주주의를 구현하기 위해 노력한다면 초록불, 소극적으로 몇 가지 시도하나 수업에서 민주주의를 적용하지 않는다면 노란불, 아직도 성인의 권위적인 교육에 머물러 있다면 빨간불로 교사는 자신의 학급 분위기를 평가할 수 있다.

㉘ 학교 개혁의 첫 번째 조건은 아동을 존중하는 것이다. 존중받는 아동은 자연스럽게 교사를 존중한다.

프레네는 현재의 수업이 주로 빨간불로 평가된다면 앞으로 노란불, 점진적으로 초록불로 나아갈 것을 권한다. 초록불을 많이 표시하길 바라면서 초록불은 프레네 교육학이 정립하고자 하는 새로운 교사와 학생의 관계를 형성한다. 새로운 관계의 정립은 교사가 아동을 진심으로 존중하는 태도를 보이는 것이다. 타인이 원하지 않는 행동은 아동도 당연히 원하지 않는 행동이라는 것을 잊지 말아야 한다.

교사가 아동 존중의 자세와 태도를 학급에 실현한다면 초록불, 아동을 존중하고자 노력하지만 학급 운영이나 수업 진행에 완전히 통합하여 실현하지 못한다면 노란불, 아직까지 존중하는 분위를 만들지 못했다면 빨간불로 표시하여 자기평가할 수 있다.

㉙ 교사에 대한 학부모들의 대립적 반응은 사회적 · 정치적인 요소와 결부되어 있기 때문에 변함없는 자세를 보여 주어야 한다.

지금까지 언급한 교육불변의 원리는 학급 운영이나 수업에서 지켜야 할 지침이다. 이는 교사뿐 아니라 학부모에게도 필요한 교육원리가 될 수 있으며, 성인은 수시로 자신의 행동을 되돌아봐야 할 것이다. 교사와 학부모의 관계가 항상 순탄하지는 않겠지만 교육불변의 원리를 준수하며 진정한 교육자, 인간적 교육자가 되어야 한다.

교사가 학부모와의 관계를 잘 정립한다면 초록불, 학부모와 대립하는 경우도 있지만 성공적 관계 정립에 희망을 갖는다면 노란불, 관계 정립의 과정에서 너무나 많은 저항을 만난다면 빨간불에 해당한다.

㉚ 위에서 언급한 모든 교육불변의 원리는 프레네 교육학의 실천에 대한 정당성을 부여하며, 결국에는 삶을 향해 긍정적인 희망을 가질 수 있다.

교육불변의 원리를 계속 지켜 나간다면, 공동의 목표를 향한 길잡이가 될 수 있다. 내일의 인재를 교육하는 방향 아래 희망을 안고 꾸준히 노력해야 한다.

이상 30가지 교육불변의 원리를 바탕으로 프레네 교육학을 실천하길 바라며, 교사는 다음과 같은 고민을 통해 프레네 교육학을 학교나 교실에 잘 정착할 수 있기를 기대한다.

- 프레네 교육학에 기초한 수업이나 활동을 진행하는 데 방해하는 요소를 어떤 방식으로 지배하였는가?
- 빨간불일 때, 노란불로 가기 위해서 방해 요인을 어떻게 없앨 수 있는지 고민하였는가?
- 빨간불에서 어떻게 노란불로 옮아갈 수 있었는가?

- 교사는 노란불에서 어떻게 가속화하여 초록불로 갈 수 있었는가?

▼ 프레네와 학급 단체사진

2) 현대학교 헌장(Charte de l'École Moderne)

현대학교 헌장은 1968년 셀레스탱 프레네 사후에 현대학교협의회(ICEM)와 현대학교운동의 국제연합(FIMEM)에서 활동하는 교사들이 모여 만들었다. 현재 프레네 교사들은 현대학교 헌장의 10가지를 학급 운영 및 수업 조직의 최소 기준이나 지침으로 참고한다.

① 교육은 지식의 축적이나 훈련, 조건화가 아니라 정신의 성장 및 발달이다.

일과 도구 사용의 기술을 통한 삶의 조직은 학교에서나 사회에서 아동의 성장과 발달을 최대한 돕는다.

② 우리는 모든 교조주의에 반대한다.

교육은 현재의 세계에 적응할 인재를 준비시키기보다 아동의 최적 발달과 성장을 보장하는 사회에 적합한 인재를 육성하는 일이다. 따라서 전쟁, 인종 차별주의, 모든 형태의 차별 대우에 반대하는, 의식 있고 책임감 있는 성인으로 성장하도록 도울 것이다.

③ 우리는 사회적 · 정치적 흐름 밖의 모든 교육적 환상을 배제한다.

사회 정치적 맥락, 학부모와 학생의 일과 생활조건은 교육의 방향을 결정하는 데 중요한 영향을 준다. 종교의 영향에서 벗어난 중립적 교육을 실천하기 위해 사회적으로나 정치적으로 참여할 필요가 있다.

④ 내일의 학교는 일의 학교(École du Travail)가 될 것이다.

학생이 자유롭게 선택하고 책임지는 일은 민중교육의 기초이다. 일을 통해 지식을 습득하고 아동의 잠재력을 확실하게 보장한다.

⑤ 학교는 아동 중심의 교육을 실천하며, 교사의 도움을 통해 아동은 스스로 인성을 형성한다.

프레네 교육학은 자연스러운 방법으로 자유 표현을 권장하며 교육환경, 매체, 기술을 통해 아동 중심의 교육을 실천한다.

⑥ 실험 연구는 학교 현대화의 첫 조건이며, 이는 협력(coopération)을 통해 이루어진다.

프레네 교육학을 실천하는 교사들은 함께 토론하고, 연구하고, 경험을 나눈다. 한 학급에서 효율적인 수업방법을 개발하였다면 교사는 그에 대한 자료를 공유하고, 교육공동체 안에서 자유롭게 활동할 수 있다. 아동은 집단에서 자신의 일을 선택할 수 있으며, 이때 규율과 질서는 자연스럽게 형성된다.

⑦ ICEM(현대학교협의회)의 교사들은 학생 간 협력의 방향과 탐색에 있어서 유일한 책임자이다.

프레네 교사들은 교육활동 자료, 다양한 수업이나 활동의 시도, 새로운 접근 등을 풍부히 하고자 노력한다. 그들에게 있어서 협력적인 삶은 생활 자체이다.

⑧ 현대학교의 운동은 동일한 방향성을 지향하고, 여러 조직과 협력적 관계를 유지하고자 한다.

공교육의 질을 높이고자 교육과 수업을 고민하며, 수업의 현대화는 관심 영역이 비슷한 교사들과의 협력적 관계가 바탕이 되어야 가능하다.

⑨ 교육부 및 기타 행정 부처와의 관계

교사 교육이나 국가 또는 지역 수준의 교사 연수에서, 프레네 교사들은 수업의 현대화를 위해 동료 교사들에게 선행 경험을 소개한다. 교사들에게 상호 협력할 수 있는 기회를 요구하는 정도에 따라 그들 간의 관계 양상이 달라진다.

⑩ 프레네 교육학은 본질적으로 국제적인 성격을 갖는다.

국제적 수준에서 프레네 교사는 협력적으로 일하는 것이 원칙이다. 프레네 교육학의 국제화는 교사의 의무이다.

2 프레네 교육학의 특징

1) 교사와 학생의 관계

뢰테르(Reuter, 2007)에 의하면, 프레네는 교육의 중심을 학습자로 보았지만 교사의 역할 또한 매우 중요하게 생각했다. 교사와 학습자의 역할이 다를 뿐 교육과정을 운영할 때 비중은 매우 비슷하다는 것이다. 그들의 관계적 특징을 중심으로 교사와 학생에 대해 살펴보자.

첫째, 교사가 책임을 지고 학생에게 학습할 수 있는 환경을 만들어 준다면, 모든 학생은 학습할 수 있는 능력이 있다. 환경을 구성할 때, 개별 학습과 협력 학습의 가능성을 항상 고려해야 한다.

둘째, 아동은 학습의 주체로서 지식을 스스로 구성하므로 교사는 학생의 개별 특성에 맞는 일을 수행하고, 다양한 역할을 할 수 있어야 한다. 또한, 생활 규칙을 제정하고 준수하도록 학급 내에서 여러 가지 교육적 장치를 마련해 준다.

셋째, 학생은 질문을 함으로써 학습할 수 있기 때문에 알고 싶은 욕구를 충족해 주고, 이 욕구를 심화할 수 있는 교사의 지원이 필요하다. 따라서 교사에게 다양한 발문 기술이 요구된다. 교사는 학생의 즉흥적인 질문을 적절히 수용하면서 동시에 국가 수준의 교육과정을 반영하는 교육내용을 제공해야 한다.

넷째, 합자연적 방법의 원칙과 실험적 모색을 통해 여러 가지 활동을 경험하고 자기 나름대로 계획을 세우고 탐구할 수 있도록 지도한다.

다섯째, 학생은 학급 내에서 다양한 역할을 수행함으로써 학습할 수 있다. 아동은 학생이자 탐구자, 청중이자 토론자, 발표자이자 비평가, 학급 내 도우미 등 다양한 역할을 수행하면서 배워간다고 보았다.

여섯째, 학생은 검증을 통한 실험 정신과 다양한 사고의 형태를 체험하면서 학습한다.

일곱째, 학습 환경 면에서 아동에게 안전한 세계를 보장해 주어야 한다. 무엇보다도 실수할 수 있는 권리를 보장하는 교육 평가를 실시하고, 친구와 교사의 체계적인 도움이 보장되는 환경을 갖춰야 한다. 또한, 일상생활 조직과 학습계획서, 게시물 등 모든 학생이 자기에게 맞게 적용할 수 있는 환경이 필요하다. 아동마다 다른 요구와 필요에 따라 조정되는 학습시간 등을 고려한다면, 교실 안에서 예측할 수 없는 돌발 상황이 벌어졌을 때, 그 위험을 극복하려는 용기와 의지가 더 강하게 생긴다.

프레네 교육학에서 교사는 서로를 존중하고 교사 간 교류와 협력을 보장할 수 있어야 한다. 교사의 지위와 역할은 성인-아동, 교사-학생-

학부모의 관계에서 지속적으로 재정의하고 재구성한다. 프레네 교사의 활발한 교류와 협의는 시간이 흐르면서 재창조될 수 있으며, 각 학급에 맞는 교육 매체와 환경을 상황에 따라 변경할 수도 있다(Reuter, 2007).

프레네 학교의 교사는 학습지원자이자 보조자의 역할을 수행한다. 학습에 필요한 도구나 장치를 준비하고 관리함으로써 학생의 요구를 반영하여 개인이나 집단의 발표를 돕는다. 또한, 학급 내 긴장이나 갈등 상황을 중재하기도 한다.

프레네 교육학에서 교사와 학생은 '프레네 테크닉(Techniques Freinet)'을 중심으로 상호작용을 한다. 프레네 테크닉에는 학교인쇄출판 활동(imprimerie), 새로운 사실들에 대해 질문하기, 학급 회의(conseil de classe), 자유 글쓰기(texte libre), 주제 발표(présentation), 아틀리에(atelier), 자료 카드(fichier documentaire), 자가수정카드(fichiers auto-correctifs) 등이 있으며, 활동의 성격에 따라 개별 활동과 집단 활동을 적절히 병행하고 있다.

2) 일(travail)에의 몰입

프레네는 제1차 세계대전에서 폐에 부상을 입은 채, 교직생활을 시작하였기 때문에 당시의 건강 상태로는 교사가 주도하는 수업을 할 수 없었다. 그는 아동의 활동이 주가 되는 수업모형을 개발하려고 노력하면서 새로운 교육 이론과 실천에 대해 부단한 관심을 가졌다.

당시에 유럽 전체를 지배하던 에뒤카시옹 누벨 운동의 이론가들은 아동의 본성이 어른과 매우 다르기 때문에 성인의 영향으로부터 아동을 보호해야 한다고 역설하였다. 그러나 프레네는 성인과 아동은 근본적으로 동일하다고 보았다.

일반적으로 에뒤카시옹 누벨 운동의 이론가들은 아동은 놀이 욕구를 우선적으로 갖고 있다고 말했으나, 프레네는 아동에게 일-놀이(Travail-jeu)의 욕구가 놀이의 욕구보다 더 크다고 하였다. 일-놀이에 대한 욕구를 불러일으키기 위하여 마치 어린나무가 제대로 자랄 수 있게 수분과 양분을 공급하듯이 성인은 아동의 발달과 성장에 필요한 자극과 환경을 만들어야 한다고 보았다. 일-놀이 욕구가 강한 아동은 주변 환경이 그의 욕구에 일치할 때 가장 바람직한 방향으로 성장한다는 것이다. 따라서 수업 내용이 아동의 욕구와 부합한다면 완벽한 교육적 효과를 거둘 수 있다.

프레네는 아동이 일-놀이의 욕구를 제대로 실현할 수 없을 때 놀이의 욕구가 지배한다고 강조하였으며, 결국 놀이는 아동을 현실에서 도피시키고 정신을 희미하게 만드는 도취 지향적 욕구(Jeu-haschich)라고 지칭했다(Freinet, 1978). 이러한 아동관을 바탕으로 프레네는 수작업 중심의 노작교육을 중요시하는 개혁적인 교육관을 보여 주었다.

인간은 어떠한 일에 흥미를 느껴야 관심을 갖고 그 일을 실현하는 목표를 향해 정진한다고 하였다. 교육도 마찬가지로 학습 내용이 학생의 흥미, 욕구, 관심에 일치한다면 그들의 인격과 성격 형성에 긍정적인 영향을 미친다. 프레네는 "학생의 욕구, 감정, 소원을 반영하지 않는 교육은 잘못된 것이다."라고 언급하면서 아동의 "자유 표현(expression libre)은 바람직한 성격 형성에 도움을 준다는 전제 아래 교과의 내용을 아동의 흥미와 접목시킨다면 언어와 문장력을 발달시키고 과학적 태도, 역사의식, 도덕성을 길러 준다."(Maury, 1988)라고 말하였다.

3) 학교로부터의 개혁

프레네는 학교교육을 획일적 지식의 습득에 국한시키지 않고 학생이 자발적으로 학교문화를 수용하도록 교육환경과 교과에서 아동 중심의 학교문화를 주장하였다. 학교문화의 주체는 아동이며, 기존의 학교문화가 상류층의 것이었다면 이제는 모든 사회 계층을 포괄하는 민중을 위한 학교문화를 만들어야 한다고 보았다. 그는 농촌 마을의 노동자, 농민, 가내 수공업자, 상인의 문화를 학교에 반영해야 한다고 하였다. 그래서 교육의 내용이나 방법이 추상적인 지식보다는 실용적이고, 구체적이며 수작업을 주로 하는 학교문화를 구성하고자 하였다.

뒤르켐(Emile Durkheim)에 의하면, 학교는 성인 세대의 가치관, 사회의 규칙과 제약, 사회가 추구하는 이상을 어린 세대에 전수하여 사회를 영속 보존하는 기능을 담당한다. 사회나 집단은 학습을 통해 언어를 공유하고 사회구성원들은 유사한 태도를 갖게 되어 사고방식과 행동, 태도 면에서 동질성을 보여 준다.

그러나 프레네는 학교교육은 뒤르켐이 주장하던 사회 보존의 기능을 뛰어넘어야 한다고 했다. 보존 기능은 학교가 수행하는 기능의 전부가 아니므로 앞으로 학교가 사회를 개혁하는 데 일조해야 한다고 보았다.

프레네는 새로운 사회를 건설하기 위해 '학교로부터의 혁명'을 주장했다. 미래 사회를 위해 현재의 학교는 변화해야 하며, 이로써 학교는 모든 사회 변동의 출발점이라는 것이다. 이런 관점에서 프레네는 '민중학교(école du peuple)'를 건설하고자 하였다. 프레네는 학교를 통한 사회 개혁을 이루자는 급진적인 태도를 갖고, 결국 '학교로부터의 혁명'을 주장하였다.

4) 실천지향 교육

프레네에게 일의 개념이 중요한 만큼 수업의 규율과 조직이 필요하다. 자유를 교육의 기반으로 삼는 낭만주의적 교육자와 달리 프레네는 규율과 질서를 중요하게 생각했다. 교실 내의 질서는 강요된 것이 아니다. 교실의 활동과 아동의 일에 대한 욕구가 일치할 때 질서는 자연스럽게 나타난다고 보았다.

여기서 일의 욕구를 충족한다는 의미는 아동이 어떤 주제에 흥미를 느끼고 전념할 때를 말한다. 규율과 질서에 대한 존중은 스스로 규칙을 강요할 줄 아는 자아 통제력이 있을 때 가능하며, 일에 몰입할 때 저절로 생긴다.

프레네는 에뒤카시옹 누벨 운동의 이론과 실천을 받아들여 자신이 놓여 있는 시대적 · 공간적인 교육 상황에 알맞게 변형 · 적용 · 발전시키는 데 주도적 역할을 하였다. 프레네 이론을 구축하면서도 교육현장에의 실천을 지향하는 특성을 항상 갖고 있었다.

프레네 교육학에서는 교사와 학생 간 전통적 관계가 변하여 학생이 실제적이고 구체적인 지식을 자율적으로 습득할 수 있다. 그 예로 '학교인쇄출판활동(imprimerie à l'école)', 산책하면서 자연환경을 관찰하는 '산책 수업(classes-promenades)', 아동의 상상력과 창의력에서 나오는 '자유 글쓰기(texte libre)'가 있다.

프레네는 학교와 지역사회와의 교류를 교육의 한 부분으로 간주하면서, 다른 지역 학교의 학생들과 통신교류(correspondance scolaire)를 적극적으로 시도하였다. 편지와 소포를 통해 주변의 소식을 서로 주고받는다. 이렇듯 프레네는 교육실천가로서 평생 교실 수업 개선에 노력을 기울였으며, 일상생활에서 발견하고 제작한 독특한 교육방법을 개발하였다. 교사는 인지 능력에 교육의 중점을 두지 않았으며, 실제적인 활동을 통해 교사와 학생의 관계를 새롭게 형성해 갔다. 예를 들면, 아동이 말을 배우는 과정은 문법보다는 엄마와의 대화로, 셈하는 능력은 수학 공식보다 수 놀이로 접근하였다. 현실적으로 실천 불가능한 이론적 · 추상적인 탁상공론은 교육개혁에 의미가 없다고 지적하였고, 교육이란 실천이 앞서야 한다고 항상 말하였다.

프레네에게 교사는 학생과 교수 매체의 관계를 더욱 가깝게 해 주는 중개자이다. 그렇다고 교사가 할 일이 적고 무용하다는 주장은 절대 아니며, 교사의 위상은 예전 그대로이나 아동의 학습활동에 덜 개입하고 덜 지시한다는 역할이 달라졌다.

5) 프레네 테크닉(Freinet techniques)

프레네는 외부적으로 자신이 발견한 교육실천을 보급하기 위해 교육운동가로 변신한다. 내부적으로는 획일화된 교육에 반대하고 교사가 교육 상황에 적합한 수업기술, 즉 테크닉을 자율적으로 실천하기를 원했다. 프레네는 자신의 교육적 특성을 모든 학교와 학급에서 동일하게 적용하는 '교육방법'이 아니라 각 학교, 학급, 교사, 학생의 선택과 응용에 따라 다르게 변화하는 '수업기술', 다시 말하여 '테크닉'이라 정의하였다. 그는 "우리가 주장하는 교육의 독창성은 학습의 도구와 기술을 창조, 실험, 보급하는 데 있으며, 이러한 도구와 기술의 실천은 수업 진행을 깊이 있게 바꾼다."라고 하였다(Freinet, 1976).

프레네 교실은 교재의 새로운 구성, 아동의 흥미를 유발하는 올바른 교재의 활용, 그리고 다양한 학습 도구를 통한 학교 내 환경 변화를 시도해 왔다. 프레네 교육학의 독창성은 '프레네 테크닉(Techniques

Freinet)'[26)]에서 나타난다. 다시 말해서 전반적인 학교생활에 관련되어 있으면서도 수업 내의 집단 조직이나 하루 일과 중 '아틀리에(atelier)' 중심의 노작교육을 실천한다.

수업 내의 집단 조직을 본다면, 프레네가 교실에 도입한 인쇄출판 활동(imprimerie)은 학생 혼자 작업할 수 없고, 동료 학생들의 협력이 필요하다. 한 장의 인쇄물을 만들려면 개별 작업보다는 일정한 규칙, 화합, 조직력이 요구된다. 그 외에 자료 카드(fichier documentaire), 그림, 편지, 자가수정카드(fichiers autocorrectifs), 박물관 수업과 과학 활동, 시청각 자료, 식물류의 보존 등도 아동의 개별적인 참여만으로는 도저히 실행할 수 없다(Focquenoey, 2002).

또한, 학급 내의 구성원은 매주 담당 주제를 맡아 설명할 수 있어야 한다. 한 주제의 전문가로서 자료를 조사하고 내용을 정리하여 친구들 앞에서 발표한다. 학생들은 맡은 분야에 책임을 느끼고, 자신의 역할을 끝까지 수행한다.

학습계획서(plan de travail)에는 개별 학습계획서와 집단 학습계획서가 있다. 개별 학습계획서는 정해진 시간 내에 한 학생이 자신의 학습 리듬에 맞게 도달할 수 있는 학습 능력을 교사와 상의하여 만든다. 일정 기간이 지나면 주제를 대체하여 간단한 자격시험(brevet)을 통과해야 한다. 개인별 학습의 진보는 색깔별로 표시하여 학생 본인이 학급 전체의 수준과 학급 내 자신의 수준을 참고할 수 있다. 집단 학습

---

26) 프레네 테크닉을 번역할 때, 방법인가 기술인가에 대한 논의가 선행되어야 한다. 프레네는 자신의 교육학을 방법(méthode)이라고 주장하지 않았다. 그러면 기술이라고 해야 할까? 우리나에서 통용하는 기술이라는 의미는 너무 좁게 느껴지므로 연구자들 간 용어에 대한 합의가 필요하다. 본서에서는 원어에 충실하기 위해 직역하고자 한다.

계획서는 특정 주제나 교과별 활동에 참여할 때 참여 집단별로 만들어지며, 일정 기간 내 학급 전체의 학습 내용을 결정한다(Bruliard & Schlemminger, 1996).

이처럼 프레네는 자신의 교육방법을 '테크닉'으로 정의하면서 아동이 개인적으로 학습하는 것이 아니라 학교 또는 학급 전체가 상호 교류할 수밖에 없는 협력 학습의 유형이라고 하였다.

프레네 교육학에서 언어의 역할은 매우 중요하다. '자유 글쓰기(texte libre)' 시간에 학생은 풍부한 상상력으로 글을 쓰며, 감성 교육을 경험한다. 아동의 사회화가 교육의 목적이라면 그에 표현할 수 있는 능력을 갖게 해야 하므로 '말', '글', '언어'와 같은 중요한 의사소통의 수단에 교육적 가치를 부여한다(Freinet, 1977).

'학교인쇄출판활동(imprimerie à l'école)'은 아동의 글, 시, 문구를 직접 손으로 철자를 배열해 잉크에 묻혀 종이에 찍어내는 일이다. 이 활동을 통해 아동은 손으로 자음과 모음의 순서와 조합을 구체적으로 학습한다. 인쇄기를 통한 철자의 조합은 현재 컴퓨터 활용 교육으로 대체되었다. 그다음, 아동의 글을 우편으로 다른 학교에 보내는 '학교간 통신교류(correspondance interscolaire)'를 한다. 그들의 작품을 '학급신문(journal scolaire)'으로 제작하여 여러 학교에 발송하고, 학교 내에서는 다른 학급의 아동과 함께 읽어 본다.

프레네는 아동의 성향을 있는 그대로 표현하도록 장려하고 스스로 배우는 과정을 중요시하였다. 그는 교과서의 무용성을 주장하기보다는 현대학교(École Moderne)의 교육 이념 아래 프레네 교사들이 제작하고 개발한 '학습총서(Bibliothèque de Travail)'의 사용을 제안하였다.

수업은 아동이 학습활동을 직접 계획, 조직, 탐구하며, 창조적으로 실험할 수 있는 분위기를 조성한다. 프레네는 인쇄출판활동, 자가수정카드, 학습총서와 같은 교육 매체와 도구를 교실 내에 비치하라고 조언하였고, 이 환경에서 학생 간 또는 교사와 학생 간 전개되는 상호작용의 교육적인 효과를 인정하였다. 학교는 교수학습 과정이 일어나는 장소이므로 교사의 꾸준한 수업 도구 개발을 필요로 한다(Boumard, 1996).

6) 표현 · 소통 · 협력의 교실

한 사회의 구성원으로서 살아갈 아동은 타인과 자신이 속한 사회에 일정 권리를 요구하고 그에 따른 의무를 수행하는 책임이 있다. 아동은 가정, 학교, 집단이 부과하는 역할을 학습하고 민주시민의 자격으로 사회에 참여한다. 프레네는 이러한 사회 참여의 정신을 교실이나 학교 수준에서 교사와 학생, 학생과 학생, 교사와 교사 간 표현과 소통, 협력의 교육을 통해 가능하다고 보았다.

표현 · 소통 · 협력하는 교실을 보여 주는 프레네 교육학의 실제 사례는 학급 회의(conseil de classe)에서 찾아볼 수 있다. 하루 일과에서 국어, 수학 수업시간만큼이나 학급 회의의 비중이 매우 크다. 학생들은 학급 회의를 통해 학급 운영, 계획의 결정과 토론, 학급 대표자 선출, 학급 투표 등에 참여하면서 민주주의 사회에 입문하고, 사회적 · 도덕적 의식을 지닌 사회의 한 구성원으로 성장한다. 학급 회의뿐 아니라 한 달에 한 번 정도 전교의 학급 임원이 모여 학교 회의(conseil d'école)를 개최한다. 이러한 회의를 통해 학생들은 학교생활의 개선을 위한 제안, 학교 행사 준비, 학교의 실내 · 외 환경, 각 학급에서 이미 결정한 사항을 발표하여 다른 반 친구들에게 알려 주기도 한다.

한편으로, 교사는 학생들의 의견을 반영하는 교사 회의(conseil des maîtres)를 개최하여 학교생활의 개선 방안을 논의한다. 이런 절차를 통해 학교 내 민주적 의사결정 방식을 경험하게 된다. 프레네 교육학의 가장 특징적인 부분으로 경쟁과 갈등보다는 협동과 협력을 기반으로 하는 학급 체제와 학교 체제를 조직하고 있다.

협력하는 삶을 추구하는 사례는 모든 학교생활과 관련되어 있지만, 수업 내의 집단 조직이나 하루 일과 중 '아틀리에(atelier)' 중심의 노작교육을 진행하는 데에서도 발견된다. 아틀리에의 종류가 다양하여 모형 제작, 미술, 조형, 전기, 그림, 요리, 연극, 기계, 컴퓨터 등이 있다. 아틀리에의 운영도 한 학급에 한정되어 소집단별로 운영하는 것이 아니라, 예를 들어 초등학교 5학년들과 1학년들이 협력하여 집단을 만들고 아동도 연령과 학년이 달라도 서로 도와주며 활동을 진행한다. 아틀리에 시간이 끝나면 각각 활동에서 집단의 구성원들이 완성한 결과물이나 활동의 결과를 발표하는 시간을 갖는다. 교사가 소집단별로 지도하기 힘들기 때문에 아동이 모두 모일 수 있는 공간을 찾아 친구들과 선생님 앞에서 아틀리에 시간 동안 완성한 활동이나 학습 결과물을 보여 주고 전시한다.

학생들 간의 협력은 학년 간뿐만 아니라 수업 내의 집단 조직에서도 가능하다. 학급 내의 구성원은 매주 책임지고 설명할 수 있는 분야를 적어 그 분야의 전문가로 자료를 조사하거나, 개념을 정리하여 동료 친구들에게 설명하는 시간이 있다. 아동은 맡은 분야에 책임을 느끼고, 자신의 역할을 끝까지 수행하고자 한다. 이러한 교실 내의 활동은 표현 · 소통 · 협력의 교육을 실천하는 좋은 사례이다.

프레네가 1946년 6월에 발간한 소책자를 요약한 글을 통해 우리는 현대학교의 협동체가 무엇인지 이해할 수 있다.

- 학교 협동체의 운영 주체는 학생이다.

학교 협동체는 프레네 테크닉을 잘 실천할 수 있는 학교 내 물리적 · 사회적 · 행정적 조직이나 공간을 말한다. 예를 들어, 인쇄출판활동을 위해 구입한 인쇄기는 모든 학생의 것이며, 인쇄기를 활용한 학급의 활동은 학생 간 협력을 기반으로 한다. 어떠한 교육도구나 매체를 도입한다면 어떻게 사용할 것인지 함께 의견을 나누고, 동의하여 실행하는 공동의 협력 작업을 필요로 한다. 사실 이런 부분이 매우 중요하고, 교육을 원활하게 진행하기 위해 필요한 전제 조건이다. 학생 상호 간 합의가 필요한 학급의 운영과 조직은 질서, 체계성과 효율성을 보장해야 한다. 그밖에 학교 간 통신교류, 자가수정카드, 텃밭 가꾸기, 과학활동을 진행하는 경우에도 마찬가지이다.

프레네는 학교 협동체를 구축하려면 다음과 같이 할 것을 조언한다. 학교의 규칙에서 출발하지 말고, 학교에 새로운 일이나 활동을 도입하라고 말했다. 예를 들어, 학교의 텃밭 한 곳에 식물을 키우거나 학생들에게 활동을 제안하면 자연스럽게 서로 협력하며 활동을 시작한다는 것이다. 그래서 학급의 규칙이나 운영 규정을 바로 소개하는 것을 권하지 않는다. 학급생활 중 개선하고 싶은 것, 지금보다 좋아졌으면 하는 것 등을 의논해 보면, 서로 지켜줘야 할 생활 규칙이나 약속이 저절로 생기고 학생들은 그것을 자율적으로 지킬 수 있다고 하였다.

- 학교 협동체의 범위는 어디까지인가?

학교 협동체는 학교의 모든 생활을 아우른다. 일을 조직하거나 학습 내 필요한 학습 도구를 제작하거나 구입할 때, 교과활동에서나 교실을 청소할 때, 교사 간의 팀워크를 발휘할 때, 학생들이 나들이나 산책을 할 때, 특정 기관을 방문하는 체험학습을 갈 때, 학교 간 통신교류를 하거나 작품 전시회를 할 때, 학교식당을 운영하는 모든 상황에 자연스럽게 녹아 있다.

출처: Peyronie (1999) 재인용. *Célestin Freinet, Pédagogie et émancipation.*

3 프레네 교사

프레네 교사에게 프레네 교육학은 스위스, 스페인, 벨기에, 브라질, 멕시코, 일본 등에서 가장 확산된 교육운동으로 두 개의 큰 역사적 맥락에서 이해할 수 있다. 먼저 에뒤카시옹 누벨 운동의 맥락에서 발전하였으며, 19세기 사회주의 유토피아의 영향을 받았다. 역사적으로 프레네 교육학이 1920년대부터 '공동의 지성인'으로서 어떻게 협력적 네트워크를 형성하였는지 살펴보고자 한다. 또한, 20세기 후반에 교육사회학적 문제 제기에 대한 답을 받고자 도입한 '민중학교', '새로운 민중교육'을 구축하기 위한 교육적 효과에 대해 좀 더 알아보고자 한다.

페이로니(2013)[27]는 프레네 교육학이 추구하는 바를 두 가지 방향으로 요약하였다. 먼저 도구와 기술의 사용을 언급한 글과 이론적 · 정치적인 성격의 글을 말한다. 교육도구 및 기술과 관련하여 '교육적 유물론(Matérialisme pédagogique)'이라는 말을 사용한다. 교육적 유물론은 학급의 분위기를 변화시키고, 학급에 도입하는 수업 도구와 기술들을 가리킨다. 프레네 교실에서 사용할 수 있는 교육 매체를 제시하면 아래와 같다.

- 인쇄기, 리놀륨 판화, 컴퓨터, 프린터, 복사기 등
- 사진기, 녹음기, 투사기, 전기선, 카메라
- 도서관, 연령에 따라 다르게 개발된 학습총서(약 23~30쪽 분량

27) 페이로니는 2013년 『프레네 운동: 카리스마적 창시자에서 공동의 지성인으로. 교육적 대안에 관한 사회 문화적 관점』이라는 제목의 저서를 출판하였다. 그는 프레네 교육운동을 사회 역사적 관점에서 접근하였다.

의 교과서 대체 자료), 분류 도구
- 자가수정카드, 동물사육장, 식물 용기, 천 조각함, 다양한 재활용, 그리기 받침대 등

프레네 교사는 협력적 삶을 실천한다. '제도화된 교육학(Pédagogie institutionnelle)'[28)]은 학교협력위원회를 두고 있다. 이 위원회는 학생의 일(trvail) 조직, 일의 과정, 완성한 일의 검증, 학급과 학교의 집단생활에 지속적으로 참여한다. 일에는 학교 또는 학급신문의 내용 정하기, 아틀리에 활동계획 세우기, 주간학습계획서 작성하기, 학교통신교류 조직하기 등이 있다. 집단생활은 교사가 어떤 선택을 하는가에 따라 달라지는데, '제도화된 교육학'은 집단의 기능을 매우 중시하며, 집단 내의 자율성을 통한 학교 운영에 많은 관심을 두고 있다.

프레네 교사는 학습의 개별화를 매우 중요하게 생각한다. 아동이 자신만의 고유한 리듬을 바탕으로 학습계획을 세우고 실천할 때 학습의 효과가 제일 크다고 할 수 있다. 그래서 개별 학습계획과 개별 학습 자료와 도구를 활용할 수 있다. 역사, 지리, 과학에서의 자료 탐색이나, 인문학적 · 기술적 환경에 관한 탐구 학습의 경우에 해당한다. 학습의 개별화는 집단에서의 소통과 타인과의 교류를 통해 이루어진다. 프레네 교육운동의 철학적 · 정치적인 가치는 1930년 이래로 변형되었다. 처음 프레네가 자신만의 교육학을 창시할 때, 불변의 원칙을

28) '제도화된 교육학(Pédagogie institutionnelle)'에서 말하는 학교협력위원회가 가장 중요한 위상을 차지한다. 이 모임은 새로운 제도를 창조하고, 공동생활의 환경을 제도로 정착시키는 기능을 수행한다. 제도적 교육학에 대한 독자의 명료한 이해를 돕기 위해 필자는 제4장에서 '심리치료 교육학'이라는 용어로 설명하였다.

언급하였다 해도 사회적 · 정치적 · 이데올로기적 맥락은 변화하였다. 하지만 프레네 교사의 구체적인 실천과 이 실천의 사회적 의미를 보면 기본적 철학이나 원리는 변하지 않았다.

하지만 프랑스 학교제도의 개혁으로 인해 프레네 교육학의 여러 실천이 조금씩 다듬어졌다. 사회 개혁에는 도시화의 가속화 및 도시 외곽에 빈곤한 이주민 밀집지역의 형성, 중산층의 발달, 농업과 수공업 종사자의 감소, 중등교육기회의 확대, 학령인구 교육수준의 향상, 교직의 여성화 등이 있다. 그래서 프레네 교육운동의 미래에 대해 역사적 맥락을 분석하는 것이 필요해졌다.

페이로니(2013)는 '프레네 친구들(Amis de Freinet)' 협회는 이미 정년 퇴임을 하였고, 프레네 운동에 속했던 예전의 교사를 찾아보았다. 그러나 아쉽게도 당시의 열렬한 지지자에 관한 정보가 거의 없었다고 한다. 그럼에도 프레네 교사들이 어떤 점에서 프레네 교육학에 관심을 갖고 참여했는지 궁금해졌다.

'프레네 교사는 누구인가?', '누가 프레네 교육운동에 참여하는가?' 등 오래된 교사와 새로 참여할 교사들이 고유하게 갖는 표상, 선택, 가치관, 모습에 대한 정보를 찾아보았다. 기존에 참여해 온 교사들과 새롭게 프레네 교육운동에 가입한 젊은 교사들 간의 협력을 바탕으로 세대교체 과정에 나타나는 특징을 정리하였다.

페이로니는 15년 동안 규칙적인 관찰을 통해 '프레네 교사'의 유형을 연령별 또는 세대별로 구분할 수 있다고 한다.

첫째, 프레네 교육학의 공동 창시자이자 당대의 동료들은 대부분 돌아가셨고, 현대학교협의회(ICEM) 세미나에서 만날 수 있었던 후대의 교사들은 첫 세대의 교사들과 다른 유형을 보여 주었다.

두 번째 유형이라 할 수 있는 50대 후반의 초등교사들은 정년을 얼마 남기지 않았으며, 자신들이 프레네 교육학을 실천한다고 명백히 드러낸다. 그들을 '역사적 증인'이라고 하는 이유는 프레네가 가장 마지막에 주관한 국가 수준의 공식 회의에 참여했고, 프레네 부부가 초등교사로서 주도했던 교육활동을 생생하게 기억하고 있기 때문이다.

세 번째 유형의 새로운 프레네 교사들은 35세에서 50대 중반이며, 이들 또한 프레네 교육학을 확실히 실천하고 있다. 지역 모임을 조직하는 책임을 맡고, 프레네 교육학 출판부의 일을 담당한다. 프레네 교사 세미나, 교사 간 연구 모임이나 회의에도 참여한다. 이들은 직무수행 과정이나 개인 차원에서 사회적 네트워크를 형성하지만, 특별히 제도적인 책임이 있지는 않다. 같은 지역 동료 교사의 학급에서, 교육연구 모임과 읽기 학습, 또 유아 학급을 담당하는 교육위원회 활동에 참여한다. 이들은 상호 협력하고, 교육 매체의 개발에 매진하며, 국가나 지역에서 주관하는 연수에도 참여한다. 교사의 개인적 성향에 따라 자신을 프레네 교사라고 내세우기도 하지만 일부 교사는 드러내놓고 자신을 프레네 교사라고 말하지 않는다.

네 번째 유형에는 프레네 교육학을 언급하지 않는 교사들이 있다. 이 부류를 몇 가지 특성으로 묶을 수 있다. 프레네 교육학의 어떠한 모임에도 참여하지 않지만 프레네의 실천과 가치를 충실히 준수하고자 한다. 이러한 교사들은 집단을 형성한 시기와 방식을 기준으로 하위 유형으로 구분할 수 있다. 그들은 프레네 교육학 모임에 전혀 참여하지 않고, 지역 단위로 구축한 직업 네트워크에 속하지도 않는다. 그렇지만 프레네 교육학과 관련한 학급신문, 자가수정카드, 지역사회 탐구, 자유 글쓰기 등을 학급에 적극적으로 적용하고 있다.

이렇게 직접적이든 간접적이든 '프레네 테크닉'에 관심을 갖고 교육 현장에서 프레네 교육학을 실천하고 있는 점이 다른 교사와 구별되는 긍정적인 차이점이다. 프레네 교육운동을 이끄는 교사들은 이런 특징을 조심스럽게 인정하고 있다.

기존보다 젊은 교사들, 예를 들어 약 35세에서 45세 사이의 젊은 교사들은 자신이 프레네 교사로 분류되는 것을 원하지 않는다. 어떤 조직에 속한다는 것은 매우 부정적인 가치라고 생각한다. '참여는 의심'이라는 문구를 통해 새로운 중산층 중심의 이념적 특징을 알 수 있다. 위버르망(Huberman, 1989)이 교사로서 직업적 삶의 과정을 모두 4단계로 구분하였다. 먼저 교직을 시작하고, 그다음 안정화되어 가며, 3단계는 교직생활에 회의가 들며, 마지막 단계에서는 잘 참여하지 않는다.

페이로니(Peyronie, 2013)는 어떠한 교사가 프레네 교육운동에 동참하는가를 살펴보기 위해 11명의 초등학교 교사에게 반구조화된 면담을 실시하였고, 그 결과를 다음 표에 소개할 수 있었다. 면담 내용의 분석 결과, 크게 두 가지 유형의 태도를 볼 수 있다. 첫째, 개인적 변화와 더불어 직업 정체성의 변화에 대한 기대이며, 둘째, 전문가로서의 지식과 태도를 갖추고자 하는 바람과 직업 수행에 필요한 구체적인 방법에 대한 기대가 있다. 이를 네 가지 유형으로 구분한 표는 다음과 같다.

프레네 교육학에의 교사 참여 이유	유형별 특성	인터뷰 (내용) 또는 제안
개인적 변화에 대한 희망	교직을 수행하면서 느낀 피로감에 대한 표현과 자신만의 폐쇄적인 태도를 거부함	1984년 교직 입문 이후, 나날이 똑같은 일상을 겪었다. 다른 경험을 하고 싶고, 조용히 인생을 다시 돌아보고 싶다(30세 여교사).
교직 수행과정 및 수업 진행	교육적인 Know-how를 완벽히 알아가고 일상에 필요한 교육 태도를 갖추고자 함	몇 가지 프레네 테크닉을 이미 실천하면서 전체적인 조정이 필요하다. 예를 들어, '쿠아 드 뇌프' 시간에 글쓰기 텍스트를 생성하거나 학급신문으로 확장하도록 조율해 갈 수 있다(Peyronie).
'타인과 함께 일하고 싶은' 욕구 표현	다른 교사와 협업을 하면 지금보다 더 잘할 수 있는 욕구가 강해짐	교사의 외로움으로 혼자 일하지 않는 구조에서 일하고 싶고, 교직에 대한 의욕을 다시 찾고 싶다(27세 남교사).
교육의 진보적 가치에 대한 추구	교육과 학교의 민주화, 사회 정의, 교육복지 우선지구, 시민 양성에서 초등교사는 무엇을 하는가에 대해 지속적으로 고민함	사실 개인 일에 중요성을 부과하는 기관이라면 기관에 믿음을 갖는 것이 선행되어야 한다. 프레네 교사이면서 다른 교육방법을 소개하는 연수에 갈 것이다. 자신은 프레네 교육학에 닫혀 있지 않은 교사가 되고 싶다(31세 여교사).

출처: Peyronie (2013). *Le mouvement Freinet : du fondateur charismatique à l'intellectuel collecif.*

프랑스 교육부는 홈페이지에 현대학교협의회(ICEM)와 프레네 교육학(Pédagogie Freinet)을 인정하는 법령(MENE1300052A arrêté du 29-1-2013 MEN-DGESCO B3-4)을 공표하였다. 2013년부터 5년 동안 교육부가 교육협회로서의 가치와 기능을 인증한다는 내용이다. 그동안 프레네 교사가 공교육 제도 안의 교사라 하더라도 특별한 인증이 필요 없다고 생각했으나, 점점 프레네 교사의 참여가 활발해지고, 프레네 교육학의 영향이 커지면서 공식적인 기관으로 인증을 받는 것이 매우 중요해졌다.

4 한국교육에의 영향

1) 교육 현장의 변화

공교육개혁의 당위성은 이미 누구나 다 알고 있는 사실이다. 지식 기반 사회에 적합한 학교교육의 모델을 찾고자 하는 다수의 연구자는 학교 개혁의 모델을 지속적으로 소개하여 왔다. 학교 개혁을 위한 모델로 독일 헬레네 랑의 종합학교와 발도르프 학교, 이탈리아의 몬테소리 학교, 일본의 키노쿠니 학교 등이 있다. 최근에 북유럽, 특히 핀란드의 교육 성취에 대해 관심이 고조되면서 핀란드 학교를 소개하는 자료도 많아졌다.

국제학생평가 PISA에서 핀란드는 읽기, 수학, 과학, 문제해결능력 분야에서 높은 학업성취도를 기록하여 세계에서 가장 이상적인 공립학교 모델로 인정받고 있다. 일본의 후쿠타 세이지(福田誠治, 2006)는 『핀란드 교육의 성공』에서 프랑스의 프레네 교육학에 영감을 얻어 운영하는 스트론베리 학교를 소개하고 있다. 이러한 프레네 학교는 핀란드뿐 아니라 유럽과 남미, 일본, 아프리카 대륙 곳곳에 분포하고 있다.

우리나라 프레네 교육학에 대한 연구의 시작은 시간을 꽤 거슬러 올라간다. 1997년 가을, 필자가 프랑스에서 교육학 박사학위를 마치고, 두 편의 논문에서 셀레스탱 프레네를 소개하였으나, 프레네 교육학(Pédagogie Freinet)은 매우 낯설게 보였다. 그러나 송순재 교수님께서 『프레네 교육학에 기초한 학교 만들기』(2002) 제목으로 독일어 책을 번역 출간한 후부터 프레네 교육학은 교사들에게 학교 현장의 변화와 새로운 교육의 실천 가능성을 열어 주는 계기가 되었다. 그 이후 정훈 교수님의 프레네 교육학의 철학과 사상에 관한 박사학위 논문과 단행본『자발성과 협력의 프레네 교육학』(2009), 그 외 김세희 박사의 페다고지 프레네에 관한 박사학위 논문, 국내 교사들이자 연구자들의 석사 논문 등이 발표되었다. 학교 현장에서는 성장학교 별이 주관하여 국내외 프레네 교육학 전문가를 초청하여 진행한 세미나를 여러 번 개최하였다.

한편, 공립학교 교사들은 2008년 1, 8월 프랑스 전문가를 초청한 교사 연수를 연속 2회 기획하였으며, 연수 내용을『프레네 교육의 첫걸음』이라는 제목으로 자료집을 발간하였다. 이는 프레네 교육학을 공립학교 현장에 보급하려는 교사들의 굳은 의지를 반영하고 있다. 또한, 충남교육연구소가 주관하여 '프레네 교육의 현장 적용을 통한 살아 있는 학급 경영'이라는 제목으로 2010년 6, 7월에 집중적으로 교원 연수를 진행하였다. 이미 충남교육연구소는 같은 해 1월 학교교육 차원에서 '인물로 만나는 교육철학-교육철학의 새로운 패러다임 찾기'에서 셀레스탱 프레네를 소개했고 필자가 강의한 바 있다. 최근 사이버 공간을 활용한 교원 직무교육 차원에서 프레네 학교의 혁신에 관한 강의를 개발하였고, 현장의 교원들이 선택적으로 수강하고 있다. 이처럼 다양한 경로를 통해 프레네 교육학은 서서히 보급되어 학교 수업의 개선에 기여하고 있다.

프레네 학교는 셀레스탱 프레네의 교육철학에 근거하고 있다. 프레네 교육철학을 실천하는 교사들이 1947년 프랑스에서 자발적으로 현대학교협의회를 만들어 대규모 교사운동 단체를 결성하였다. 교사 단체를 결성하기 전이나 이후, 전 세계의 교사들이 프레네 교육학을 실천하기 시작하였다. 마침내 1957년 국제 프레네 교사단체(FIMEM)를 만들어 현재까지 2년마다 정기 세미나를 개최하고 있다.

프레네 학교는 우리나라에 소개된 세계 여러 나라의 학교 개혁 모델 중 한국의 교육 현장에 가장 현실적이고 실천 가능한 모델이라 할 수 있다. 그 이유는 프레네의 교육활동이 한국 교사들에게 매우 생소하거나 낯선 교육이 아니라, 교사가 프레네 교육학을 모르더라도 오래전부터 그의 교육활동을 부분적으로 적용해 왔다고 자부할 수 있기 때문이다.

지난 10여 년 동안 프레네 교육학에 대한 연구가 소개 차원으로 이루어졌다면, 이제는 프레네 교육학 연구를 심화해야 할 때가 왔다. 이론과 실천의 연계성을 위해 수업실천 방안에 대한 적극적 논의가 필요해졌다. 프레네 교육학의 이론과 실천에 대한 구체적인 방안을 제시함으로써 우리나라 공립학교의 변화에 방향성을 제시하고, 다양한 실천사례를 보급하여 새로운 학교문화 구축에 기여할 수 있기를 기대해 본다.

2) 구성주의 수업방법

그렇다면 프레네 학교가 우리나라의 교육 현실에 설득력이 있는 이유는 무엇인가?

첫째, 우리의 교육 현장은 입시 위주의 교육이 대부분이므로 학생들 간의 협력보다는 경쟁이 더욱 중요한 가치가 되어 버렸다. 경쟁과 선택의 논리로 지배하는 오늘날의 교육 현실에 학력이나 가정의 사회경제적 배경과 무관하게 학생 개인별로 존중받을 수 있는 학교의 분위기를 만들려면 민주적인 생활 공동체의 개념을 도입하는 것이 필요하다. 이러한 학교 공동체를 구축해야 하는 상황에서, 공립학교 내의 프레네 학교가 교육개혁 실천사례로서 큰 의미가 있다. 따라서 프레네 학교는 모범적인 학교 운영과 수업의 모델이 될 수 있다.

프레네는 학교 공동체를 '학교 협동체'라고 정의하면서 학교 구성원들과의 협력과 협동에 큰 가치를 두었다. 개인주의적이고 이기적인 오늘날의 젊은 세대에게 학교가 제공하는 필수적 교육일 것이다. 프레네 학교는 무엇보다도 민주적인 자치 운영을 권장하고 있다. 학생들이 자발적으로 형성하는 협동적 태도가 학교생활뿐 아니라 개인 학습계획에도 필요하다. 학생에게 주도성과 자율성을 강화하여 자기주도적 학습 태도와 책임감을 키워주고, 능동적이고 적극적인 사회인으로 성장할 수 있는 인성의 토대를 만들어 준다(송순재, 2000; 정훈, 2008; 황성원, 2007).

둘째, 일반적으로 우리나라 교육에는 교사 대 학부모, 교사 대 학생, 교사 대 교사 간의 소통이 부재하다. 학생은 태어나면서 컴퓨터와 휴대전화기를 놀잇감으로 생각하며, 인쇄 매체보다는 디지털 영상 매체를 활용하며 성장해 왔다. 그들의 생활, 사회 참여, 학교와 직업에 대한 생각 등을 물어보면, 그들은 자유롭고 서로 도울 줄 알며, 새로운 것에 대해 도전하고 싶어 한다. 재미를 추구하는 현세대는 기존의 질서를 혁신하고 창의적으로 사고할 수 있다.

전통적 학교수업 방식에 적응이 어려운 학습자들은 새로운 교수학습방법을 필요로 한다. 프레네 교육학은 새로운 교수학습 방법의 개발에 영감을 줄 수 있을 것이다. 프레네 교육학의 역사가 근 100년에 가깝지만, 오래전부터 인쇄 매체와 영상 매체를 교육에 도입하여 활용하고 있다는 점에서 매우 현대적인 특성을 갖는다. 또한, 시대와 상황에 따라 교사의 교수 매체 활용의 정도가 자유롭고 융통성이 있어,

교사나 학생들이 점진적으로 변화하고 발전할 수 있는 개방성도 큰 장점이라 할 수 있다.

셋째, 프레네 교육학은 학생 개개인의 지식을 교사와 학생, 학생과 학생 간의 소통을 통해 구성해 가는 사회적 구성주의 입장을 대표한다. 개별 학습의 중요성도 인정하지만 개인은 사회적 맥락과 또래들과의 관계에서 이루어지는 협력 학습을 강화하고 있다. 프레네 교실은 집단 학습과 개별 학습이 공존한다. 개별 학습의 차원에서 보면, 매주 초 학생들은 주간학습계획서(plan de travail)를 작성한다. 이를 실천하기 위하여 혼자 스스로 하는 경우도 있지만, 개별성을 바탕으로 다른 친구들과 과제를 공동으로 수행하거나, 문제를 함께 풀거나, 자신이 아는 것을 타인에게 알려 주는 등 협력 학습을 적극적으로 권장한다. 프레네에게 학습은 '실험적 모색'이며, 여러 번의 시도와 착오를 통해 지식을 스스로 만들어 간다.

학생은 외부의 정보를 단순히 암기하고 지식을 쌓아가는 습득자가 아니라, 지적이고 유능한 탐구자로서 탐색하고 실험한다. 또한, 여러 번 읽어 보고 참고 자료를 선택하여 분류하는 등 자신의 학습을 조직하면서 더욱 호기심이 생기고 질문을 많이 한다. 교사는 그 질문에 답해주고, 학습자가 배움의 과정을 직접 체험하도록 도와준다(정훈, 2008). 이렇게 학생은 외부의 지식을 수동적으로 받아들이는 존재가 아니라 또래 학생들과 함께 배우며 지식을 구성해 가는 배움의 주체이다.

다음은 필자가 현장의 선생님들과 연구 모임에서 만난 후 솔직하게 기술한 저널이다. 프레네 교육학이 우리나라 교육 현장에 어떠한 영향을 줄 수 있는지 고민하며 작성하였다.

[프레네 연구 모임 1차 저녁]

● 한국적 프레네 교사를 찾아서

경기도 혁신학교에 근무하시는 선생님의 연락을 받고 설레는 마음으로 프레네 모임에 참석하였다. 어떤 선생님들께서 오실까? 매우 궁금해하며 대전에서 기차를 타고 출발하였다. 전날 입학지원 서류심사로 밤 11시에 귀가하여 매우 피곤한 상태였다. 부랴부랴 서둘러 탄 기차 안에서, 약 열 분의 초등학교 선생님들이 참여하신다는 말을 되새기며 오래전부터 꿈꿔 왔던 모임을 드디어 하는구나 생각하였다. 서울 도착 후, 종종걸음으로 약속 장소에 조금 일찍 도착하였다.

프레네 교육학에 관한 고민을 혼자 하는 것은 프레네 연구자로서 매우 외로운 일이었다. 현실적으로 프레네 연구에만 몰입할 수 있는 상황이 아니라서 연구나 책을 읽어도 크게 드러나지 못했다. 처음 프레네 교육학으로 박사학위를 받은 연구자로서 다른 분들이 저술한 몇 권의 책이 나온 뒤, 매우 큰 자극을 받았다. 나는 뭐 하고 있었나? 처음 시작한 사람이 연구에 너무 게으르지 않았나? 프레네 연구에 전념하기 힘든 학교의 상황... 많은 자료를 소장하고 있음에도 연구물로 엮지 못했던 자기반성은 마음을 조급하게 만들었다. 그래서 막차를 타는 심정으로 급한 마음에 조각조각 발표된 연구물을 묶고 프레네 생애 부분을 추가하여 책을 출판하였다. 부끄러운 점이 많았다. 이 마음을 달래고자 올해 초부터 프레네 교육학에 대한 새 책을 낼 수 있을까 고민하였다.

그동안 외국의 교육사상이나 실천사례가 많이 소개되었지만, 한국의 교육현실에 적합하게 적용되어야 한다는 필요성을 절감하였다. 현재 재직하고 있는 아동보육학과(보육교사와 유치원 교사 양성학과)와 프레네 교육학에 대한 개인 연구 분야를 어떻게 접목해야 하는가에 대한 고민은 대학교에 재직한 기간 내내 이어지고 있다. 교수로서 강의에서 다루는 내용과 연구자로서 연구하는 분야가 다르다는 사실은 많은 시간과 에너지를 분산하게 하는 일이었다. 그래서 유아교육이나 보육학 연구를 해 왔지만, 프레네와는 거리가 멀다는 생각, 많은 유아교육 프로그램 중 프레네 유아교육 소개의 의미는 어떠할까, 프레네 연구에서 내가 또 늦어지겠구나 등의 생각은 계속 내 마음을 떠나지 않았다.

그런 차에 반가운 모임의 소식이 들려왔다. 흔쾌히 시간을 내어 그동안 내게 부족했던 초등교육 현장의 목소리를 들을 수 있었다. 참여해 주신 선생님들의 분위기는 밝고 진지한 모습으로 배움과 새로운 교육에 대한 호기심이 많았고, 다른 지역 선생님들과의 교류에 열정적이었으며, 우리의 교육, 더 나아가 사회에 대한 고민을 나누고자 하였다. 또한, 몇 분의 선생님은 프레네 교육학을 부분적으로 실천하는 과정에서 구심점을 갖고, 프레네 모임을 지금보다 더 활성화하고 싶어 하셨다. 최근 8월에 프랑스 캉(CAEN) 대학교에서 열린 현대학교협의회(ICEM) 세미나에 다녀오신 선생님도 계셨다. 배우고 싶고 공부하고 싶은 열망으로 가득한 선생님들의 모습을 보니 정말 제대로 프레네 저서, 프레네 교육학에 관한 책, 프레네 교사들의 교육실천 사례 등을 다룰 수 있겠구나 생각하였다. 희망적이었다. 하지만 한편으로는 내가 더 부지런해야겠다는 부담감이 밀려온다. 하지만 이런 과정을 거쳐야 프레네 교육학이 더 발전하겠구나 하는 생각이 들었다. 이 시간을 통해 나는 요즈음 학생들 성향에 프레네 교육학이 매우 적합하다는 것을 다시 한 번 확인했다.

모든 교육학 이론과 실천이 그러하듯, 이론은 실천의 바탕이 되고, 실천은 이론의 바탕이 되기 때문에 선생님들과의 교류가 매우 중요한 만큼, 프레네 교육학이 우리나라 교육 현장에 조금씩 정착되어 가고, 참여하신 선생님들이 주축이 되어 한국적 프레네 교사의 정체성을 확립하고, 이분들이 다른 교사 모임에서 그 정체성을 확산해 가는 데 도움을 줄 수 있기를 기대해 본다. 그래서 다음 모임의 주제는 '한국적 프레네 교사의 모습 찾아가기'로 정했다.

[프레네 연구 모임 2차 저널]

● 프레네 교사가 되려면

프레네 연구 모임 2회째, 아침부터 서둘러 기차를 타고 학회 자료집을 받으러 서둘러 갔다. 비가 부슬부슬 내리는 이른 시간에 굳이 자료를 받으러 간 이유는 학술대회 제목이 '창의와 표현으로 소통하는 유아교육의 방향'이었기 때문이다. 제목만으로 매력적이었다. 내가 소속한 학과와 성격이 맞아 학생들에게 도움이 될 것이고, 이탈리아의 레지오 에밀리아 접근법과 관련 있는 자료집을 얻기 위해서였다. 발표의 주제는 "표현적으로 소통하는 유아를 위한 이론적 접근-다큐멘테이션을 중심으로" 였다. 이 교육을 이탈리아에 뿌리내린 로리스 말라구치(Loris Malaguzzi)는 1940년대 제2차 세계대전 이후, 프레네가 주관하는 ICEM 세미나에 참석하였고, 그의 영향을 일부 받은 교육자였다. 우리나라에서 그 사실을 아는 사람은 거의 없는 것 같다. 기존 번역서에도 한 줄만 적혀 있을 뿐이다.

레지오 에밀리아 접근법에 기초한 여러 교육활동은 프레네의 교육적 시도들과 흡사하지만, 자신의 지역 실정에 맞는 교육적 특성을 갖추었다. 그래서 1991년 『뉴스위크지』에 세계의 10대 교육에 포함되었던 것이다. 이런 기회에, 프레네 교육학의 학술적 소개가 더욱 필요함을 확실히 느꼈다.

사실, 느낌으로만 머물지 말고 확고한 신념을 갖고 임하는 실천 작업이 요구된다. 나와 같은 상황의 연구자들은 현장의 교사들에게 학술적 논문의 형태나 저서를 통해 지속적으로 알리는 작업을 해야 할 것이고, 교사는 유아와 아동, 청소년 등 대상 학생들을 위한 지속적인 교육도구의 개발이나 유기적으로 교육 현장과 연계하는 노력이 동반되어야 한다. 연구자로서 나는 현장의 선생님들과 소통하는 것이 어쩌면 가장 중요한 임무일 수도 있다. 내가 할 수 있는 만큼 내 몫의 분량을 해내야겠다.

두 번째 만남에서 모두 네 분의 선생님과 이런저런 이야기를 하였다. 입시 면접과 강의, 그 외 크고 작은 글쓰기 작업, 토론, 지역의 모니터링 봉사활동 등 충실한 원고를 준비하지 못한 미안함이 크게 다가왔으나, 함께 참석해 주신 선생님들께서 자리를 편안하게 해 주셨다. 아이들과 함께 만든 학급신문도 나눠 주었다. 이야기하던 중, 우리가 일상이 바쁜데 프레네 모임 시간만이라도 공부를 놀이처럼 접근할 수는 없겠는지, 그래서 이 시간이 힐링 타임이 될 수 있었으면 좋겠다는 의견에 모두 공감하였다. 모두 즐겁게 이야기를 했지만 절대 가벼운 내용이나 주제는 아니었다.

세 시간 남짓 무슨 이야기를 했는지 회상해 보니 첫째, 우리 원고에서 제시한 프레네 교육학의 참여 유형에 관한 질문이었다. 프레네 교육학을 실천하는 유형을 모두 네 가지로 요약한 표에 대해 교사들이 꼭 한 가지 유형에 해당하지는 않을 것 같다고 말했다. 예를 들면, 개인적 변화에 대한 희망과 교육의 진보적 가치 추구에 둘 다 속하는 경우이다. 참여 유형이랄까 동기랄까 교사마다 공통적으로 다 갖고 있겠지만, 그중에 비중이 가장 높거나 교사가 추구하는 바와 제일 가까운 입장을 찾을 수 있을 것이다.

또 어떤 교사는 교직 수행과정에서 수업을 진행하며 교육적인 Know-how를 알아가고 싶어 이미 완성된 교수학습 과정안이나 교수 자료 등을 요구하기도 한다. 프레네 연수를 기획하거나 준비할 때, 많은 선생님이 연수에 대해 기대하는 바가 다른 이유가 여기에 있다. 무엇인가 학급에서 바로 사용할 수 있는 자료를 기대한다면 프레네 교육학의 철학과 성격에 맞지 않는다. 프레네 교육의 실천은 함께 만들어가는 것이라는 명제가 생각난다.

둘째, 프랑스 학교에서 프레네 교육학을 실천하거나 프레네가 말한 프로젝트 수업을 진행하면서 교사는 어떠한 성취 기준에 따르는지 궁금해하셨다. 프랑스는 국가 수준의 교육과정이 역량 중심으로 구성되어 있고, 교사가 교육과정을 결정하거나, 교과서 사용의 유무를 자율적으로 결정할 수 있기 때문에 교육과정 선택의 자율성이 보장된다고 말씀드렸다. 최근 역량을 평가하고자 하는 시도가 점점 많아지고 있다.

우리나라의 교육풍토가 주는 교육과정과 교과서의 중요도가 프랑스의 교사들과 너무나 다름을 확인하는 시간이었다. 프레네 교사는 전반적으로 중앙의 교육정책이 교권의 자율에 영향을 준다거나, 그들의 시각에서 바람직하지 않다고 생각할 때는 언제든지 의견 표명을 하고, 입장을 거침없이 표현한다. 이런 표현의 태도는 개혁과 진보에 급진적이기 때문이 아니라 일상에 배어있는 삶의 자세이다. 그럼에도 요즈음 프랑스 교사들은 평가에 있어서 그렇게 자유롭지는 못한 것 같다. 역량 중심 교육에 맞는 평가항목을 어떻게 개발하고, 학급에서 어떻게 수행해야 할지에 대한 고민을 나누고 있다.

얼마 전, 프랑스 교육부는 프레네 현대학교협의회(ICEM)를 공식 인증하였다. 법적인 근거를 마련하였고, 인증 기한은 5년이라고 한다. 그동안 프레네 교육학이 프랑스보다 핀란드를 포함한 북유럽 국가에서 인정받았던 아쉬운 상황이 이제는 자국 내에서도 그 위상을 확보하였다는 점에서 매우 긍정적인 변화라고 생각한다.

셋째, 프랑스의 프레네 교육학이 유초등교육(유치원 3년과 초등학교 5년)에 적용이 된다면 왜, 한국의 교육 현실에는 이 교육이 잘 이루어지지 않았던 것일까에 대한 질문이 있었다. 이 질문에 대해 프랑스 교사가 직무를 수행하는 과정에 두 가지 요건이 채워졌기 때문이라고 답변하였다. 우선 자율성의 확보였다. 앞서 언급한 것과 같은 맥락에서 프랑스 교사들은 꽉 채워진 연간 교육과정에 얽매이지 않는다. 국가 수준의 교육과정은 참고하는 자료일 뿐이며, 교사들에게 방향성을 제시하는 기준이나 지침 역할을 한다. 따라서 교사들은 큰 범위를 벗어나지 않은 한도에서 학생들과 다양한 교육적 시도를 모색할 수 있다. 두 번째 요건으로 프랑스 교사들은 학교에서 즐겁게 근무하고 있다. 우리나라의 경우, 자신의 일에 즐거움을 느끼는 교사가 과연 몇 명일까? 여러 가지 이야기가 나왔다. 일 년의 교육과정을 끝내야 하고, 필요한 연수도 받아야 하고, 하루 일과를 바쁘게 보내야 하며, 여교사의 경우, 육아와 병행하기란 정말 몸과 마음이 힘들다고 했다. 물론 그 안에서 즐거움을 찾고 보람 있게 생활하는 교사도 있고, 자존감이 높아 매사에 열심히 적극적으로 참여하기도 하지만 교육열이 높은 한국 사회의 교사로서, 학부모로서, 교육이 '국민 불안'의 수준으로 가고 있음을 모두 안타까워했다. 그래도 작은 바람이 불러일으킬 나비효과를 기대해 보자고 서로 격려하였다.

이런 이야기를 바탕으로 돌아온 길에 다음 모임의 공부 주제를 무엇으로 정할까 생각해 보았다. 프레네의 자연적 방법(La Méthode naturelle de Freinet)이란 무엇일까 고민해 보는 시간을 가졌으면 좋겠다. 자료는 2년 전 경기도 혁신학교 국제세미나에서 강연한 니콜라 고(Go)가 약 2005년도 즈음에 쓴 원고이다. 선생님들의 의견은 어떨까? 궁금해진다.

제3장

프레네 교육학 적용과 실천

1. 프레네 교육학의 성과
2. 프레네 교육학 교육과정
3. 프레네 교육학 교수학습
4. 프레네 교육학 실천사례
5. 프레네 교육학의 시사점

프레네 학교는 세계 여러 나라의 학교 개혁모델 중 한국의 교육 현장에 가장 현실적이며 실현 가능한 모델로 비친다. 프레네 교육학에 기초한 여러 활동은 우리나라 교사들에게 전혀 낯설지 않다. 알게 모르게 부분적으로 교사들은 이미 다양하게 실천해 왔다.

그렇다면 프레네 교육학은 그동안 어떠한 성과를 얻었는가? 프레네 교육학에 대한 성과 또는 효과 연구를 소개해 보고, 프레네 학교의 교육과정 특징과 내용, 교수학습, 실천사례와 우리나라에 주는 시사점을 언급하고자 한다.

1 프레네 교육학의 성과

프랑스 북부 릴(Lille) 대학 뢰테르와 카라(Reuter & Carra, 2005), 뢰테르(Reuter 2007, 2010)의 프레네 교육학 효과 연구팀(THEODILE)은 프레네 교육학이 사회 경제적 · 문화적으로 취약한 계층의 학교에서 더욱 긍정적인 효과가 있었다고 보고하였다.

여기에 소개하는 프레네 초등학교는 공립학교로서 국가 수준 교육과정을 운영하고 있다. 프레네 교사들은 교육과정의 선택권과 자율권을 갖고 있기 때문에 국가 수준의 교육과정을 부분적으로 적용하면서 취약 계층의 자녀에게 글쓰기, 오답 정리, 또래 간 협력 관계 형성, 학습 곤란 학생을 위한 특별 지도에 집중하고 있다. 릴(Lille) 대학 연구팀이 개입하기 이전, 학교 정원이 급격히 줄고 있었으며, 학업성적이 낮은 아이들이 매우 많았었다.

프레네 교육학 효과 연구를 시작하기 전, 프랑스는 국가 수준의 학업성취도 평가를 초등학교 3학년, 중학교 1학년, 고등학교 1학년에서 실시하고 있었다. 3학년의 경우 국가 평균보다 15% 정도가 독해력과 어휘 부분에서 부족하였다. 글쓰기에서는 37%, 수학에서는 연산을 제외한 다른 분야에서 18% 정도가 평균보다 떨어졌다. 게다가 학생 간 다툼과 갈등이 빈번하였으며, 언어폭력과 학교폭력 현상이 심하게 나타났다.

이러한 학교에서 프레네 교육학을 약 5년 간 실천한 결과, 이 학교의 전체 학생 수는 조금씩 증가하였고, 학습지체 학생은 초등학교 1학년의 경우 25%에서 8%로, 초등학교 4학년은 40%에서 20%로 줄어들었다. 독서 능력도 향상하였으며, 초등학교 3학년 국가 수준 학업성취도 평가에서 점진적인 언어 능력의 향상을 볼 수 있었다.

2007년, 이 지역 프레네 학교 학생들의 독서 능력은 지역 단위의 평균 수준보다 상위에 있었으며, 국가 차원에서 비교하면 동등하거나 조금 높은 정도였다. 한편, 수학은 도형, 크기, 측정 등과 같은 분야에서 점진적인 향상이 있었지만, 연산은 동일한 수준에 머물러 있었다. 지역 장학사들이 작성하는 그래프의 변화를 볼 때, 프레네 교육학은 긍정적인 교육의 성과로 이어졌다(Blanchard, Descottes, & Le Ménahèze, 2007).

뢰테르(Reuter, 2007)는 연구팀(THEODILE)의 개입이 가져온 효과를 몇 가지로 제시하였다. 첫째, 학생들은 규범과 생활 규칙을 준수함으로써 학교폭력 현상이 감소하였다. 둘째, 전학 온 학생이 학급에 잘 적응하고, 다인과 더불어 생활할 수 있었다. 이 학교에서의 적응과 생활은 공동의 학습과 지식을 구성하는 교육활동을 전제로 하고 있다. 셋째, 학생과 학교의 관계, 학업-학습-지식의 관계가 긍정적으로 변하였다. 학생들은 질문, 이해하지 못한 것에 대한 표시, 실수하는 두려움, 다양한 학습전략 시도 등에서 자연스러워졌다. 넷째, 교과 학습에서 학업성취도 결과가 동일한 환경의 학생들과 비교했을 때 동등하거나 조금씩 더 상승하고 있었으며, 기존과는 차별화된 교육방법의 실천으로 상위권 학생들과 학업성취 면에서 큰 차이를 보이지 않았다. 다섯째, 프레네 학교에 배정받은 교사는 몇 년간 근무를 마쳤더라도 학교 이동을 신청하지 않으며, 오히려 교사 간의 연대감이 쌓이고 유초 연계활동을 더욱 적극적으로 실시하고 있었다. 교사의 창의성을 격려하고, 교사의 협업이 다른 학교에 비해 매우 활발한 편으로 나타났다. 이러한 변화는 인근 학교에 자극제가 되었으며, 교육의 실천과정과 결과에 대해 매우 만족해했다. 여섯째, 학부모의 입장에서 학교에 대한 신뢰감이 높아졌으며, 교사와의 관계 역시 개선되었다.

2 프레네 교육학 교육과정

1) 프레네 학교교육과정

뢰테르(Y. Reuter)는 2007년 프레네 교육학의 교육 성과를 알리고자 『프레네 학교 - 서민층 자녀를 위한 대안교육의 기능과 효과』를 저술하였다. 그는 프레네 학교의 기능에 바탕이 되는 학교 운영의 원칙, 학생과 학습, 교사의 역할에 대해 전반적으로 설명하고 있다.

그가 제시한 프레네 학교의 특징은 다음과 같다.

첫째, 프레네 학교의 중심은 학생의 학습과 배움에 있다. 프레네 학교의 교사는 학생의 사전 지식과 경험, 태도, 행동과 관련 있는 것에서 수업의 소재를 찾아 자유 표현의 발달을 돕고, 교사와 학생 또는 학생 간의 소통과 협력에 기초하여 자연스러운[29] 학습방법을 실천한다.

둘째, 프레네 학교의 운영은 원칙적으로 기존의 학교 운영 방식과는 다른 조직의 개편을 추구한다. 일부 교사는 학교체제의 변화를 기대할 수 없다고 하지만, 프레네 교사는 자신의 학급에서 부분적으로 실천하면서 뜻을 함께 모아 학교 운영지침을 상세히 마련하고 있다. 이렇듯 프레네 교사가 학교나 학급을 운영하려면 학교 개혁의 가능성을 적극적으로 수용해야 하며, 학교에서 교육과정 계획을 세우고 평가하는 기능을 담당하는 교육협력팀을 구성한다.

셋째, 학교는 하나의 사회처럼 조직할 수 있다는 점이다. 교사와 학생들로 구성된 학급위원회 또는 학교위원회는 자치 회의를 통해 학교생활의 규칙을 정하고, 어떠한 일이 생겼을 때, 모든 학생의 의견을 수렴하는 의사결정기관의 역할을 한다. 또한, 학생들은 학급 회의에서 1인 1 역할을 수행하여 책임감을 키운다.

넷째, 프레네 학교는 민주주의 의사결정의 절차를 따른다. 학급생활 규칙이 공동으로 만들어지면 교사와 학생 모두 예외 없이 규칙을 준수한다. 학교나 학급에 발생하는 문제들은 매 순간 회의에서 논의한다. 예를 들어, 학생들이 정해진 규칙이나 의무를 다하지 않을 경우 학생으로서 권리는 일시적으로 박탈될 수 있으나, 위원회에서 학생들이 상호 의견을 결정하여 권리를 되찾을 수 있다.

다섯째, 학교는 학생들 간 공동의 문화를 조성하고, 학교생활로부터 얻어지는 고유한 학급의 문화자산을 만들어 간다. 또한, 학급의 공

---

29) 기계적이고 통제된 방식이 아니라 자연스러운 발달의 흐름에 따라 아이들의 실수를 허용하고 실수를 통해 배우는 과정을 중시한다. 프레네는 이를 합자연적인 방법(méthode naturelle)이라 하였다(정훈, 2009).

동 문화는 학교 밖 문화에서 출발한다. 예를 들어, 새로운 소식, 교사와 함께하고 싶은 활동 또는 학생 자신의 마음을 표현하는 쿠아 드 뇌프(Quoi de neuf) 시간에 학교 밖의 다양한 경험을 소개할 수 있다. 자유 글쓰기와 그림, 조각, 산책, 견학 등 여러 체험 활동에 대한 토론, 학급생활책, 벽신문 등 학교 밖 문화가 학급 활동에 서서히 유입된다.

여섯째, 학교에서 학생들이 공동의 문화를 형성해 가는 만큼 학교는 지역사회에 개방한 사회이다. 학교는 학교 밖의 세상과 연계하여 학생들의 호기심을 유도한다. 그러기 위하여 프레네 학급은 통신교류하는 학생들이나 통신교류 학급이 있어야 하며, 교사는 학부모와도 협력 작업을 해나간다. 예를 들어, 학부모들이 토요일 아침에 학교 행사나 학습전시회에 참가하거나, 학교와 부모 간 노트나 게시물을 통해 일상에서 상호 교류의 기회를 가질 수 있다. 이처럼 학생들은 학교 간 통신교류 및 학부모와의 활발한 상호작용을 통해 경험과 그 경험에서 도출한 참된 의미를 공유해 간다.

뢰테르(Reuter, 2007)에 의하면, 프레네 학교의 기능을 유지하려면 다음의 세 가지 사항을 수시로 검토해야 한다.

첫째, 교사와 학생 간의 관계 면에서 교사는 학교위원회나 학급위원회에서 정해진 규칙을 존중할 뿐 아니라 프레네 교육학이 추구하는 교사의 역할수행 원칙에 근거하여 행동해야 한다.

둘째, 교육행정가나 교사가 주도하는 학교 운영은 학생들의 권리를 상실하게 하며, 그들의 자율성을 보장하지 않는다. 이러한 학교는 프레네 학교보다 전통적인 학교교육에서 자주 볼 수 있다. 반면, 프레네 학교는 자율적이며 융통성 있는 학교를 운영할 수 있도록 노력해야 한다.

셋째, 학교문화와 학교 밖 문화 사이의 긴장 관계는 항상 유지된다. 프레네 학교는 학교 밖의 문화를 학생의 고유한 문화로 받아들여 타협하고 이를 다른 교육 상황에 전이함으로써 새로운 문화로 재창조하는 과정이 필요하다.

아래의 표는 전통적인 학교, 에뒤카시옹 누벨의 새로운 학교, 프레네 학교에서 보여 주는 학교의 기능, 지식의 구성, 교사와 학생의 역할, 집단의 기능에 관한 내용을 담고 있으며, 세 가지 유형의 학교특성을 비교할 수 있다(Le Ménahèze & Olivier, 2008).

	'전통적인' 학교 (école traditionnelle)	새로운 학교 (école nouvelle)	프레네 학교 (école Freinet)
학교의 기능	• 학교는 지식을 보유하고 전달하는 역할을 한다. • 폐쇄적인 학교이다. • 모든 학생에게 동일하고 차별화되지 않은 교육 내용과 지식을 전달한다. • 어떤 학생에게는 양질의 학습을 제공하고, 다른 학생은 학교생활을 포기하거나 직업학교로 전학간다.	• 학교는 유일한 학습장소가 아니며, 외부 세상에 열려 있다. • 삶에 개방된 학교이다. • 모두에게 열려 있으며, 어려움을 겪는 아동을 우선시한다(어린이 공동체). • 아동의 다양한 지식 습득을 권장한다.	• 일을 토대로 한 학교는 아동과 집단의 표현을 강조하는 문화 장소이다. • 아동의 표현과 체험 중심 교육을 강조한다. • 학교는 민중의 억압된 면을 해방시켜 준다. • 아동은 지식을 구성하고 공동의 문화를 자신에 맞게 적합화한다. • 사회적 맥락에서 수업기술 및 교수학습 도구를 직접 제작한다.
지식의 구성	• 학생의 두뇌는 백지상태이고, 지식이 전달되면 뇌에 각인된다는 전제에서 출발한다. • 주입식 교육의 엄격한 과정이다. • 모두에게 동일한 지식을 전달한다. • 새로운 지식 습득은 예전에 배웠던 지식과 관	• 학생이 중심인 지식은 아동 활동의 생산물이다. • 지식 형성에 환경이 중요하다. • 학습은 지식 구성의 역동적 과정이다. 지식은 문제 해결의 도구이며, 실수는 학습 과정의 일부이다. • 평가는 교육적이다. 자신	• 지식은 실험적 모색과 자연스러운 방법에 의해 형성된다. • 아동은 환경에 대한 관심과 탐구를 통해 지식을 구성한다. • 아동이 지식을 형성하는 데 개별적이며, 동시에 공동으로 표현하는 활동을 권장한다.

	'전통적인' 학교 (école traditionnelle)	새로운 학교 (école nouvelle)	프레네 학교 (école Freinet)
지식의 구성	련이 없다. 교사와 학생은 실수를 하고, 실수는 잘못한 것으로 인정한다. • 평가는 결과 중심이며, 판단의 기준이 된다.	을 더 잘 알고, 자신의 지식과 부족함을 깨닫는다.	• 평가는 교육적 기능이 있다. 아동은 함께 도와가며 자신의 평가 도구를 제작한다. • 개별화된 학습 도구, 프로그램화된 노트, 자동채점 노트 제작, 교사를 위한 '학습총서' 발간 등 다양한 교육 매체와 도구를 활용한다.
교사의 역할	• 교사는 구조화된 지식을 전달하고 예를 제시한다. • 지식을 소유하고 가르친다. • 교사는 준비, 대화, 평가 등 모든 상황에서 주인이다. • 교사는 권력을 갖고 있다.	• 교사는 배우고, 성공하는 방법을 아동 중심으로 유도한다. • 학습 상황과 조건을 마련한다. • 교사는 지식의 전달자이자 지식을 조직한다.	• 교사는 학급의 공동 문화를 구축하기 위해 아동의 표현을 격려하고 평가한다. • 교사는 학교교육과정과 새로운 학급 문화를 창출한다. • 교사는 집단의 일원이면서 학습 기술의 기초를 가르친다.
학생의 역할	• 학생은 교사가 이미 구조화한 지식을 듣고 수용한다. • 들으면서 배우고 기억한다. • 학생은 실행하고 적용하는 주체이다.	• 아동의 활발한 역할을 전제로 하며, 그는 자기 행동의 주인이다. • 사회화와 인간교육이 중요하다. • 학생의 표현은 지식을 구성하는 기초이다.	• 학생은 단순한 행위자를 넘어 작가이자 제작자이다. • 학생은 민주시민으로서의 역할을 수행한다. • 학생은 학급신문과 학교 간 통신교류의 주체자이다.
집단의 기능	• 집단은 개인과 관련 있는 것으로 인식한다. • 집단 안에서 구성원끼리 소통하지 않는다.	• 구성원 교류를 통해 집단 활동을 실천한다. • 집단 안에서 민주적 조직과 협조가 가능하다.	• 집단은 '학교 협동체'를 구성하기 위한 기본 요건이다. • 집단 구성원 간 상호작용을 선호하고 서로를 높이 평가한다.

출처: 김영주 · 송순재 · 신은희 · 진영효 · 황성원 (2009). 프레네 교육의 첫걸음. 2008년 프레네 교육 참실대회 및 직무연수 자료집. 24-25.

2) 프레네 학교교육과정 운영

프레네 교사협력팀은 프랑스 로리앙(Lorient) 지역 프레네 학교에서 공통으로 준수하는 학교 운영 규정을 제정하였다(Blanchard et al., 2007). 운영 규정에는 프레네 학교의 교육원칙, 교육단계, 교육실천, 학교 내부 규정과 행정 관리, 평가, 지역사회 협력, 교사 재교육, 교사 협력팀의 계약 등의 내용을 포함하고 있다.

프레네 학교는 아동을 한 인간으로 인정하여 그의 리듬, 개별성, 인성, 사회 문화적 경험 등을 존중하며, 학교를 일상의 삶에 개방하고, 각 아동이 자신의 존재를 확인할 수 있게 한다. 학생에게는 자율성을 보장하는 만큼 그에 따른 책임감을 요구한다. 또한, 집단 내의 학습을 권장하며, 자연스러운 방법으로 단계별 학습 개념을 습득하는 과정을 연구한다. 프레네 학교의 교육방법에는 실험적 모색과 합자연적 방법이 있으며, 말과 글, 예술과 수학, 신체 언어를 통한 자유 표현과 창의성을 키우고자 한다.

평가와 관련하여 프레네 학교는 학생이 기본적으로 성공하고 싶은 욕구가 있다고 보았으며, 이러한 성공에 대한 욕구는 개인적 차원이 아니라 상호 협력적 차원에서 이루어진다고 하였다. 따라서 평가는 시험의 형태가 아니라 간단한 자격증(brevet), 인증서, 인증제의 형태로 도입하였다. 예를 들면, 주간학습계획서나 프로젝트 계획서, 주제 발표, 정기적 학습 자료가 평가의 근거 자료로 사용된다.

프레네 학교의 내부 규정은 아동권리협약에서 제시한 규정을 준수하고, 국가 교육의 공공 서비스기관 차원에서 지켜야 하는 규정을 따르지만, 프레네 학교만의 독특한 협력적 기능을 수행한다. 말하자면 민주시민교육을 실천하고자 학교를 자치적으로 운영하고 관리하도록 어린이 위원회(conseil d'enfants)를 두었다(로리앙 지역 프레네 학교 규정, 2000).

프레네 학교의 운영과 관리는 교장 혼자 하기보다는 교사협력팀에서 공동 운영하고 있으며, 학교 프로젝트 결정이나 당면 과제의 해결을 위해 교사협력팀은 정기 회의를 제도화하고 있다. 학교 운영과 관련하여 교사 모두 공동책임이 있지만 학기 초 행정 · 시설 · 교육 영역으로 역할을 분담하여 조직도를 만든다. 교사협력팀은 교사위원회(conseil des maîtres)를 조직하여 학교의 원활한 운영을 보장하고, 중대한 결정 사항은 학교와 지속적으로 논의하여 결정한다.

학교의 운영 규정에는 학부모와 지역사회와의 관계에 대하여 명시하고 있다. 학부모의 요구와 기대를 고려하여 학교계획을 세우고 있으며, 교내외 활동에서 학부모 협력에 대한 요청이 있으면 이를 적극적으로 반영하고 있다.

프레네 학교는 교육부와의 관계에서 새로운 규정을 제시하고 있으며, 요약하면 다음과 같다. 첫째, 개별 학습자의 특성을 충분히 고려하는 것이다. 둘째, 각 학생은 시행착오를 통해 학습하므로 실수는 학습의 단계와 효과를 다시 확인할 수 있는 중요한 지표가 된다. 셋째, 3년 학습 주기를 명시한 프랑스 교육부의 지침에 따라 이 기간 동안 학습의 지속성을 유지한다. 학교에서 몇 개 학급의 프레네 교사들이 협력팀으로 움직일 때는 학급 간 공동 활동을 적극 권장한다(로리앙 지역 프레네 학교 규정, 2000).

3 프레네 교육학 교수학습

프레네 학교에서 주로 이루어지는 몇 가지 주요 교육활동 사례가 있다. 대표적으로 학급 회의와 쿠아 드 뇌프(Quoi de neuf), 주간학습 계획, 실험적 모색, 학급신문과 자유 글쓰기, 통신교류 활동을 그 예로 들 수 있다. 영유아, 초중등, 성인교육을 막론하고 공통적으로 적용할 수 있는 가장 대표적인 프레네 교육학의 교수학습의 유형을 중점적으로 살펴보고자 한다.

1) 학교 회의, 학급 회의

르 메나에즈와 올리비에(Le Ménahèze & Olivier, 2008)가 에즈네(Aizenay) 초등학교의 민주시민교육에 대하여 언급한 내용을 살펴보면, 대표적 활동으로 학교 회의가 있으며, 학교 회의는 민주주의 사회에서 살아갈 수 있는 능력과 자질을 키우는 기회를 제공한다.

다음의 표는 학교 내 다양한 회의 시간을 통해 프레네 학교 학생들의 자율적이고 자발적인 생활을 엿볼 수 있다. 제시하고 있는 회의 종류는 모두 네 가지로 학급 회의, 학교 회의, 도서관 운영 회의, 식당 운영 회의 시간이 있으며, 각 회의 안건에는 학생들이 학교생활을 하며 겪는 여러 갈등 상황이나 불편한 점, 생활 규칙 등이 있다. 학급생활과 도서관, 식당을 이용하는 학생들의 의견을 적극적으로 수렴하고 있다.

학급 회의	학교 회의	도서관 운영 회의	식당 운영 회의
• 주 1회 모임 • 학급의 일상적인 생활 관리 • 생활 규칙 제정 • 개인적인 갈등 해결 방안 검토와 생활 규칙 준수 여부 확인 • 학교 회의, 도서관 운영 회의, 식당 운영 회의 대표자 위임	• 각 학급(초1~5)에서 두 명의 대표가 2주에 1회 참석 • 학교생활 관리 • 주요 안건은 학생들 사이의 갈등 해결을 위한 노력 방안 • 학교생활 규칙 안내	• 도서관 사서와 두 명의 학급 대표가 주 1회 회의 진행 • 도서관 운영과 관리(이동, 도서 대출, 프로젝트, 전시회, 인터넷 공간 활용) • 도서관 이용 규칙 제정 • 학급의 프로젝트를 도서관에 알리고 다른 학급에도 홍보하는 역할 • 도서관 프로젝트 홍보(학급-도서관 상호 교류)	• 학교식당 관계자와 학급 대표가 3개월마다 1회 회의 진행 • 식당 메뉴에 대한 비판적 의견 수렴 • 식사시간을 개선하기 위한 창의적 아이디어 공유

출처: Le Ménahèze & Olivier (2008). 김영주 · 송순재 · 신은희 · 진영효 · 황성원 엮음(2009). 프레네 교육의 첫걸음. 2008년 프레네 교육 참실대회 및 직무연수 자료집. 33.

학급 회의에서 학생들은 일주일의 생활을 반성하면서 필요한 사항을 제안하고 친구들의 칭찬할 점, 축하할 일, 비판하고 싶은 일 등을 알려 준다. 주 1회 혹은 2회 개최하는 학급 회의에서 한꺼번에 말할 수도 있고 동시에 벽신문, 화이트 보드, 회의 노트 등에도 적을 수 있다. 한 명의 책임자가 학급 회의를 주재하고, 학교 회의는 각 학급에서 두 명의 대표자가 모여 구성한다.

학교 회의는 어떠한 사항을 결정하는 데에 제안하기, 토론하기, 결정하기, 적용하기 순서로 진행한다. 한번 정해진 안건을 기록하고, 다음 회차의 회의에서는 그 안건을 어떻게 학급에 적용하였는지를 알아본다.

합의한 안건을 적용하였는지 조사하는 학생들은 회의의 마지막 단계에 정해지고, 교사는 그들을 도와 학급의 결정 사항을 끝까지 잘 지키도록 지도한다. 다음은 게팽(Guépin) 초등학교 5학년 학급 회의의 내용을 기록한 자료이다(Le Ménahèze & Olivier, 2008).

[게팽(Guépin) 초등학교 회의 안건 제시]

일정	제안/비판	결정 사항	적용 여부
9월 5일	학급에서 하루 일과를 이끄는 책임자가 있었으면 하여 이를 제안하였다.	하루 일과의 진행을 이끄는 책임자가 있게 될 것이며, 회의에서는 진행자가 누구인지 교사가 결정할 것이다.	주초에 하루 일과를 이끄는 책임자를 정하였고, 학급 회의 사회자는 금요일 아침에 정하였다.
9월 26일	학급에서 '물물교환' 시간을 갖자고 제안하였다.	물물교환의 시간을 가질 것이며, 물건 앞에 큰 종이를 놓아 학생들이 알고 있거나 조사한 것을 적어둔다. 책임자: 파티마, 조르단	제안 이후 매주 목요일 오후에 물물교환의 시간이 이루어졌다.
10월 17일	한 친구가 규칙적으로 정리정돈이 이루어지지 않는 교실에 대해 불평하였다.	집에 가기 전 오후마다 교실을 정리하기로 하고, 담당 학생은 친구들에게 하루 일과 동안 결정 사항을 자주 알려 준다.	교실이 정돈되었을 때, 귀가하고 일일 담당 학생이 허락하였을 때 교실 밖으로 나갈 수 있었다.
11월 7일	수업 중 신체 표현을 하자고 제안한다.	신체 표현의 시간을 갖자고 하며 음악을 들려준다. 격주로 목요일마다 체육 시간과 교대로 진행한다.	격주로 목요일마다 시행하므로 아이들과 교사는 여러 가지 노래 CD를 가져왔다.
12월 5일	아침마다 학교에 지각하는 친구들은 오후 늦게 귀가해야 한다고 제안하였다.	이따금 늦게 오는 친구들은 너무 일찍 등교하도록 권고하고, 학부모와 상담한다.	학교-가정 연계 노트에 적어 지각 사항을 부모에게 전달하였다.

출처: Le Ménahèze & Olivier (2008). 김영주 · 송순재 · 신은희 · 진영효 · 황성원 엮음 (2009). 프레네 교육의 첫걸음. 2008년 프레네 교육 참실대회 및 직무연수 자료집. 34.

2) 쿠아 드 뇌프(Quoi de neuf)

쿠아 드 뇌프는 프랑스어로 '무슨 새로운 소식이 있나요?' 혹은 '새로운 소식은 무엇인가요?' 라는 의미로 프레네 학교에서는 매주 초 월요일이나 목요일 아침에 2회 진행하는 경우가 많다. 쿠아 드 뇌프의 교육적 기능은 학급 내의 긴장을 풀어 주고 가정과 학교생활을 연계해 준다. 학생은 구두 표현을 자유롭게 하기 때문에 표현력, 발표력, 자존감, 자신감 등을 키울 수 있다.

비위드(R. Viudes)는 쿠아 드 뇌프를 하는 이유를 다섯 가지로 요약하였다. 첫째, 말을 자유롭게 하게 하여 심리적 갈등이 있을 때 치유적 기능을 할 수 있으며, 개인의 실존에 대한 고민을 줄여 줄 수 있다. 아울러 전쟁, 아동권리, 자연재해 등에 관한 시사적이면서 현실적인 문제에 대처할 수 있는 간단한 생각을 공유한다. 둘째, 가정과 학교의 문화가 상호 소통하는 중간 역할을 담당할 수 있으며, 셋째, 학급에서 일주일 동안 진행할 수 있는 프로젝트의 주제를 정하는 시간이다. 넷째, 모든 학생이 언어 예절과 태도를 배워 발언권을 얻는 방법도 터득할 수 있다. 교사는 이러한 진행 사항을 기록하여 학급신문이나 자유글쓰기 소재가 될 수 있으므로 한순간도 놓치지 않고 기록해야 한다(Chabrun & Le Ménahèze, 2007).

이렇듯 프레네 학교에서 아침마다 교사와 학생들이 모여 하루 일과를 시작하기 전에 새로운 소식이나 전달사항이 있으면 서로 나누면서 정서적 교류를 하고, 새로운 일에 대한 계획도 함께 세운다(황성원, 2010).

3) 주간학습계획

프레네 학교의 학생들은 매주 교사와 주간학습계획을 세움으로써 학습계약을 맺는다. 학습계약을 맺은 후, 일주일 동안 자신이 약속한 학습계획에 대해 책임감을 갖는다. 학습 내용을 이해하기 위해 여러 가지 방법을 동원할 수 있는데, 대부분의 학생은 또래 친구의 도움을 선호한다. 학습에 도움을 주는 사람은 친구일 수 있지만, 무엇보다도 교사가 가장 큰 역할을 한다. 교사는 시간을 잘 관리하지 못하거나 학습을 조직하는 데 어려움이 있는 학생에게 도움을 준다.

주간학습계획서를 만들어 학생들이 스스로 계획을 세워 평가하도록 하며, 부족한 부분이 있다면 다음 주 학습계획서에 다시 그 목표를 설정해 달성하도록 안내한다. 이러한 과정을 통해 자기 주도적 학습이 가능하며, 일정 기간 동안 자신이 해야 할 일이나 활동이 무엇인지 알고 자신의 능력과 수준, 관심 분야에 맞게 학습 내용을 자율적으로 선택할 수 있다.

프레네의 주간학습계획은 프레네 교육학을 적용하는 영유아보육 및 교육기관부터 중고등학교까지 다양하게 적용할 수 있다. 영유아의 경우에는 집단 활동과 개별 활동을 구분하여 진행하고 색깔로 표시하게 한다면, 초등학생과 중등학생의 경우에는 학습한 내용과 결과를 꼭 기록으로 남겨야 한다. 중학생 이상의 청소년에게는 2주 단위로 학습계획을 세울 수 있다.

프레네가 직접 사용했던 주간학습계획서를 소개하면 다음과 같다.

[프레네가 사용하던 주간학습계획서]

학교 이름(　　　　　)　　　　　성명(　　　　　)

학습계획

날짜: 월 일에서 월 일까지

연산 (　　　　　　　　　　　　　　　　　)
문법 (　　　　　　　　　　　　　　　　　)
역사 (　　　　　　　) 지리 (　　　　　　　)
과학 (　　　　　　　) 발표 (　　　　　　　)
텍스트 (　　　　　　　)
수작업 (　　　　　　　　　　　　　　　　　)

주간 개별 학습 기록 (　)호

학부모 사인 :　　　　　　　　교사 사인 :

다음에 소개하는 주간학습계획서[30]는 쓰기, 읽기, 국어 개별 학습, 수학 개별 학습, 탐구 학습, 협동생활 등과 같은 항목이 들어가 있고, 주 중에 이해하지 못한 내용을 적는 공간도 있다. 평가에는 학생 자기 평가, 교사평가, 학부모 평가가 있고, 일주일 동안 학습한 내용과 다음에 이어서 공부할 내용을 적는 공간이 있다.

---

30) 주간학습계획서는 여러 선행 논문에서 이미 소개한 바 있다. 항상 동일한 양식의 계획표를 제시하였던 것은 아니지만, 형태가 비슷하여 반복적인 소개인 것처럼 보여질 수 있다. 사실 프레네 교사마다 학급의 수준과 학생의 학습능력을 고려하여 각기 다른 양식을 제작하여 활용하고 있다.

[초등학교 5학년 주간학습계획표][31)]

- 번: 번호 수 기재
- 기간: 일에서 일까지
- 자율 학습: 나는 나 혼자 공부할 줄 안다.
- 튜터링 친구: 나는 친구나 선생님의 도움이 약간 필요하다.
- 교사의 지도: 선생님께서 나의 학습에 도움을 줄 것이다.

시작한 학습 / 끝낸 학습	월요일	화요일	목요일	금요일
쓰기 – 대문자를 배운다. – 역사, 동시, 요리 순서, 편지 등을 쓴다. – 내가 쓴 글, 동시, 문단 등을 수정하고 베껴 쓴다.				
읽기(책 소개 카드) 동물카드, 독서록, 독서카드				
국어 개별 학습 (학습카드 ( ) 호, 시험 ( ) 호)				
수학 개별 학습 (사칙연산카드, 수학 문제, 학습카드 ( )호, 시험( )호, 수 탐구)				
탐구(과학, 역사–지리...)				
협동생활 나의 이번 주 책임( )				
나는 ( )을(를) ( ) 활동에서 도와 주었다.				

- 나는 몇 개의 시험에 통과했나요? ____________________
- 나는 몇 개의 녹색 신호를 받았나요? ____________________
- 나는 어떤 활동을 끝내지 못했나요? ____________________
- 내가 이해하지 못한 것은 무엇인가요? ____________________

학생 평가 (철자를 주의하여 쓰다)	교사 평가	학부모 평가

다음 주, 나는 ____________________을(를) 학습할 것이다.

31) 여기에 소개한 초등학교 학습계획서는 일주일 중 수요일이 없는데, 프랑스는 수요일이 전통적으로 교리를 배우는 날이었다. 그러나 2013년 1월, 토요일 오전 시간을 수요일로 옮겨 주 5일 연속으로 학교를 운영하는 법령이 만들어졌다. 현재는 토요일 대신에 수요일 수업이 있다.

4) 자유 글쓰기

자유 글쓰기는 학생에게 독립된 작가의 지위를 부여할 수 있다. '자유'의 뜻은 학급 내에서 다양한 상황의 글쓰기 소재가 있다는 것을 의미한다.

자유 글쓰기의 글은 학생 전원이 참여하므로 번호를 매기고 인쇄를 하여 학급신문에 공개하며, 학급생활책(cahier de vie)의 자료에 포함하거나, 통신교류하는 학생에게 발송한다. 이렇게 학생의 글은 학급의 읽기 자료와 함께 학급의 문화적 자산으로 쌓여 간다.

자유 글쓰기는 프레네 교육학을 대표하는 프레네 테크닉으로 학급에서의 자유, 해방된 글 또는 글쓰기라고 표현할 수 있다. 프레네는 "자유 글쓰기는 정말 자유롭게 써야 하고 동기가 있어야 하며, 학교나 학급에서 하는 일, 또는 학습의 출발점이자 구심점이어야 한다."라고 하였다(Vergnioux, 2005).

프레네의 자유 글쓰기는 학습의 기술이나 방법으로 제한하여 정의할 수 없다. 중고등학교에서도 부분적으로 글쓰기 수업을 실천할 수 있다.[32] 또한, 글쓰기는 자신을 다시 발견하게 하는 심리 치유적 기능을 갖고 있는 훌륭한 소통의 도구이다. 이처럼 자유 글쓰기는 창조의 기쁨을 줄 수 있다(Baudry, 1973; Vergnioux, 2005, 재인용).

글쓰기는 학습과 관련 있는 학교 공간을 넘어 사회적 소통이며, 참여와 연대, 그리고 책임 의식을 키운다. 베르니우(Vergnioux, 2005)는 자유 글쓰기를 하고 있는지의 판단 기준을 다섯 가지로 제시하였다.

---

32) 게랑드(Guérande) 중학교의 기요(Guillot) 교사가 도입한 컴퓨터를 활용한 자유 글쓰기 수업은 '3분 발표'와 연계하여 2주마다 세 개의 자유 글쓰기를 하도록 격려한다.

첫째, 자유 글쓰기는 그림, 춤, 드라마, 연극 등을 포함하는 '자유 표현'의 실제와 깊은 연관이 있다. 둘째, 자유 글쓰기 도구에는 인쇄출판 활동과 학급신문 제작 등이 있다. 셋째, 자유 글쓰기는 무엇보다 소통의 실천이다. 표현하기 전에 학생들에게 교육 매체를 공동으로 사용하게 하여 학급 친구들 간 소통을 우선적으로 하도록 권장한다. 넷째, 자유 글쓰기는 평가받지 않는다. 다섯째, 매우 기능적으로 접근하여 글을 쓰는 대신에 심미적이고 시적인 '문학적 글쓰기'의 가능성을 기대할 수 있다.

N°28
MAGACOOL
sommaire
p.2 : vacances de Noël
p.3-4 : Nos textes
p.5-6 : Habillage d'une paysanne provençale en 1860
p.7 : L'exposition des costumes provençaux - Les restaurants du coeur
p.8 -9 : La vieille ville de La Garde
p. 9 : l'atelier de bois d'olivier
p.10 : le rocher de La Garde
Nos textes
P.11 Jardinage
MAGAZINE DE LA CLASSE DE CE2
école MAURICE DELPLACE -La Garde - mars 2003
responsable de la publication: Florence Saint-Luc

▼ 초등학교 3학년 자유 글쓰기 모음집

프레네의 자유 글쓰기가 우리나라 교육 현장에 매우 생소한 내용은 아니다. 학생들의 자유 표현을 보장하고, 교실 안의 학습 내용으로만 머물던 교육이 아이들의 삶과 연계되고, 더 나아가 가족과 지역사회까지 확대된 것이다. 학생들의 글은 학급신문이나 학급문집의 형태로 발간하여 지역사회에 보급한다. 자유 글쓰기는 교사와 학생, 학생과 학생, 가정-학교-지역사회 간 소통의 수단이 되며, 우리나라 교육에서 이미 알고 있고 적용해 온 익숙한 교육실천의 모델이라고 할 수 있다.

5) 말하기 교육

프레네 교육학에서 협력은 교사와 학생, 학생들 사이의 의사소통 능력에 달려 있다. 언어, 특히 말은 힘의 표현으로 화자의 성격과 정체성을 보여 준다. 무엇보다도 말은 의사소통의 도구이며, 쓰기보다 더 자주 사용되지만, 우리는 말보다 쓰기 교육을 더욱 강조해 왔다.

말하기 교육의 부재는 세련되지 못한 구어 표현과 올바른 대화 예절, 진정한 토론문화의 정착에 걸림돌이 되고 있다. 그동안 프랑스 교육개혁의 변화에서도 볼 수 있듯이 말하기 교육에 대한 강조는 쓰기 위주 교육방법을 구어 표현 중심의 교육으로 전환하고 있다.

아동에게 발언권을 주는 것은 프레네 교육학의 가장 기본적인 가치의 하나이다. 일을 협력적으로 조직하는 가운데 자유 표현(expression libre)이 이루어지고, 다양한 교육 매체와 수업 도구, 학급 회의의 운영 등은 학생들에게 단순한 발언이 아닌 상호 의견을 교류하는 기회를 제공하고 있다.

프레네 교육학을 실천하는 교사들은 프레네 교실이 일반 교실과 겉으로는 비슷해 보이지만, 사실 교사와 학생 간 소통 방법에서 차이가 난다고 말한다.

그러면 프레네 교실에서는 말하기 교육을 어떻게 실시하고 있는가?

첫째, 일상의 언어를 창의적으로 표현하기 위해 유아와 아동은 쿠아 드 뇌프(Quoi de neuf) 시간을 갖거나, 청소년을 대상으로 '비형식적 토론(débat informel)'을 개최한다.

둘째, 일상적 언어 수준을 넘어 조직적이고 계획적인 언어와 평가 언어를 사용한다. 학급 책임자로서의 발언, 학급 회의에서 문제와 갈등을 해결하는 의견 교류, 창의적 언어 표현은 초중등학교 기간 동안 다양하게 표현될 수 있다. 또한, 라디오와 비디오를 이용한 실제적인 의사소통의 매체를 활용할 수 있다. 녹음기에서 컴퓨터 편집까지 학생의 목소리와 활동 장면을 녹화하여 편집하기도 한다.

셋째, 정식 토론을 포함하여 동료 학생이나 교사에게 설명하고 설득하는 구어 표현이 있으며, 중등학교는 토론과 발표 등과 같은 형태를 권장한다.

이처럼 프레네 교육학에서 말하기 교육은 중요한 위치를 차지한다. 델캉브르(Delcambre, 2007)는 일반 초등학교와 프레네 초등학교에서의 말하기 교육 실태를 관찰 비교한 결과, 프레네 교실의 학생들이 말할 기회가 더 많이 있으며, 특히 수학 교과에서의 구두 표현이 더욱 활발하다고 하였다.

초등학교 3~4학년의 연합발표 시간의 말하기 활동은 일반 교실과는 전혀 다른 모습을 보여 준다. 학교에서의 말하기 교육은 발표, 학습 안내, 보고, 학교 회의 등의 순간에 이루어지며, 학습 결과물을 전시하거나 주제 토론 시간에 통합하여 진행한다. 프레네 학교 1학년과 다른 학교 동일 학년의 말하기 교육의 실태를 비교했더니 프레네 교실에서 교사와 학생 간의 말하기 교육이 50% 이상을 차지하였다. 다른 학급의 경우에는 약 30% 정도를 차지하는 정도였다.

말하기 교육의 형태는 매우 다양하게 나타난다. 교과 학습과 연관하여 교사는 아동이 말한 글을 써 주고 크게 읽어 주거나, 수학 문제를 푸는 과정과 그 답의 타당성을 명확하게 설명하기도 한다.

쿠아 드 뇌프(Quoi de neuf)에서는 개인 소개의 시간을 갖고, 생활 규칙을 기억하는 등 말하기 시간이 개별적으로 이루어진다. 노농

(Nonnon, 2006)은 교실에서 말하기에 많은 시간을 할애하는 것과 다양한 유형의 말하기 교육을 적극 도입한 점이 바로 프레네 학교의 특성이라고 하였다.

또 다른 말하기 교육의 차원에서, 학생들은 미리 공부하고 싶은 학습 주제, 학습방법(1인 또는 2인 학습)을 제안할 수 있다. 자율적으로 자료 조사나 게시판을 활용하여 소개하거나, 발표 준비를 마치면 칠판에 이름을 적고 6분 정도 소개하는 시간을 가지며, 동료 학생들이 또래 친구의 발표에 대해 평가자의 역할을 한다.

교사와 학생 모두 집단의 구성원일 뿐이며, 이러한 방식을 일과 시간에 포함하여 운영한다면 교육과정에 포함된 말하기 교육시간이라 하겠다.

말하기 교육은 발표 주제나 소개하고 싶은 물건을 학생의 관심사와 연관시킨다. 예를 들면, 개인적 경험과 특정 관심 분야가 말하기 주제가 된다(Nonnon, 2006). 학생이 발표 준비를 끝내면 발표의 시기와 시간을 선택할 수 있다. 교사는 발표 주제가 학급 전체 학생의 흥미에 부합하도록 반응할 줄 알아야 한다. 교사 반응의 예로는 기존에 다루어진 상황과 유사한 상황을 만들어 내기, 색깔을 통해 지식을 구성해 가기, 크기 비교하기 등이 있다(Delcambre, 2007). 이처럼 말하기 교육은 교사의 역량에 전적으로 의존하며, 교사의 민감하고 적절한 반응이 절대적으로 필요하다.

4 프레네 교육학 실천사례

1) A 교사의 실천

다음은 A 교사가 프레네 교육학을 처음 도입한 교수학습의 경험을 기술한 내용이다.

A 교사가 근무를 시작한 학교는 열악한 환경이었으며, 프레네 교육학을 도입하고자 노력하였다. 그는 먼저 집단생활에서 필요한 규칙을 제정하였다. 이 규칙은 학생들과의 토론을 통해 결정하였고, 정해진 규칙을 학생들과 공유하였다. 규칙 제정을 위해 학생회장을 선출한 후, 학생 자신이 할 일이 무엇이며, 급우들과 함께 어떻게 지내야 하는지를 알아가도록 했다. 이렇게 규칙 제정의 책임을 맡은 학생회 이외에 A 교사는 아틀리에 활동을 진행하고자 많은 교수학습 자료를 제작하였다(Aslanian, Chabrun, Le Ménahèze, Mathieu, Mazurie, & Saint Luc, 2005).

처음에는 두 그룹의 읽기 아틀리에와 한 그룹의 '융합' 아틀리에[33]를 구성하였다. 학생들은 아틀리에 활동시간 동안 토론하고, 서로 합의한 활동에 자발적으로 몰입하였다.

그는 1개월 후 많은 운영 지침이 학급에 정착되었다고 한다. 명료한 지침과 엄격한 운영 방안을 학부모, 아동, 교사 모두에게 전달하는 것이 매우 중요했다. 지침과 운영에는 성적표, 학습계획, 학급신문, 개별과제 등과 관련 있는 내용이 있다.

---

33) 이 아틀리에는 프랑스어로 atelier de technique opératoire이다. 교과 융합의 성격을 가진 아틀리에는 문법, 동사 변화, 문제 해결, 기하, 측정 등과 관련 있는 학습 내용을 다룬다.

학생들은 기존의 학급 운영과 전혀 달라 새로운 학급 분위기를 접하면서 빠르게 적응해 갔다. 학생들에게 부여된 조건으로 먼저 과제를 성공적으로 수행하기 위해서는 글쓰기를 해야 한다. 말하자면 무엇을 소개하는 글에서 어떠한 결과물을 내기까지 노트에 상세히 기록해야 한다.

두 번째 조건에는 새로운 교육방법의 실천을 위해 말하기를 도입한다. 말하기 능력은 타인의 말을 잘 경청할 수 있을 때 키워진다. 다시 말해서 다른 사람의 말을 주의 깊게 듣지 못하면 말을 잘할 수도 없다. 학급에서 발언을 주도하는 사람은 주로 교사들이었고, 교사를 통해 발언권이 정해졌다. 다음 단계로 나아가려면, 집단 활동이 서서히 정착되어야 했고, 그런 가운데 학생 개인의 모습이 돋보이게 된다.

프레네 교육학에 기초한 수업은 우선 쿠아 드 뇌프(Quoi de neuf)를 실천하는 것이다. 모든 학생이 주 2회 정도 전체 학급 친구들 앞에서 자신을 표현할 기회를 누린다. 주제를 정한 모든 학생은 자유롭게 말로 표현한다.

새 학년을 시작한 9월 이후, 학급 운영에 관한 의견을 묻는 학생회에서 새로운 교육방법에 대해 만족감을 나타냈다. 무엇보다도 같은 학급의 모든 학생이 동시에 같은 활동을 하지 않는 것에 감탄했으며, 학습 내용을 빠르게 이해한 학생은 새롭게 배운 지식을 다지기 위해 개별 심화학습을 할 수 있음을 좋아했다. 또한, 프로젝트 학습을 도입하여 학생들이 직접 준비하는 과정에 의미를 두었고, 학습 진행에 내적 동기를 부여해 주었다.

A 교사는 협력 학습을 진행할 때, 교사의 학급 운영이 능숙해야 하며, 교사가 학생들과 함께 학습할 수 있도록 적절한 시간 사용 계획과 맞춤 전략이 필요하다고 보았다.

2) B 교사의 실천

이 내용은 프레네 교육학의 실제 사례이며, B 교사가 어떠한 교육을 적용했는지 소개하고 있다.

B 교사는 2005년 현대학교협의회(ICEM)에서 연수를 기획하고 진행하는 책임자였으며, 프랑스 북부 지역에서 프레네 교사 그룹의 일원으로 활동하고 있었다. 그가 소개한 실천사례는 7명의 동료 교사들이 8개 학급에서 얻은 경험이라고 말했다. 오래된 수업 모델이었던 '수업-연습문제-평가'라는 3단계 과정에 변화를 주려는 결심에서 프레네 교육학을 시도하였다. 교사들이 프레네 교육학 연구팀을 만들어 프레네 테크닉을 실천하는 과정을 소개하고 있으며, 구체적이고 실천적 경험을 바탕으로 한다(Aslanian et al., 2005).

(1) 쿠아 드 뇌프

하루 일과는 아침을 열어주는 시간을 배치한다. 이 시간을 쿠아 드 뇌프(Quoi de neuf)라고 부르며, 우리말로 아침 열기, 여는 시간 등으로 다시 쓸 수 있다. 쿠아 드 뇌프는 매주 월요일과 목요일 아침 또는 휴일 다음 날에 배치한다. 학생들이 경험하거나 참여한 일상의 일이나 사건, 좋아하는 물건 등을 가져와 설명하거나 소개하는 시간이다. 이러한 새로운 소식을 모아 학생들이 학급생활책(cahier de vie)에 적거나 교사가 자료를 다시 생성하기도 한다.

프레네 교육학 중에서 가장 쉽게 적용할 수 있는 수업기술이며, 이에 대해 구체적인 진행 방법을 살펴보고자 한다. 샤브랭과 르 메나에즈(Chabrun & Le Ménahèze, 2007)는 『교실에서의 말하기: 쿠아 드 뇌프(*La parole dans la classe : l'entretien, le "Quoi de Neuf?"*)』(2007)라는 제목의 소책자에서 쿠아 드 뇌프를 잘 진행할 수 있는 방안을 설명하고 있다.

쿠아 드 뇌프를 진행하기 위해 교육도구나 재료가 필요하지 않지만, 매일 아침 또는 최소한 주 2회마다 똑같은 이야기가 반복되지 않도록 유의해야 한다. 학생들이 말로 표현하는 내용은 그들이 배우는 학습 내용의 원천이 되기 때문이다. 학생들이 말하기를 통해 표현한 내용을 글쓰기 활동으로 확장하여 자료를 찾아보고, 예술교육 또는 수학 문제의 해결로 연결될 수 있다면 쿠아 드 뇌프가 교육적 의미를 갖는다.

이 시간에 교사는 말하기를 좋아하는 아동에게 어느 순간 침묵하며 타인의 말을 경청할 수 있도록 지도한다. 쿠아 드 뇌프에서 다룰 수 있는 주제는 꿈 이야기, 개인적 일이나 사건, 독서 경험, 개인 정보, 욕구와 희망과 괴로움, 프로젝트, 일이나 학습의 제안 등 매우 광범위하다. 교사의 역할은 표현의 질을 높이고 명료화하며, 학생들에게 호기심을 갖도록 질문하고 세심하게 관심을 갖는 데 있다. 여기서 얼마나 학생들이 잘 경청하는가에 따라 학급 분위기가 달라진다.

또 다른 유의사항은 쿠아 드 뇌프의 진행 시간이다. 보통 15분 정도에서 최대 30분까지 가능하지만, 길어지면 실패할 가능성이 커진다. 일부 학생은 표현하기를 즐기지만, 이 시간이 단순히 언어교육의 시간이라면 쉽게 흥미를 잃는다. 쿠아 드 뇌프는 수다스럽게 떠드는 시간이 아니라 교사의 개입을 최소화하여 학생들이 책임감을 느끼고 진행하도록 안내한다.

그러면 어떠한 순서대로 진행할 수 있는지 알아 보자.

첫째, 학생들이 조용히 앉아있으면 "누가 말하고 싶거나 보여 주고 싶은 것이 있나요?"라고 물어본다. 간혹 말하는 순서를 미리 정하여 사전에 준비하라고 요구할 수 있으나, 자발성이 떨어질 수 있고 솔직한 표현을 방해할 수 있다.

둘째, 교사는 경청의 질을 고려하여 대화가 이루어지는 상황을 내버려 두고 필요할 때 개입한다.

셋째, 최대 15분 정도 진행되는 동안 모든 학생이 한 번 정도 표현할 수 있는 기회를 갖는다. 물론 예외가 있지만 각 학생이 말하는 시간을 제한한다.

넷째, 보여 주고 싶은 물건은 하루 일과 내내 교실 공간에 진열할 수 있다.

이렇게 진행한 쿠아 드 뇌프 시간에 학생들이 표현한 주제는 심화 학습으로 발전할 수 있다. 예를 들어, 한 학생이 역사에 관한 TV 프로그램을 봤다면 학생 집단은 이 주제를 구체화하여 발표 자료를 준비할 수 있다. 또는 형식을 갖추어 정해진 시간에 길게 토론을 하기도 한다. 쿠아 드 뇌프의 주제가 프로젝트로 확장되는 순간이다.

사실 쿠아 드 뇌프는 교실에 개인적인 삶이 드러나는 발언의 시간이다. 이 시간의 학습 목표와 학습 내용을 제시하면 다음의 표와 같다.

학습 목표	학습 내용
• 학생들이 말한 내용을 깊이 생각한다. • 친구들이 자신을 잘 이해할 수 있다. • 질문을 하고 그 질문에 답할 수 있다. • 글을 쓰기 위해 아이디어를 찾고, 수학과 예술, 시, 철학, 지리, 역사, 과학 탐구와 관련한 주제를 탐색한다. • 교실, 학교, 지역, 도시, 국가, 세계에 살고 있음을 안다.	• 학생들이 겪었고, 보았고, 들었던 것을 말한다. • 우리에게 마음에 드는 물건을 보여 준다. • 학생이 직접 만들었거나 성공한 사례를 소개한다. • 악기를 연주하거나 노래를 제안한다. • 우리가 좋아했던 글이나 시를 읽는다. • 세상의 사건, 시사적 주제를 말로 표현한다. • 친구들의 말을 경청한다. • 다른 학생들이 흥미를 갖는 것이 무엇인지 잘 들어 본다.

다음은 학생들에게 직접적으로 적용 가능한 내용으로 교사는 아래와 같은 순서대로 실제 시도해 볼 수 있다.

① 서기 역할을 하는 학생을 먼저 찾는다. 그는 쿠아 드 뇌프 노트에 발언하는 학생들의 이름을 기록한다.

② 쿠아 드 뇌프를 진행하는 데 필요한 규칙을 확인한다. 예를 들면, 최근에 직접 겪은 사건에 대해 말하기, 이야기 들려 주기, 시사적인 기사 읽기, 물건 또는 동물 소개하기, 사진을 보여 주며 말하기 등의 활동이 가능하다고 안내해 준다.

③ 발언을 요구한 학생들에게 기회를 제공한다.

④ "누가 질문하고 싶은가요?"라고 묻는다.

⑤ 질문 내용을 깊이 알고 싶은 학생이 있는지 묻는다. 만일 그렇다면 벽에 붙인 학습계획서에 기록한다.

⑥ 쿠아 드 뇌프 시간을 초과하지 않도록 주의한다.

⑦ 발언을 요청한 모든 학생이 다 표현할 수 있는 기회를 준다.

⑧ 발언을 하지 못한 학생은 다음 회차의 쿠아 드 뇌프 시간에 우선

적으로 말할 것을 서기가 기록한다.

⑨ 쿠아 드 뇌프를 종료한다.

교사는 쿠아 드 뇌프에서 얻은 내용으로 무엇을 할 수 있을까? 발표와 자료 찾기를 제안하거나, 주변 환경에 대해 탐구할 수 있다. 또한, 자유 글쓰기를 하거나 시를 짓고, 예술적인 작품을 만들거나 수학적 창조 활동으로 확장한다. 다른 학교와 통신교류를 하여 편지나 e-메일에 답하거나 토론을 준비한다.

(2) 자가수정카드

공동으로 생활하는 학급에 개별 학습을 정착시키는 것은 매우 흥미롭다. 이런 학습은 개인의 리듬을 고려하여 주로 교실 한 곳에 낱장으로 정리되어 있는 종이 파일을 찾아 문제를 풀거나, 자료를 읽고 확인할 수 있는 학습카드를 활용한다. 주 중에 배운 내용의 오답을 스스로 확인할 수 있는 학습 자료를 자가수정카드(fichiers autocorrectifs)라고 부른다. 교사는 학생들에게 정확한 자가수정카드의 사용지침을 안내하여 개별 학습을 원활히 진행하는 데 도움을 준다. 예를 들어, 카드를 찾는 법, 옮기는 법, 정리하는 법, 스스로 수정하는 법 등을 배운다. 이 수정카드는 주로 프레네 교육자료를 시리즈로 출판하는 프랑스 현대학교 출판사(PEMF)[34]에서 구입한다.

프레네 교육학을 정착시키는 첫 단계에는 쿠아 드 뇌프, 자유 글쓰기, 개별 학습의 도입이 우선적으로 이루어진다. 개별 학습은 문제를 통해 배운 학습 내용을 확인하는 과정을 반드시 포함해야 한다.

34) PEMF(Publication des l'École Moderne Française)는 프레네 교육운동과 관련한 자료를 발간하는 출판사를 말한다.

(3) 학교 간 통신교류

학생들이 만들어가는 학급의 문화유산의 범위를 확대하여 다른 지역의 학생들과 교류하고 관계를 유지하는 것이 매우 흥미로울 때가 있다. e-메일이나 우편으로 상호 연락이 가능한 학급을 정해 학교 간 통신교류 활동을 도입할 수 있다. 통신교류를 하려면 상호 교환할 수 있는 물건이나 편지가 있는 것이 바람직하다. 편지나 소포에는 주로 글, 학급생활책, 학급에서 일어난 재미있는 사건 모음집과 새로운 소식지 등을 포함하고 있다.

통신교류 활동의 장점은 학교나 학급의 환경이 우리의 것과 다르면 다를수록, 학생들이 궁금한 점이나 호기심이 커지기 때문에 지역 간 활발한 교류 활동이 될 수 있다는 것이다.

B 교사는 아프리카 세네갈 학생들과 교류하고 있고, 그 친구들이 보내온 편지에 나타난 이국적인 분위기를 자신의 학급 학생들에게 보여 주었다. 예를 들면, 아프리카 학생들이 다니는 학교에 두 번째 수도꼭지가 설치된 사실을 써서 편지를 보내 주었고, 그런 사실이 너무 중요하다고 하였다. 아프리카 친구들의 학급생활을 전해 들으며, 물을 편리하게 사용하는 방법이 학습의 주제가 되었다. 이처럼 학교 간 통신교류는 다른 지역이나 국가에 사는 학생들의 생활을 더 잘 이해하면서 각자의 삶에 대한 소중함을 새롭게 느낄 수 있다.

(4) 지역사회 탐구

지역사회 탐구를 시작할 때, 단순한 방법으로 진행해야만 한다. 학생들은 초기 자료를 자기 방식대로 이야기한다. 그들의 부모나 이웃에게 물어보고 얻게 된 증언들을 포함한다. 이어서 책이나 인터넷을 통해 정보를 탐색하여 관련 자료를 더 많이 수집한다.

처음부터 수행하는 과제는 매우 개인적인 성격을 갖고 있다. 학급에서 진행한 탐구 주제의 예로는 '모로코 여행', '나의 강아지', '거북이' 등이 있다. 학생들이 자신에 대해 말하는 것을 원칙으로 한다.

교사는 학생들에게 A3 크기의 용지 위에 예쁜 제목을 짓고, 간단한 자료를 작성하라고 요구한다. 종이 위에 3~4문장의 짧은 글을 적은 후, 복사하고 사진과 그림을 첨가하여 붙인다. 여기에서 그림은 매우 중요한 자리를 차지한다. 한나절 내내 혹은 수업을 진행하는 동안 첫 번째로 학생들이 준비한 자료가 차곡차곡 쌓여 간다. 이처럼 교실에 많은 자료가 모여 학급의 문화유산이 되어 간다.

예를 들면, 미술관을 다 함께 방문한 후, 함께 했던 공통적 경험에 관한 첫 자료는 다 함께 만들어 본다. 말하자면 각자 A3 용지 크기에 박물관 견학이라는 제목을 붙인다. 3~4개의 작은 기사를 적으며 당시의 느낌과 추억 등에 관해 적고, 몇 장의 사진을 최대한 조화롭게 배치한다. 학생들은 자기 나름대로 시각 자료를 자르고, 글을 쓰고, 자료를 제작하는 등 여러 가지 활동을 시도해 본다. 이렇게 생성된 자료를 친구들 앞에서 소개하는 시간을 가지면 발표 자료가 되고, 다른 학교의 학생들에게 편지나 소포로 보내면 통신교류활동으로 이어질 수 있다.

(5) 주제 발표

학생들 간의 대화가 하루 일과에 안착되어, 학급의 생활이 기록으로 남는다. 이렇게 모인 자료는 학급생활책이 되고, 1인 또는 2인 이상의 학생들이 글을 쓰는가에 따라 개별 또는 집단 학습이 될 수 있다. 우선 학급 시간표에 개별 학습의 시간을 잡고, 자유 글쓰기를 통해 쓰기 표현을 정착시킨다. 또한, 지역사회 탐구에서의 활동이 주제 발표로 이어질 수 있다.

학생들이 직접 작성한 발표 내용은 주제가 전혀 고갈되지 않으며, 자신이 겪은 경험의 민감한 부분까지 언급할 수 있다. 학급 전체 학생들에게 질문하는 시간을 가지며, 가장 기본적인 질문을 통해 탐구 역량을 확인해 본다. 이때, 교사는 학급에서 지역사회 탐구를 잘 진행하도록 통제할 수 있으며, 그들이 발표하는 주제를 역사, 지리, 과학 또는 교사가 느끼는 필요성에 따라 다른 교과와 연결하여 통합적 교육과정을 개발할 수 있다. 이렇게 국가교육의 지침, 동료 교사, 학부모의 입장을 고려하여 새로운 교육의 가능성을 모색해 본다.

(6) 수학 수업으로 전이

프레네 교육학을 처음 실천할 때, 모든 교실을 교과목 수업의 형태로 반드시 변화시켜야 하는 것은 아니다. 더구나 수학 교과는 전혀 바꾸지 않고도 프레네 교육학으로 실천할 수 있다. 기존의 전통적 교육방법을 활용한 수학교육을 그대로 보존해도 상관없지만, 프레네 교육운동 차원에서 수학교육의 변화를 수학적 창조 활동(création mathématique)이라 부르며 시도한 몇 가지 사례를 소개할 만 하다.

프레네 교육학에서, 개별 학습 도구를 통해 수학을 공부하는 학생들은 각자 학급의 주체자로서 참여한다. 자유 글쓰기가 쓰기 표현을 통해 사고를 부르듯, 수학적 언어는 수학적 사고를 이끌어 낸다. 학생들이 수학을 흥미 있게 공부하도록 교사는 다른 동료와 공동 연구 작업을 하거나, 지역 단위 교사집단에 도움을 구하기도 한다. 교사 모임에 주 1회 참여하며, 프레네의 수학교육에 대해 토론하고 학생들이 수학을 어떻게 인식하는지 알아본다.

프레네 교육학에 기초한 수학교육은 학생들이 교실에서 일어난 사건으로부터 계산이나 문제 해결이 필요할 때 수학 문제를 창조할 수 있다.

(7) 예술 활동

프레네 교사들은 학급 프로젝트라는 새로운 시도를 하고, 쿠아 드뇌프와 학급 회의 시간에 자유로운 말하기 활동을 한다. 자유 글쓰기는 자유로운 쓰기 표현 활동으로 이어지고, 학생들이 개별이건 소집단이건 지역 탐구를 한 후 구두 발표를 준비한다.

이처럼 기존에 꾸준히 실천해 온 교육활동을 반영하여 예술교육이 변화하길 기대할 수 있다. 만일 학생들이 글쓰기, 주제 발표, 자율적 학습 태도가 잡히면 이제는 회화, 자유 그림, 신체 표현, 춤, 음악, 연극 등에 참여할 수 있다. 우선 시설이나 재료 구비 정도 면에서, 예술 활동에 필요한 물리적 조건을 갖춰야 한다.

프레네 교사들이 힘을 합해 연극이나 음악 수업시간을 확보할 방안을 함께 연구하고 있다. 프레네 교육학을 실천하며 항상 명심해야 할 것은 교사가 준비한 활동들은 큰 주제 안에서 일관성 있게 연속성을 가져야 한다는 것이다.

예술 활동에 관한 프레네 교사들의 학급 운영방안은 다음과 같다.

- 학생의 창조성과 창의성을 존중한다.
- 친구를 비평하기 위해 전체 학급 집단을 활용한다.
- 학생들이 발표한 내용에 근거하여 분석 기준을 정한다.
- 연속적인 활동을 위해 이미 사용한 분석 기준을 재사용한다.

이런 식으로 프레네 교실은 학생들이 스스로 제작한 평가 기준을 분석하고 그들의 창의적 활동을 격려하고 지지한다.

(8) 민주적 학급 분위기

학급에서 수학 교과, 자유 탐구, 자유 글쓰기, 통신교류 활동, 주제 발표, 예술 활동과 같은 일에 집중하려면 교실은 협력적 운영 조직을 갖추어야 할 것이다. 하지만 학생들이 책임감을 갖고 교실에서 협력할 수 있다고 믿는 것은 큰 오류가 될 수도 있다.

학급 회의, 책임감, 학급 규칙 등 프레네 교육학이 명시한 다양한 수업방법은 협력적 운영을 기반으로 한다.

모든 수업방법은 시간의 흐름에 따라 자연스럽게 운영되어야 한다. 말하자면 교실의 분위기로 인해 학교장, 동료 교사, 학부모들이 비난하지 않도록 교사는 한계 설정이 필요하다.

다음은 프레네 교육학을 처음 도입하는 교실에서, 일주일 동안 어떠한 흐름을 보여 주는지를 나타내고 있다. 하루 일과 시간대와 프레네 수업기술과 도구, 학생의 반응과 교사의 반응으로 나누어 제시하고자 한다. 이 표는 아스라니앙(P. Aslanian), 샤브랭(C. Chabrun), 르메나에즈(Le Ménahèze), 마티유(A. Mathieu), 마쥐리(C. Mazurie), 생뤽(F. Saint Luc)의 『프레네 교육을 시작하다: 왜? 어떻게?(*Démarrer en pédagogie Freinet: Pourquoi? Comment?*)』(2005)를 참고하여 정리하였다.

[프레네 교육실천 1일째]

시간	프레네 수업기술과 도구	학생의 반응	교사의 반응
9:00 ~ 9:10 (최대 10분)	• 개학 이전부터, 교실에서 새로운 교육을 실천하려는 의지가 있었고, 이제부터 친구와 서로 도와가며 학습할 것이라고 알려 준다. • 교사의 자기소개 시간을 갖는다. • 공간 활용을 관찰하며 교실을 묘사한다. • 공간을 왜 활용하는지 설명해 주고, 어느 공간에 무엇이 있는지를 안내한다. • 교사의 말을 줄이고, 무엇인가를 말해야 하거나 요구할 것이 있을 때 물어본다. ...(나머지 일과는 전통적인 방식으로 수업을 진행한다.)	• 학생들은 교사를 쳐다보지만 아무 말도 하지 않는다. • 말하지 않고 몸을 움직인다.	• "학생들은 말할 수 있고, 두려움 없이 질문할 수 있다."라고 말해준다. 먼저 말했다고 해서 놀리는 학생이 없도록 지켜볼 것임을 알려 준다. • 평소처럼 하던 일을 계속한다. 예를 들어, 가구의 배치를 통한 공간 조정, 자료 목록 구성과 배치, 자료분류함 준비, 교육과정 확인 등 일과와 수업은 전통적인 방식으로 진행한다.
하루 일과 중	*	• 학생들은 손을 들고 말하고 싶어 한다.	• 교사는 토론을 이끌고, 학생들이 말한 것을 표에 적는다. • 첫날이지만 토론 활동이 풍부해진다면 학생들의 제안에서 출발한 일일 학습계획을 세울 수도 있다.
16:45 ~ 17:00 (최대 15분)	• 교사는 일과 평가를 시도한다. • 이 시간은 하루 동안 있었던 일에 대한 생각의 시간이라는 점을 설명한다.	*	*

교사는 오전 10분과 오후 15분 정도를 활용하여 오전에는 학급 소개와 교실 공간 활용을 살펴보고, 궁금하거나 질문이 있으면 언제든지 물어보도록 한다. 하루 일과 중 학생들끼리 토론하는 기회를 제공하고, 오후에는 하루 일과를 되돌아보고 반성적으로 성찰하는 시간을 갖는다.

[프레네 교육실천 2일째]

시간	프레네 수업기술과 도구	학생의 반응	교사의 반응
9:00 ~ 9:30 (최대 30분)	• 쿠아 드 뇌프(Quoi de neuf)를 도입하지만 프레네 교육학에서 말하는 용어를 밝히지 않고, "안녕하세요? 오늘 아침에 무엇인가를 말하고 싶은 학생들이 있나요?"라고 물어본다.	• 아무 말도 하지 않는다.	• 어느 정도 기다린 다음, 말을 하기 위해 약간의 움직임이 있다. • 어떤 일도 일어나지 않으면, 전통적인 방식으로 수업을 진행하고, 교사가 준비했던 것을 하도록 한다.
하루 일과 중	*	• 학생들은 반응하고 말하려고 시도한다. • 그들은 질서정연하게 말한다.	• 교사는 토론을 멈추게 하거나 녹음기, 마이크 등을 활용하여 발언을 조절하도록 한다. • 토론이 멈추면, 마이크를 내려놓고 녹음하지 않는다.
16:45 ~ 17:00 (최대 15분)	• 하루 일과 마지막에 평가 시간을 갖는다.	• 학생들은 말하지 않거나 말하기도 한다.	• 교사는 전혀 주장하지 않는다. • 토론을 조절하고 첫 번째 규칙을 도입한다. 규칙은 다음과 같다. '동시에 말하려면 차례대로 이야기한다. 그래야 서로에게 잘 들려 이해할 수 있다. 말하는 사람을 존중하는 태도는 비웃지 않는 것이다.'

둘째 날에도 첫날처럼 교사의 강요가 전혀 없다. 학생들이 말을 하려고 하지 않아도 재촉하지 않는다. 프레네 교육학을 시도한다는 사전 예고 없이 교사가 자연스럽게 학생들의 삶에 관심을 갖는다. 역시 말하기를 격려하여 토론의 기회를 제공한다.

[프레네 교육실천 3일째]

시간	프레네 수업기술과 도구	학생의 반응	교사의 반응
9:00 ~ 9:30 (최대 30분)	• 쿠아 드 뇌프를 실시한다.	• 학생들은 아무 말도 하지 않는다. • 그들은 말하고, 제안하고 자기들끼리 상호 교류한다.	• 자주 있음직한 일은 아니지만, 학생들이 아무 말도 하지 않는다면 이는 집단병리 때문이다. 다시 말해 교사는 전통교육을 실천할 수밖에 없다. • 자유 글쓰기를 도입하지만 자유 글쓰기라고 말하지 않는다. 대신에 "여러분은 말하고 싶은 많은 것이 있지요? 지금 시간이 없으니까 말하고자 하는 것을 잊기 전에 글로 써보도록 해요."라고 말한다.
하루 일과 중	• 프레네 교육학에 따른 자가수정카드를 소개하고 바로 활용할 수 있도록 안내한다.	*	• 교사는 조용히 공부하라고 요구하며, 학생들의 집중과 몰입을 존중한다.
16:45 ~ 17:00 (최대 15분)	• 평가한다.	*	*

프레네 교육학을 도입한 지 셋째 날, 대표적인 프레네 수업기술 중에서 쿠아 드 뇌프와 자유 글쓰기를 실천하고자 노력하였으며, 아울러 개별 학습을 위한 자가수정카드를 활용하였다. 여기에서 주목할 만한 내용은 프레네가 언급한 몇 가지 실천사례 등을 학생들에게 그대로 적용하기보다는 반응을 자연스럽게 유도함으로써 그들을 배려하였다는 점이다.

첫날부터 셋째 날까지 귀가 전에 하루 일과를 되돌아보는 평가의 시간을 가졌다. 학생들에게 하루 일과 동안 참여했던 경험을 성찰하는 시간이 계속적으로 필요하다.

[프레네 교육실천 4일째]

시간	프레네 수업기술과 도구	학생의 반응	교사의 반응
9:00 ~ 9:10 (최대 10분)	• 쿠아 드 뇌프를 실시한다. • 카드를 활용한 개별 학습을 실시한다. • 과제를 해결하는 답을 즉시 제공하지 않는다. (전통교육에 따른 하루 일과가 이어진다.)	• 학생들은 쳐다볼 뿐 아무 말도 하지 않는다. • 말하지 않지만 산만하게 움직인다.	*
16:45 ~ 17:00 (최대 15분)	• 평가한다.	• 학생들은 개별 학습과 그 운영에 대하여 말하지 않는다.	• 교사는 자료 정리와 배열, 학습에 대한 기억, 일의 분배 등에 관한 잘못된 기능을 예리하게 지적하고자 개입한다. • 이제 집단 학습계획을 제안한다. 이후 개별 학습계획으로 이어진다.

넷째 날에 교사는 개별 학습카드를 활용하도록 하였고, 집단 학습계획을 세우도록 한다. 집단과 함께 개별 학습계획을 만들어갈 것이며, 특별한 질문 없이 프레네 교육학을 적극적으로 실천하기 시작한다.

[프레네 교육실천 5일째]

시간	프레네 수업기술과 도구	학생의 반응	교사의 반응
9:00 ~ 9:30 (30분) 9:30 ~ 9:50 (20분)	• 쿠아 드 뇌프를 실시한다. • 일주일 집단 학습계획서를 소개한다. • 소개할 때, 학습하는 시간을 안내한다.	• 학생들은 쳐다볼 뿐 아무 말도 하지 않는다. • 말하지 않지만 산만하게 움직인다.	*
10:00 ~ 11:00 (1시간)	• 개별 학습을 실시한다.	• 평가시간에 언급되었던 것을 적용하려고 시도한다. • 만일 학급이 만족할 만하지 않을 때 또 다른 평가시간에 토론해 본다.	*
16:45 ~ 17:00 (최대 15분)	• 교사가 주도하는 주간평가를 시도한다. • 언급된 내용을 잘 기억하고자 학급 친구 1명 또는 2명에게 기록할 것을 요구한다.	• 학생들은 학급 운영이나 조직에 대한 불평, 불만, 비판점, 제안점 등을 제시한다.	• 교사는 질문 전체에 순위를 매겨 서열화한다. • 말로 하지 않은 채, 협력회의(réunion coopérative)를 실천한다. • 기록을 담당하는 친구들을 돕는다. • 친구들과 토론한 후, 두 번째 회의를 다음 주에 개최한다. • 교사가 주로 회의에서 의장이 되지만 일정 기간이 지나면 학생이 의장 역할을 수행한다. • 이 단계에서 협력적 분위기를 만들어 활동을 계속 이어간다.

본격적으로 프레네 교육학을 도입하기 시작한 하루 일과이며, 쿠아드 뇌프를 실시하고 학급이 일주일 동안 진행하는 집단 학습계획서를 작성한다. 또한, 하루 일과에 대한 평가를 확장하여 주간평가를 도입한다. 주간평가 내용을 기록으로 남기고자 서기 역할을 하는 학생을 선발하고, 협력회의에 교사가 의장 역할을 하지만 점점 학생들에게 그 권한을 내어 준다.

(9) 학급 회의

프레네 교실에서 학급 회의(conseil de classe)는 매우 민주적이며, 공동체 생활의 특성을 반영한다. 교실마다 학급 회의는 매우 다르게 진행할 수 있다.

생 뤽(Saint Luc, 2007)은 학급 회의를 학생 각자가 중요한 사회적 역할을 수행하며, 자신을 확인할 수 있는 기회라고 말하였다. 친구들이 자신을 어떤 점에서 비판하는지, 어떠한 이유로 축하, 격려, 지원을 하는지를 알 수 있다.

학급 회의는 규칙성과 객관적 태도에서 출발한다. 학급 회의의 기능을 원활히 하려면 몇 가지 준비사항이 필요하다. 첫째, 프레네의 벽신문이 있어야 하는데 종이에 네 줄을 그어 '나는 ~비판한다.', '나는 ~축하한다.', '나는 ~하고 싶다.', '나는 ~해냈다.'라는 문구를 적는다. 그 밖에 아이디어 상자, 학급 회의 수첩 등 학생들에게 자신의 의견, 비판, 제안 등을 나타낼 기회를 제공한다. 둘째, 회의마다 의장의 안내카드가 필요하고, 서기의 기록 노트, 회의 진행의 규칙을 소개해야 한다. 이것들은 학급 회의가 효율적으로 기능하기 위한 자원이다. 셋째, 게시물, 협력을 위한 역할 분담표, 분류함, 생활 규칙 노트, 프로젝트 등은 학생들이 의사결정을 하는 데 기억을 도와주고, 결정 사항을 실행에 옮기도록 한다. 그래서 학급 회의는 학생 개인의 권리를 보장하는 학습의 수단이자 집단을 위해 필요한 일의 도구라고 정의할 수 있다. 이처럼 다양한 활동을 시도하고, 그에 대한 책임감으로 강화되는 학생들의 역량은 무엇보다도 들어주기, 주의하기, 중재하기, 기억하기라고 말할 수 있다.

〈학급 회의 진행 순서〉

학생들은 순서대로 학급 회의에서 일일 의장이 될 수 있다. 의장은 매일 바뀐다. 의장은 모범을 보여 주어야 한다. 낮은 목소리를 유지하고 크게 말하지 않으며, 책상을 치거나 두드리지 않아야 한다. 친구들에게 생활 규칙을 상기시키고 경고 신호를 줄 수 있다. 그럼에도 계속 떠든다면 학급 회의 안건으로 올라온다. 친구들이 정한 규칙을 존중하지 않으면 교사는 다른 의장으로 교체할 수 있다.

오전에 쿠아 드 뇌프 시간을 이끌고, 오후 일과가 끝나기 전, 약 15분 정도 평가시간을 진행한다. 또한, 교실에서 쉬는 시간도 책임을 진다. 개별 활동과 집단 활동을 진행하는 동안 문제가 발생하면 서로 힘을 모아 해결한다.

학생은 회의 의장이나 사회자가 되어 다른 친구들에게 발언의 기회를 준다. 교사는 이 순간 학급의 구성원으로서 다른 학생들과 똑같이 발언권을 요청한다.

1년 또는 일정기간 동안 학생들이 책임 있는 역할을 선택하여 실행한다. 다른 교실은 학생들이 매주 돌아가며 책임을 맡고 있어 조금 혼란스럽게 진행될 수도 있다. 경우에 따라 학생들은 책임을 맡으려 하지 않아 다른 학생으로 바뀔 수도 있다.

사회자로서의 자질은 학생마다 다를 것이고, 사회자가 별문제 없어 보이더라도 학급 구성원으로부터 비판을 받을 수 있다. 친구들의 발언권이 한 사람에게 쏠리지 않게 의장이 조율을 하지만, 의장 본인이 알아차리지 못 할 때는 다른 친구들이 지적해 줄 수 있다. 그래서 발언권은 고르게 분배되기도 한다. 이런 점이 성인의 회의 모습과 유사하다.

비판하는 내용은 다음과 같이 나타날 수 있다.

- 문제가 정리되기 전에 주제를 바꾸었구나.
- 친구들에게 발언할 수 있는 기회를 주지 않았어.
- 목소리가 너무 커.
- 발언권을 받은 누군가가 표현하는 동안 다른 사람들과 너무 많은 이야기를 했어.
- 학급 회의의 진행을 방해하는 학생들을 조용히 시킬 줄 몰라.

❶ 학급 회의 준비

회의는 사전에 하루 일과를 계획하지 않고 진행할 수 있으나, 진행 과정에 문제가 발생할 수 있다(Favry, Jourdanet, & Le Ménahèze, 2007). 몇 가지 활용 가능한 교육적 도구를 활용해 본다.

- 공동 게시판: 지울 수 있는 칠판이나 지속적으로 게시할 수 있는 종이로 칸을 나누면 좋다. 매년 협의를 하여 '비판한다', '제안한다', '요구한다', '축하한다' 등과 같은 코너를 만든다. 각자가 다음날 일과를 한눈에 볼 수 있는 장점을 갖고 있다. 간혹 어떤 학생들은 관리를 하지 못한다. 그 이유는 '비판한다' 코너만 사용하기 때문이다. 학급 회의를 진행할수록 사회자는 게시판을 다각도로 활용해야 한다.
- 메모 상자: 학생들이 바라는 점이나 다루고 싶은 점을 기록하여 구멍 뚫린 상자에 넣는다. 단점은 하루 일과를 한눈에 보기 어렵다.
- 학급 회의 초기에 하루 일과 세우기: 사회자는 학생들 각자의 제안을 칠판에 적는다. 이는 읽거나 쓰지 못하는 아동에게는 유용한 형식이지만 기억의 효과가 없고 일과 순서를 작성할 때 시간을 많이 소비할 수 있다.

❷ 학급 회의 전개

르 갈(Le Gal, 1995)은 학급 회의를 4단계로 구분하였다. 제안 단계, 토론 단계, 결정 단계, 적용 단계가 있으며, 단계마다 많은 질문을 하게 한다.

구분	누가?	무엇을?	언제?	어디서?	어떻게?
제안하다					
토론하다					
결정하다					
적용하다					

[회의 전 단계]

아동이나 성인은 자유롭게 비판하고 제안할 수 있으며, 학급의 구성원이나 학급 운영과 관련하여 누가 비판했는지 이름을 사인해야 한다. 비판을 전달하는 자는 그 비판점에 대한 정당화가 필요하다. 교사도 비판의 대상이 될 수 있으며, 개선된 부분을 보이려면 교사나 학생들이 자신의 달라진 행동으로 응답해야 한다.

[회의 진행 단계]

회의를 진행하는 데 정해진 유형이나 모델은 없다. 많은 교사는 지난 회의 시간에 정해진 결정 사항을 회상하고 적용 여부를 논의하는 것으로 시작한다. 그리고 학급 회의와 관련한 하루 일과는 세 가지 주요 영역으로 구성할 수 있다.

- 교육활동: 개별 학습, 아틀리에, 집단 학습, 새로운 제안에 대한 평가와 연구는 프로젝트 도입과 일과 시간표를 정하는 데 영향

을 준다. 공간 재조정, 교수학습 자료의 수집, 협력교실의 운영 정도에 대한 평가를 포함한다.

- 학급의 물리적·제도적 조직: 학생들의 욕구에 반응하고자 학급의 조직은 매우 구조화되어야 한다.
- 집단생활: 학급 구성원 간의 관계적 갈등과 문제 해결, 생활 규칙 존중, 우연적인 원인 분석은 학급 회의의 중요한 기능이다. 하루 일과의 모든 것이 토론 주제가 되며, 학급 차원의 결정이 필요하다. 그러나 합의를 찾지 못할 때는 투표로 결정할 수 있다. 교육적 가치와 의미, 학년의 특성, 회의에 분배된 시간, 긴급한 안건 결정 등은 매우 중요한 회의 주제가 된다.

5 프레네 교육학의 시사점

프레네 교육학은 우리나라의 교육 현장에 어떠한 변화를 불러올 수 있을까?

첫째, 많은 학교가 학생 자치 활동을 적극적으로 격려하지 않고 있다. 학생들은 시험 준비에 급급하고, 교과 학습에 매진하므로 자발적인 자치 운영을 하기 힘든 실정이다. 프레네가 실천한 학생 자치회 운영은 학생들이 민주적인 의사결정을 직접 체험할 수 있도록 초중등학교에 학생위원회를 구성하여 교사와 학생이 상호 이해와 타협을 통해 민주적인 학교 분위기를 이해하는 데 도움을 줄 수 있다.

둘째, 다양한 교육방법과 기술을 토대로 학습자의 다양한 욕구를 고려한 프레네 교수학습 모형을 개발할 수 있을 것이다. 프레네가 제안한 교수학습활동은 한국의 교실 현장에 전혀 새로운 것이 아니다. 우리나라에서 이미 부분적으로 적용하였던 활동을 프레네의 교육철학과 방법을 기반으로 도입할 수 있는 실천사례를 찾아내는 작업이 필요하다.

학교 현장에서 프레네의 자유 글쓰기를 처음 도입한 교사는 학생들이 평소에 두려워하던 글쓰기 활동을 시도하였으나, 무엇을 써야 할지 막막해하던 시기가 있었다고 한다. 이제는 그 상황을 벗어나 학생들이 자연스럽게 활동에 참여하였고, 글쓰기 활동 자체를 매우 즐거워하고 있다고 하였다(이한순, 2008).

또한, 쿠아 드 뇌프를 수업시간 중에 활용하여 아침마다 학생들과 새로운 소식을 나누거나, 주간학습계획서를 작성하여 학생들이 매주 월요일에 일주일 분량의 학습 내용을 스스로 정하도록 한다.

셋째, 프레네 학교는 교사협력팀을 구성하여 수업이나 학습 자료를 제작하고 있으며, 교과 통합적 관점에서 프로젝트형 수업을 진행하고 있다. 이러한 교육과정의 탄력적 운영을 통해 교과목 간의 개방을 유도하고 있으며, 교육과정 운영에 있어서 학급 또는 학년 간의 교류를 권장하고 있다. 특히, 학년이 섞인 조별 활동의 형태로 아틀리에(atelier)를 실천하고 있는데, 이를 학년 간 통합적 운영 및 여러 교과 간 교육과정 통합이라고 말할 수 있다.

넷째, 프레네 교사들의 다양한 교재 개발 노력은 교과서 중심의 수업을 벗어나 여러 매체와 자료를 활용하는 수업 실천사례로 소개된다. 우리나라는 교과서 중심의 수업을 실시하는 반면, 프레네 학교의 교실은 교과서를 사용하지 않는다. 학생들은 교사들이 직접 제작한 자가수정카드나 읽기 자료, 수학 문제 카드 등으로 개별 활동이나 집단 활동의 과제를 동시에 수행한다.

프레네 교사는 꾸준히 연구하는 교사로서 학습자 중심에 기초한 새로운 유형의 수업방법 개발에 노력하고 있으며, 자신의 수업과정을 기록하여 동료 교사에게 책자나 영상으로 보급하기도 한다. 이처럼 교사들은 새로운 자료 개발에 대한 열의가 넘친다. 수업자료는 현대학교협의회(ICEM) 홈페이지나 2년마다 열리는 세미나 장소에서 판매하곤 한다.

공교육 체제 내의 대안교육인 프레네 교육학은 우리나라 학교교육의 현실을 개혁하는 데 의미하는 바가 크다. 앞에서 설명한 프레네 교육학을 적용하려면 크게 두 가지부터 시작해 보자.

첫째, 새로운 시도에 대한 근심과 걱정 대신에 학교, 교사, 학생에 대해 신뢰감을 가져 본다. 프레네가 이미 말했듯이 여러 가지의 교육 매체와 도구만 도입한다고 해서 프레네 교사가 될 수 없다. 프레네 교육학을 일관성 있게 준비하는 교사의 준비된 태도와 열정적인 자세가 반드시 필요하다.

둘째, 학교 대 학교, 교사 대 교사의 협력 체제를 구축하는 방안을 모색해 본다. 교사가 자신의 학급에서 프레네 교육학을 실천한다 해도 결과에 대한 피드백이나 의견 및 정보 교류, 비판적 문제 제기가 없다면 프레네 교육학의 실천은 오래 지속할 수 없다. 그래서 이제는 프레네 전문가이자 실천가인 교사, 행정가, 학자들이 공교육이나 대안교육의 구분 없이 함께 경험을 나누는 기회를 지속적으로 가져야 하겠다.

제 4 장

프레네 교육학, 심리치료 교육학

1. 프레네 영유아교육
2. 프레네 초중등교육
3. 프레네 교육학과 심리치료 교육학

1 프레네 영유아교육

프레네 교육학에 기초한 영유아교육은 지식을 스스로 구성할 수 있는 학습방법을 제시하고 있다. 프레네 유아교육을 실천하기 위해 세 가지 조건이 필요하다. 표현활동을 격려하는 유아교육, 타인과 소통하는 유아교육, 더불어 살아가며 협력하는 유아교육이라 할 수 있다. 그 밖에 주변 세계의 원리를 알아가는 실험적 탐구 정신과 지식을 구성하는 태도를 형성하기 위해 유아가 배움의 즐거움을 느낄 수 있어야 한다(Castier & Quoniam, 2002).

프레네 유아교육의 실천 방법으로 첫째, 활동의 기초는 유아의 삶과 생활에서 출발한다. 유아가 흥미를 느끼는 물건, 하고 싶은 말, 현장 견학한 내용, 자유로운 유형의 글을 통해 자신과 주변 환경에 대하여 솔직하게 표현할 수 있다. 둘째, 유아로부터 출발한 모든 경험은 교육활동의 결과물이 될 수 있다. 예를 들어, 그림책 만들기, 텍스트, 보고서, 수 탐색, 작품(조형, 음악, 동작/춤), 멀티미디어 자료 등이 있다. 셋째, 협동체 운영으로 '내일의 민주주의는 학교 민주주의의 경험을 통해 가능하다'는 프레네의 관점에서 출발한 교육원리로 역할 정하기, 책임 나누기, 집단생활 참여하기, 작업과 생활 규칙 만들기 등이 해당한다. 넷째, 활동을 개별화하여 집단 내에서 자신의 리듬에 따라 학습하고, 자연스러운 방법으로 배우는 활동계약서(contrat de travail)를 작성한다.

1) 보육과 프레네 교육

2010년 11월 20일, 벨기에 북부지방의 겐트(Ghent) 시에서 프레네 교육학을 도입한 지 25년을 기념하는 세미나가 열렸다. 이 세미나 자료집에, 피터스와 반덴브로엑크(Peeters & Vandenbroeck, 2010)는 프레네 교육학을 1980년대에 도입하여 새로운 형태의 학교를 설립하는 과정을 지켜보고, 지역사회는 이 과정을 보육기관의 설립과정과 유사하다고 보았다. 다시 말해서, 보육기관을 설립하여 운영하는 과정이 이 도시에 소개된 프레네 교육학의 도입 과정과 닮았다는 것이다.

겐트(Ghent) 시는 교육조언자(conseiller pédagogique)가 현장의 교사와 협력하여 아동과 부모를 위해 이상적인 방법으로 보육할 수 있는지를 알아보았다. 보육기관, 유치원, 초등학교를 아우르는 이상적인 교육 유토피아를 건설하고자 교육센터운영위원회를 구성하였고, 위원회에는 교육조언자, 기관장, 연구자들이 공동으로 참여하였다. 그들은 새로운 유형의 보육 및 교육 모델을 구축하고자 브레인스토밍을 하였으며, 이상적인 학교 설립을 위해 정책입안자와 협력하였다.

이러한 숙고의 과정을 거쳐 프레네 교육학을 도입한 첫 학교는 라 붐가드(La Boomgard)이며, 1985년 문을 열어 겐트 시의 첫 프레네 학교가 되었다. 보육기관의 설립에서도 교육조언자의 자문을 얻었듯이 프레네 학교를 설립할 때도 마찬가지였다. 이 시기의 프레네 학교가 정책입안자, 학자 또는 연구자, 동기 부여된 학교장 등이 협력하여 좋은 결과를 얻자 서서히 학교 수가 확대되었다. 새로운 유형의 학교는 보육기관, 유치원, 초등학교를 모두 아우르는 형태를 취한다.

새로운 교육의 변화는 바로 기존의 규범에 아동을 맞추는 것이 아니라 아동의 현 상황과 그가 속한 가족의 현실을 고려하여 규범이나 기준을 바꾸는 것이다. 아동의 경험을 모든 교육의 출발점으로 하였다. 특히, 취약 계층의 아동에게 관심을 가졌고, 부모의 적극적 참여와 그들의 보육 경험을 학교에 펼칠 수 있도록 학교 운영의 변화에 참여할 것을 권장하였다.

이는 프레네가 젊은 시절 부임한 공립학교나 직접 설립한 방스 학교에서 프레네 교육학의 실제를 정립해갈 때 도입했던 실천사례들과 매우 비슷하다(Peeters & Vandenbroeck, 2010). 프레네는 스스로 어떠한 기술이나 방법에 자신의 교육이 고정되는 것을 원하지 않았다. 그래서 프레네 교육학은 새로운 교육의 변화를 가능하게 했다.

피터스와 반덴브로엑크에 의하면, 이탈리아 레지오 에밀리아를 창시한 말라구치(L. Malaguzzi), 리날디(C. Rinaldi), 갈라르디니(A. Galardini)는 프레네 교육학을 적용하였고, 이 교육실천의 사례에서도 위와 같은 변화를 관찰할 수 있다고 하였다. 영유아 보육과 교육에 프레네 교육학의 정신을 도입하여, 지역과 인적 자원의 특성에 맞게 변화시킨 교육의 실천사례라고 보았다(Peeters & Vandenbroeck, 2010).

벨기에 학교 혁신 프로젝트는 크게 두 가지로 요약할 수 있다. 첫째, 아동에게는 고유한 학습능력이 있으므로 이를 적극적으로 신뢰하고 그들이 자발적으로 배울 수 있는 환경 조성이 필요하다는 것과 둘째, 잠재력과 유능성이 있는 아동의 이미지를 반영하여 초등학교 교육을 개혁하자는 것이었다. 프레네 교육학의 기본 바탕은 아동의 잠재 능력에 대한 전적인 믿음에서 출발한다.

2) 표현하는 교육

(1) 구어 표현

구어 표현은 하루 일과 동안 비형식적으로 이루어지지만 일과 시간에 공식적으로 말하기 시간이 있다. 비형식적인 방법에는 등원 시간, 교실 이동 시간, 휴식 시간, 협동활동 시간에 이루어지는 말하기가 있다. 또한, 하루 일과 가운데, 유아는 쿠아 드 뇌프, 책/사물/그림 소개 시간, 학급 회의, 개별 및 집단 활동, 활동 평가, 주제에 적합한 토론 활동 등에서 수시로 말하는 기회를 가져 본다.

▼ 프레네 유치원 표현활동

(2) 동시 표현

동시를 들려주는 표현활동으로 2주마다 월 2회 진행한다. 손인형으로 시를 감상하는 기회를 주고 크게, 빠르게, 작게, 천천히 등 여러 방법으로 시를 표현하도록 도와준다. 유치원 만 5세 반과 초등학교 1학년 교실을 함께 들어가는 강사는 '동시 아틀리에' 활동을 진행하며, 유초 연계교육을 시도한다.

(3) 신체 표현

학년 초 교사는 유희실에서 주 1회 음악 감상의 기회를 제공한다. 음악을 들으면서 움직이거나 이동하여 자연스럽게 몸동작의 표현을 격려한다. 음악 감상 시간을 늘려서 자유 표현을 존중해주면 신체 표현으로 확장해 간다.

모든 종류의 음악을 사용할 수 있으며, 신체 움직임과 손동작에 필요한 재료가 있다. 이야기가 있는 음악을 집중하여 들은 후 몸으로 표현하는 동작이 자연스럽다.

(4) 쓰기 표현

유아에게 자유 글쓰기 활동을 어떻게 시도할 수 있을까? 교사는 모든 아이가 말로 표현하면 그대로 받아 쓰고, 문법이나 표현에 맞게 수정해준다. 활동을 잘 진행하기 위해서는 아래의 사항을 고려해야 한다.

첫째, 학급에서 무엇보다도 교사와 유아 사이에 신뢰감과 수용적인 분위기가 전제되어야 한다.

둘째, 유아에게 다양한 형태의 표현 방법(언어, 동극, 그림)을 격려하고 학급 내 소통(인터뷰, 활동이나 책 소개)을 가장 우선시한다.

셋째, 동시 읽기나 동화를 통해 문어에 대한 민감성을 키우고, 책에 대한 관심을 불러일으킨다.

넷째, 유아가 의미를 알게 된 쓰기 상황에 적응할 수 있도록 생활책(교실과 가정에서 겪었던 일을 기록), 학급신문(학급생활을 반영한 외부세계와의 교류 매체), 편지 교류(다른 유아와의 소통), 상상하는 이야기 글쓰기 등을 소개한다. 교사는 유아가 말한 내용을 그대로 받아 적는 시간이 보통 10분 걸리며, 매일 아침에 글쓰기 시간이 있다.

텍스트를 소개하는 시간에 교사는 먼저 글을 천천히 읽는다. 이어서 유아는 마이크를 잡고 자신의 글을 억양을 넣어가며 읽는다. 그다음에는 삽화나 그림을 소개하고 친구들이 자신의 글이나 그림에 대해 어떻게 생각하는지 들어 본다. 매일 두 명의 유아가 학급의 대표로 하루 일과를 진행하며, 마이크는 유아가 정확한 발음과 억양을 갖는 데 도움을 주며, 말하기를 좋아하게 하는 필수 도구이다.

3) 소통하는 교육

(1) 쿠아 드 뇌프

쿠아 드 뇌프는 다음과 같은 교육적 기능을 한다. 학급 내의 긴장을 풀어주고 가정과 학교생활을 연계시켜 주며, 유아가 구두로 의견 표현을 하기 때문에 다른 친구들 앞에서 발표하는 능력을 키운다.

쿠아 드 뇌프는 학급의 친구들이 서로 의견을 나누는 시간으로 유아에게 소통의 기회를 제공한다. 교사가 발언의 독점자가 아니며, 유아가 마이크를 잡게 될 때 나타나는 지적 호기심과 집중적 태도는 매우 자발적이다. 말하는 태도도 중요하지만 다른 친구들의 말을 경청하고 타인을 존중하는 자세를 배운다.

유아 대상의 쿠아 드 뇌프는 다음과 같이 이루어진다(Chabrun & Le Ménahèze, 2007)

▼ 프레네 교육학에 근거한 쿠아 드 뇌프 시간

- 자유롭게 말한다(이야기하기, 개인 갈등으로 인한 고통과 슬픔 없애기, 아동권리, 전쟁, 사냥, 폭풍 등과 같은 현실적 문제에 대처하기).
- 가정과 교육기관의 중간 역할을 한다.
- 학급 프로젝트에 관하여 알려 준다.
- 말하는 순서를 기다리고, 차례가 되면 말을 한다.
- 학급신문에 들어갈 내용을 함께 정하고 읽기 자료로 활용한다.
- 쿠아 드 뇌프는 보통 매주 월요일과 목요일 아침 시간에 시작한다.

만 3~4세 유아들과 함께 약 10~20분 정도 진행하며, 이 시간 동안 교사와 유아는 서로 마주 보고 이야기한다. 말하고 싶을 때 손을 들어야 한다는 것, 발언권을 주는 사람은 어른이라는 것, 친구의 말을 중단하지 않는 것, 비웃지 말 것, 크게 말하려고 노력할 것 등이 쿠아 드 뇌프를 운영하는 규칙이다. 여기에서 교사는 발언권을 존중해 주고, 한 사람이 너무 길게 말하면 적당히 시간을 조절해 준다. 처음 시작할 때는 단어 몇 개나 그림으로 표현하지만, 학기 말이 되면 말하는 시간이 길어지고 2~3개 문장을 사용하는 구성력도 현저히 좋아진다.

쿠아 드 뇌프에서 주로 다루는 주제로 나와 가족, 최근에 겪은 구체적인 일이나 사건, 상상한 것, 발견하거나 새롭게 알게 된 것 등이 있다.

(2) 학급 간 통신교류

유아가 소통의 중심에 있으며, 통신교류 중 편지를 통한 교류는 교사가 유아가 말한 내용을 그대로 적어 본다. 교사는 편지를 날짜, 인사말, 사인을 중심으로 소개하면서 편지의 내용을 다루고 그 중요성을 알린다. 유아와 함께 교실에서 찾을 수 있는 쓰고 싶은 글자를 찾아가며 편지를 쓴다. 처음에는 학급 단위에서 편지 교류를 하지만 유아가 특정 주제에 관하여 개별적으로 편지를 교환할 수도 있다.

일반적으로 편지 교류는 규칙적으로 이루어져야 한다. 편지의 질문에 답변해 주고, 기쁜 마음으로 상대방 학교의 편지를 받아 읽는다면 교실 수업에 활력을 줄 수 있다. 요즈음에는 매체의 발달로 학급 간 메일 교류를 시도하고 있다.

(3) 학급신문

유아들과 학급신문 만드는 것이 가능할 것인가? 프레네 교육학의 가장 중요한 특징인 학급신문은 초등학교에서 주로 제작한다. 하지만 만 5세 유아는 학급신문 제작이 가능하며, 이미 많은 영유아가 다양한 활동 유형을 실천하고 있다. 이렇게 학급신문 역시 외부세계와의 소통 방법으로 학부모, 다른 기관의 학급과 유아, 더 나아가 초등학교 학생들과 통신교류를 통해 소통할 수 있다.

카스티에-칸슬라(M. Castier-Cancela)는 7주 간격으로 학급신문을 준비하여 연 5호를 만들었다. 학급신문을 만드는 일주일을 특별히 정해 운영하였으며, 보통 8면의 신문을 만들기 위해 텍스트 타이핑, 사진 자료 정리, 편집, 유아 작품의 선정 등 일정 절차를 거친다. 학급신문에는 교사가 받아 적은 유아들의 자유 글쓰기 모음, 견학 보고, 도서 소개, 주제 탐구 활동자료, 앨범, 그라피즘(graphisme), 교실 활동의 사진, 달력, 유아의 그림, 삽화, 요리 활동 등이 들어갈 수 있다.

신문 만드는 일을 위해 유아 전체가 자발적으로 참여하는 분위기를 만들고, 이런 분위기는 교사가 어떻게 유아의 참여를 유도하는가에 따라 달라진다. 그래서 교사의 역할이 매우 중요하다.

4) 협력하는 교육

(1) 활동계획서

토만(Thomann, 2002)은 유치원(école maternelle)에서의 활동계획서를 개별 활동과 집단 활동으로 구분하여 개발하였다. 조금 인위적이지만 유아의 다양한 활동을 5가지 영역으로 구분하였다. 읽기는 파랑, 그라피즘(graphisme)은 빨강, 수작업은 노랑, 수과학 활동은 초록, 놀이는 갈색으로 표시한다. 각각의 활동에 대해 A4 용지를 작은 판에 붙이고 활동이 진행됨에 따라 기록한다(Castier & Quoniam, 2002).

유아는 일주일 동안 하고 싶은 활동을 표시한다. 휴식과 간식 시간이 지나면 유아는 자신만의 노트를 채우기 시작한다. 아틀리에 시간 동안 한 것을 색칠한다. 우리나라 유아에게도 자유선택활동이 있는 것처럼 매일 오전 45분, 오후 30분씩 개별 작업을 진행한다.

교사는 유아가 참여한 개별 활동의 유형을 잘 기억해야 하고, 활동마다 어떠한 색깔을 표시하였는지 알고 있어야 한다. 일정 기간 유아가 진행한 활동계획서를 모두 모아 그동안 이루어진 개별 활동의 유형을 분석할 수 있다. 한 유아가 다양한 활동을 고르게 하지 못하였다면, 색깔의 표시가 어느 한 가지 활동에만 몰려 있을 것이다. 주 1회 다섯 가지 색깔 갖기를 목표로 하고, 여러 번 반복하여 유아가 균형잡힌 활동에 참여할 수 있게 한다. 시간이 어느 정도 지나면 색깔 표시를 통해 활동의 선호도를 개별적으로 평가할 수 있다.

(2) 유초등 연계교육

초등학생이 동일학교 내에 위치한 유치원을 방문하여 유아와 아동간 연계지도를 실시하고 있다. 프랑스 유치원은 우리나라 병설 유치원과 같은 체제로 운영된다. 유치원과 초등학교 연계교육의 사례는 다음과 같다.

초등학교 5학년 두 명이 순번대로 매주 오후 유아들을 학교 도서관에 데려가 함께 책을 읽는다. 또한, 5학년 두 명과 4학년 두 명이 유아들과 함께 매주 금요일 오후에 유치원을 방문하여 아틀리에(atelier)를 운영한다. 월요일 오후마다 동극 아틀리에를 도와주는 것과 같이 학령기 아동과 유아는 다양한 연계활동을 통해 상호 협력하는 기회를 갖는다.

(3) 학급 회의[35)]

학급은 서로 돕고 공동의 교육 매체를 사용하는 공간이다. 또한, 학급 프로젝트를 만들고 매일 발생하는 갈등을 해결하는 공간이기도 하다. 유아는 일찍부터 한 집단에 소속하여 공동체 생활을 경험하게 된다. 공동체 생활은 유아가 타인의 관점을 이해하고 타인과의 차이를 인정하는 기회를 제공한다.

학급 회의는 학급 수준에서 중요한 결정을 내리는 합법적인 기구이며, 토론과 의사 결정, 발언권 행사 등 학교 전반에 대한 의결 사항을 다룬다. 학급을 운영하는 것, 공동생활의 규칙을 세우는 것, 갈등을 조정하는 것, 서로 도와주고 자율성을 키우는 것은 집단생활이 주는 가장 특징적이고 중요한 내용이다. 이렇게 유아에게 학급 회의를 도입하는 것은 아동권리 존중과 교사의 권위에 대한 재분배 차원에서 의미가 있다고 생각한다.

그러면 학급 회의의 경험이 전혀 없는 유아에게 어떻게 도입할 수 있을까? 교사는 학년 초에 빈번히 일어나는 갈등, 싸움, 공격적 행동에 대해 유아가 도움을 청하면 "회의 시간에 말해 주세요."라고 답한다. 유아는 자연스럽게 호기심을 갖게 될 것이고, "무슨 말이에요?", "뭐예요?", "언제요?" 같은 반응을 보일 수 있다.

이러면서 유아는 학급 회의의 기능을 알게 되고 어떻게 하는 것인지 조금씩 이해해 간다. 교사는 오전 휴식시간 이후 책상과 의자를 배

---

35) 유아에게 사용하는 용어로 학급 회의는 딱딱하고 낯설 수 있으나, 회의라는 말이 조금 어렵다면, 유아의 수준에 맞는 새로운 말을 만들 수 있다. 예를 들면, '우리 반 이야기' '생활 이야기' 등이 있다. 하지만 필자는 유아에게 조금 낯설더라도 '회의'라는 말을 유아에게 사용해 볼 수도 있다고 생각한다. 프레네는 아동의 본성을 성인과 같다고 보았기 때문이다.

치하고 학급 회의의 진행 순서를 정한다. 예를 들어, 하루 일과의 순서, 일과 중 자신의 역할, 학급신문의 이름 등을 정한다.

학급 회의를 잘 운영하기 위해서 다음과 같은 원칙을 지켜야 한다. 첫째, 규칙성이다. 일주일에 한 번 정해진 시간에 운영되어야 한다. 프레네 교사는 학급 회의를 일주일에 한 번 운영하거나, 매일 조금씩 시간을 내어 운영하기도 한다. 예를 들어, 쿠오니암(M. Quoniam) 교사는 일주일에 한 번 운영하고 있다고 한다. 회의 시간은 유아가 흥미를 갖고 참여하는 정도에 따라 다른데, 정례화하려면 매일 짧은 시간 동안 회의 시간을 확보하라고 조언한다. 둘째, 의식화이다. 회의마다 시간과 규칙을 알려 주고, "학급 회의를 시작합니다."라고 말한다. 학급 회의를 하는 동안 교사는 회의 일자, 시간, 유아들이 말한 내용을 적고, 회의에서 결정한 안건도 같이 적어 준다. 셋째, 그 안건을 잘 관리하고 실천한다. 넷째, 진행 순서는 먼저 이전의 학급 회의에서 결정한 내용을 살펴보면서 학급이 잘 운영되었는지, 무엇이 문제였는지를 알아본다. 학급에서 일어난 여러 가지가 있다면, 비판하고 칭찬하고 축하할 일을 말한다.

학급 회의의 규칙은 먼저 학급에서 일어난 일이나 사건을 말해야 한다. 유아 각자가 맡은 책임, 하고 싶은 것과 하기 싫은 것, 기분 나쁜 일 등을 이야기한다. 또 친구들과 좋았던 일, 좋지 않았던 일, 축하할 일, 비판할 일을 주제로 정할 수도 있다.

회의는 유아를 성장하게 하고 모든 학급 친구들이 함께 의사결정을 하는 시간이므로, 원활히 진행하기 위해 지켜야 할 규칙이 있다. 그 규칙이란 발언권을 요청하고, 말하는 사람을 경청하며, 모두가 알고 있는 것만 말하고, 한번 결정한 사항은 실천하는 것이다.

교사는 학급 회의에서 결정한 사항을 존중해야 한다. 규칙은 유아가 공동생활을 하며 발생한 문제를 해결하기 위해 하나씩 만들어 간다. 새로운 규칙은 서로 공유하고, 의견에 따라 재검토하거나 변경할 수 있다.

[유아반 학급 회의 운영 사례]

- 대상: 4~6세
- 유아 수: 28명
- 목표: - 유아 간 의사소통을 격려한다.
  - 유아들이 관리하는 시간을 고정적으로 확보할 수 있다.
- 역량: [통합적 능력]
  - 사회생활을 경험하여 학습하기
  - 타인을 경청하기
  - 바른 의도로 발언하기
  - 생활 규칙을 존중하기

  [언어 능력]
  - 음성과 발음을 이해할 수 있는 방식으로 표현하기
  - 말하기의 어조와 억양을 습득하기
  - 자신의 생각을 논리적으로 조직하기
- 유의사항: 매일 일정 시간을 확보하여 학급 회의 시간 갖기

단계 1〉 교사가 발언을 한다. 각 회기가 끝날 때, 규칙을 잘 존중하였는지 평가의 시간을 갖는다. 많은 회기에서 지침 사항과 표현을 잘하는 방법을 배운다(규칙: 발언권 요구하기, 경청하기, 최소 한 번은 꼭 말하기).

단계 2〉 한 유아가 발언권을 갖고 주도한다. 학급 회의에서 책임을 맡은 한 유아가 있는데 새로운 책임을 부여하기를 제안한다. 예를 들어, '직업' 또는 '역할'을 말하는데, 제안된 역할에 대해 여러 명의 유아가 하고 싶어 한다면 어떻게 할 수 있을까? 또는 두 명이라면 어떻게 해야 할까?를 토론한다.

단계 3〉 두 명의 유아가 발언권을 갖고 주도한다. 처음부터 한 유아만 지속적으로 말을 한다면 어떻게 해야 할까? 유아에게 순서대로 말하게 한다면? 이때, 새로운 규칙이 필요하다. 다른 유아가 말하도록 하거나 모든 회기 동안

처음에 말한 유아를 경청해야 한다. 3단계에 이르러 경청의 분위기도 변질되어 '침묵 지킴이'가 필요해진다. 그의 역할이나 직업은 교실 내 경청하는 분위기가 지속하도록 감독하는 책임을 맡는다.

단계 4〉 발언권을 가진 두 명의 유아와 한 명의 침묵 지킴이가 있다. 평가시간에 침묵 지킴이가 친구들보다 더 시끄러워 두 유아가 신호를 사용하자고 제안한다. 이 제안은 여러 가지 고민을 거쳐 신호등 체계를 따르게 된다. 초록불은 발언권이 있어야 말할 수 있고, 빨간불은 모든 친구들이 조용히해야 한다.

단계 5〉 두 명의 유아가 발언을 하고 침묵 지킴이는 신호등을 사용한다. 평가 당시 신호등을 멈출 수 없을 정도로 활기찬 대화가 오고 간다. 이때, 제안은 빨간불의 수를 제한하는 것으로 세 번째 빨간불이 나타나면 학급 내 토론을 멈춘다.

단계 6〉 두 명의 유아는 발언을 한다. 침묵 지킴이는 신호등을 갖고 발언권을 주고 있지만 토론 활동 중간에 계속 같은 반응이 나오는지를 알기 어려울 때가 있다. 이때, 유아들은 여러 방안을 생각하고 있으며, 교사는 "이제 글로 써보자."라고 말한다.

단계 7〉 두 명이 발언하고 침묵 지킴이는 신호등 체계를 유지한다. 또 다른 유아가 자기 차례를 적는다.

(4) 아틀리에

영유아를 존중한다는 것은 모든 교사의 기본 태도일 것이다. 프레네 교사는 유아가 리듬의 변화를 스스로 겪도록 해 주고 개인의 성격과 능력을 충분히 발휘하도록 안내한다. 아울러 스스로 배우는 자세를 갖도록 해 준다.

교사의 역할은 이제 더 이상 학급의 총지휘자가 아니다. 유아의 흥미에 귀 기울이는 교사는 정서적인 지원자로서 자율성, 상호 의지, 또래 간 힘의 분배 등을 격려한다. 교사는 지식을 소유한 자가 아니라 실수할 수 있고, 이 실수를 인정하는 사람이다.

프레네 교사들은 아틀리에를 도입하였다. 유아는 아틀리에 활동을 통해 여러 재료를 활용하여 다양한 활동에 참여한다. 아틀리에 활동은 프로젝트 형태로 나타난다. 교사는 재료, 기술, 지침을 알려 주어 프로젝트 주제를 구체화하는 데 도움을 줄 수 있다. 동시에 한 공간에서 여러 아틀리에가 공존할 수 있으며, 유아는 아틀리에 활동을 선택하고 참여하는 데 필요한 재료를 활용할 수 있다.

[아틀리에 사례]

예 1〉 제롬은 TV에서 신문으로 만든 산타클로스 할아버지를 보았다. 그는 조형 아틀리에를 제안하였고 친구들에게 소개하였다. 교사는 필요한 재료를 찾아 주었고, 유아들은 만들기 시작한다. 조형 아틀리에가 끝날 무렵, 모두 6명의 산타 할아버지가 만들어졌으며, 신문과 종이로 만들기 때문에 많은 접착 테이프가 필요했다.

예 2〉 기욤은 학기 내내 그림 그리는 것을 거부하였다. 기욤은 그림 그리는 것을 좋아하지 않으며, 그림과 수 놀이에서 유능하지 못하다. 그림에 거부감을 없애기 위해 그림과 관련한 다른 활동을 경험하게 하였다. 예를 들어, 그림, 물놀이, 구성 놀이 등을 제안하였다. 기욤은 작품을 완성하기 위해 결국 그림을 그리게 되었고, 그는 그림 이외에 어떠한 선택의 가능성이 없었다. 오히려 많은 활동을 할 수 있었다.

[유치원 하루 일과 사례 1]

시간	활동 내용
8:20~8:40	맞이하기(모든 활동이 가능함)
8:40~9:00	월/목(쿠아 드 뇌프–Quoi de neuf) 화/금(8시50분까지 미니 쿠아 드 뇌프–Quoi de neuf)
9:00~9:30	월/목(개별 활동) 화/금(8시50분부터 개별 활동/화요일마다 요리 아틀리에)
9:30~9:40	간식
9:40~10:10	월/화(읽기와 쓰기, 그라피즘–graphisme) 목/금(유희실)
10:10~10:40	휴식(실외 놀이)
10:40~11:00	수, 동시, 게임, 책 읽기 중 선택 활동
11:00~11:30	수 창작 또는 수 탐색 활동
11:30~13:30	점심
13:30~14:00	월/화(유희실) 목/금(이완활동, 음악)
14:00~14:45	예술표현활동(그림, 조형, 콜라주, 장식 디자인) 학급신문(2주 화요일마다 발간–내용 정하기와 꾸미기)
14:45~15:15	휴식(실외 놀이)
15:15~15:45	화(학급 회의), 동화 읽기
15:45~16:10	자유 글쓰기, 그라피즘(graphisme), 통신교류
16:10~16:25	일과 평가(생활 노트)

출처: Classe de Moyens et de Grands, École maternelle Maupassant, Canteleu(ZEP), (2002).

[유치원 하루 일과 사례 2]

시간	활동 내용
8:35~9:05	부모와 유아 맞이하기 & 개별선택활동 시작
9:05~9:10	정리정돈
9:10~9:30	집단으로 모여 인사하기, 쿠아 드 뇌프
9:30~10:15	아틀리에(조형, 수, 문자, 그림, 그라피즘, 원예, 조작) 활동
10:15~10:30	발표(오전 동안 진행한 활동을 보여 주고 이야기하는 시간 갖기)
10:30~11:00	휴식(실외 놀이)
11:00~11:35	신체 활동
11:35~12:00	집단으로 다시 모이기(그림책, 예술작품, 음악, 노래하기)

시간	활동 내용
12:00~14:05	중간 휴식(점심 시간)
14:05~14:35	언어, 쓰기, 수 놀이 등 심화 활동이 필요한 유아를 지도하기
14:35~14:45	학급 활동을 앨범으로 만들기, 동화책 읽기 및 동극 활동
14:45~15:30	아틀리에 활동(오전 활동의 연장) 또는 낮잠
15:30~15:40	아틀리에 활동을 한 결과를 친구들과 선생님 앞에서 발표하기
15:40~15:55	휴식(실외 놀이)
15:55~16:10	일과 평가(학급생활에 대한 제안의 시간, 하루 일과 기록 나누기)[36]

출처: 프레네 유치원의 하루 일과 (2014-2015).

[유치원 하루 일과 사례 3]

시간	활동 내용
8:20~8:50	맞이하는 시간(인사하고, 이름 알리고, 자기 일 확인하기) 개별 활동(아틀리에 활동 시작하기)
8:50~8:55	음악에 맞추어 정리정돈
8:55~9:10	집단으로 모여 매일의 과제하기 (예: 활동 소개의 시간, 수 세기, 날짜 확인, 노래, 리듬에 맞추기 등) 교류하고 분담하기 (물건 소개, 이야기하기, 듣기, 질문하기, 개별 활동 계획하고 유의사항 듣고 활동 시작하기)
9:10~9:55	음악에 맞추어 정리정돈
9:55~10:10	각자의 활동을 발표하는 시간 (구두 표현, 내용 구성, 질문)
10:10~10:20	손씻기, 간식 맛보기 (감각을 깨우는 시간)
10:20~10:50	휴식(실외 놀이)
10:50~11:20	신체활동
11:20~11:40	시간대별 나들이(1차, 2차, 학부모)

36) 일과 평가 시간은 프레네 유치원에서 매우 중요하다. 교사와 유아가 하루에 대한 반성적 사고를 할 수 있는 시간으로 반에서 어떻게 지냈고, 무엇을 배웠으며, 긍정적인 순간을 기억하고 소중한 느낌을 나눈다. 또한, 긴장이나 갈등 상황에 대한 기억을 회석하는 시간이기도 하다.

시간	활동 내용	
11:40~13:20	점심	
13:20~13:40	유치원에서 맞이하기(비가 오면 교실에서 맞이하기)	
13:40~14:15	만 3~4세 낮잠 및 휴식	만 4세 조용한 활동 음악, 그라피즘(줄이나 선 긋기)
14:15~14:25	만 3~4세 낮잠 및 휴식 개인별 지도	소개하고 발표한 시간 그림에 대한 의견 나누기
14:25~15:15	아틀리에 활동과 프로젝트 학습	
15:15~15:20	음악에 맞추어 정리정돈	
15:20~15:30	각자의 활동을 발표하는 시간 (구두표현, 내용 구성, 질문)	
15:30~16:10	휴식	
16:10~16:20	책 읽기(유아들이 직접 만든 이야기 또는 동화, 이야기, 앨범 등)	
16:20~16:40	시간대별 귀가(간식/ 보육기관에 가기, 학부모 인계 등)	

출처: 쥘 페리 유치원 중 만 3~4세 혼합연령반 사례(월요일과 화요일).

프랑스 유치원은 초등학교 교육체제 안에서 이루어지며, 유치원 교사도 초등학교 양성제도와 동일하다. 대체적으로 만 3세부터 만 5세까지 혼합 연령반을 운영하는 경우가 많다. 프랑스는 2015년부터 새로운 유치원 교육과정을 적용하기 시작하였고, 0~2세 대상의 보육기관과 잘 협력하는 유치원을 운영하고 있다. 우리나라 어린이집에 해당하는 기관은 크레쉬(crèche), 유치원에 해당하는 기관은 모성학교(école maternelle)라고 부른다(황성원, 2013).

프레네 교육학이 영유아교육에 준 영향

1. 사상적 영향

- 이탈리아의 레지오 에밀리아 유아교육의 창시자 말라구치가 프랑스 남부 지방에서 전개된 프레네의 현대학교운동에 영향을 받아 자신의 지역 실정에 적합한 교육을 실천함
- 프레네는 영국에서 19세기 말과 20세기 초에 출발한 에뒤카시옹 누벨(미국에서는 진보주의 교육)을 받아들이며, 사회주의 교육의 영향을 받음
- 프레네는 에뒤카시옹 누벨과 차별화하여 자신의 시골 학교에 맞는 독자적인 교육활동을 도입하여 실천함(주로 산책과 통신교류). 산책 후 느낌이나 소감을 짧은 글로 표현, 자유 글쓰기 강조, 이 글을 다른 지역의 학교, 교사, 학생들에게 우편으로 발송하여 학교 간 통신교류를 진행함

2. 쿠아 드 뇌프, 학급 회의(유아사회교육 측면)

- 감성교육 실천하기
- 자아개념, 자존감 키우기
- 친사회적 행동 격려하기(갈등 중재, 갈등 해결)
- 리더십(특히, 공유적 리더십) 지도하기
- 토론하기와 협상하기

3. 자유 글쓰기, 쿠아 드 뇌프, 학급 회의, 학교 간 통신교류(유아언어교육 측면)

4. 모색하는 시도, 자가수정카드(유아 수학/과학교육 측면)

5. 주간활동계획서, 자유선택활동과 소집단 활동(자기주도적 학습태도)

6. 표현 · 소통 · 협력(자유 표현, 학급생활책, 학급문집, 학급신문, 학급 회의)

7. 체험 중심 생활교육(산책, 견학, 여행)

- 프레네의 아동관은 '아동은 성인과 동일한 본성을 갖고 있다'(프레네의 교육원칙 1)에서 출발함
- 프레네 교육학은 유초 연계교육을 원활하게 진행할 수 있음
- 프로젝트 중심의 교육, 유아의 학급생활은 다양한 매체를 활용하고, 기록으로 남겨 학급의 문화자산이 됨
- 놀이보다는 일의 욕구를 키워 줌(활동에 대한 지속적인 몰입)

- 유아에게 그림으로 표시한 주간활동계획서를 작성하여 자신의 활동을 스스로 선택할 수 있음
- 프레네 교육학을 통해 유아는 상호 이해 및 존중, 배려, 협동, 양보 등 최근에 더 요구되는 인성교육의 가치를 추구하는 미래 교육의 방향과 일치함

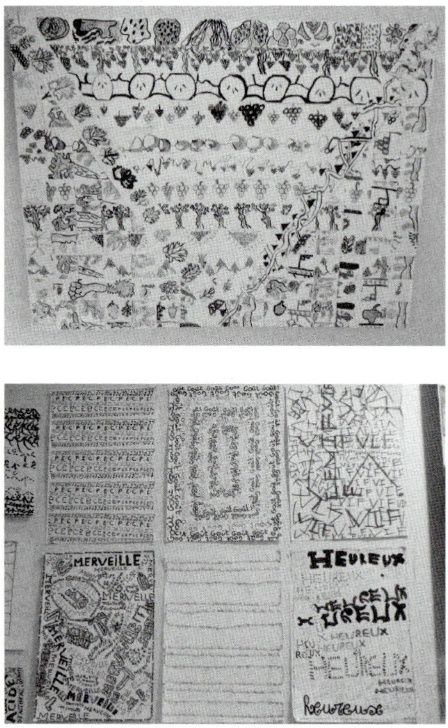

▼ 프레네 학급에서 완성한 그라피즘 예시

2 프레네 초중등교육

학교는 아동이 동일 연령의 친구들과 한 학급에서 생활하는 조직체로서 한 학급 내 또는 학급 간 또래 친구들과 유기적이고 활발한 상호작용을 하는 공동체이다. 학교 공동체는 교사, 학생, 학부모, 학교 운영자가 함께 참여하여 구성한다. 세르지오바니(Sergiovanni, 1994)는 학교 공동체를 "돌봄, 신뢰, 협동, 헌신 등을 통한 결속과 연대를 특징으로 하는 공동체로 바뀌어야 한다."고 하였다(김영화, 2005).

또한, 그는 공동체를 친족 공동체, 공간 공동체, 의식 공동체로 유형화하였고, 이 세 가지 유형 중에서 의식 공동체는 '공동의 목적, 공유하는 가치, 존재와 행위에 대한 공유 개념에 따라 구성원들이 상호 결속'하여 '우리'의 개념을 더욱 강조한다.

다시 말하면 학교는 리더 공동체이며 민주적 공동체이다. 리더 공동체는 교장, 교사, 학생, 학부모가 공동의 목표를 달성하기 위해 지배하는 권력이 아니라, 공동의 가치를 실현하기 위해 서로에게 영향력을 발휘하는 '공유적 리더십'이라고 정의할 수 있다. 또한, 민주적 공동체는 학생들이 공동생활의 규범을 스스로 만들어 내고, 실천하도록 동기화하여 책임을 공유하는 시민의식이 바탕이 된다. 따라서 공동체 구성원들은 공유된 신념을 바탕으로 상호작용이 활발하며, 각 구성원이 의미 있는 관계를 형성해 간다.

같은 맥락에서 프레네는 학교 내 구성원들의 의식과 행동, 의사결정 방식을 공동체라는 용어 대신 '학교 협동체(coopérative scolaire)'라고 불렀다. 학교 협동체는 미래 사회인으로서 아동에게 사회 참여의 역할을 부여하였다. 1924년 프로피(Profit, 1867~1947)가 장학사로서 프랑스의 학교 협동체를 처음 도입하여 적용하였다. 프레네는 학교

협동체를 '아동의 삶에 근거한 새로운 형태의 학교 조직이면서 동시에 프로그램이나 교과서에 근거한 교육이며, 협력을 필요로 하는 새로운 학습형태'라고 정의하였다(Freinet, 1994). 프레네는 수업을 위해 준비한 모든 교육적 자료를 새로운 학습 형태에 맞도록 개발하였다.

프레네 교육학의 학교 협동체가 초등학교에서는 교실 수업의 개혁으로 접근한다면 중등학교는 학급 회의에 더 큰 중요성을 부여한다.

1) 쿠아 드 뇌프와 학급 회의

쿠아 드 뇌프는 아동이 무엇인가를 말하며, 함께 생각을 나누는 시간으로 모든 내용을 존중해야 한다. 여기에서 친구들에게 말하고 싶은 모든 주제를 다룰 수 있다. 또는 아동이 평소에 느끼는 감정, 아이디어, 친구들과의 관계를 언급할 수도 있다. 무엇보다도 구어로 표현하는 특별한 기회로 '아동의 생각을 자연스럽게 말하고 친구들에게 진심 어린 말을 할 수 있다'(Lémery & Bizieau, 2002). 연령에 따라 내용이 달라지지만, 초등학교 고학년은 다른 친구들에게 흥미로운 내용을 이야기해 주거나, 서로 자신의 이야기를 하다 보면 학습에 대한 흥미가 생겨 자연스럽게 학습 동기가 생긴다.

학급 회의는 학생들이 학교생활에 대한 의견, 요구, 제안을 보여줌으로써 학교생활을 개선하는 데 목적을 두고 있다. 더 나아가 원활한 학교생활을 조직하고 운영하기 위해 생활 규칙을 민주적으로 결정한다. 이는 민주시민으로서의 자질을 아동기에서 청소년기 동안 형성하고, 프레네가 강조하던 민주주의를 구현하기 위해 '학교 협동체(coopérative scolaire)'를 만들어 가는 것이다. 학급 회의 동안 학생들은 자신의 생각을 말로 표현하며, 남을 설득하는 능력을 키울 수 있다.

학급 회의 안건에는 학교생활과 방과후 시간 운영, 집단생활, 회의 운영 방법이 있다. 학급 회의를 진행하는 대표 학생은 두 명이며, 역할을 돌아가며 맡는다. 회의에서 학급 프로젝트나 일시적인 학생들의 갈등 문제를 다루며, 매주 1회 개최한다. 학교 차원의 회의는 필요에 따라 중대한 의사결정을 할 때 소집하여 운영한다.

[초등학교에서의 학급 회의 토의 주제]

학교 및 방과후 생활	집단생활	회의 운영
• 운동장, 식당, 도서관 등의 공간 활용 및 활동 개발 • 그룹 프로젝트 운영·관리 • 크리스마스, 학년 말 행사 운영 방안	• 학교 규칙 • 처벌 규정 • 갈등 해결 방안	• 교사와 학생의 권리와 의무 • 학교와 학급생활 규칙 제정 • 규칙 적용 및 감독의 권한이 교사에게 있는가? 학생에게 있는가? • 규칙 존중 방법 • 규칙이나 법 위반 시 처벌 방안 • 누가 처벌할 것인가?

중등학교의 학급 회의는 2주마다 30분씩, 매달 혹은 3개월마다 1시간씩 2회 개최될 수 있다. 모든 상황은 학년, 학급, 교과목에 따라 달라질 것이며, 학생들이 회의를 주도적으로 이끌어 간다. 여기에 교사가 주의할 것은 발언권을 독점할 수 없다는 점이다. 그는 권위와 지식의 전수자가 아니라 회의의 방향을 바르게 유도하는 역할을 담당한다.

회의는 단순히 표현의 기회가 아니라 학생 자신이 속한 집단의 기능과 역할을 이해한다. 회의 시작 전, 의장, 총무, 서기를 미리 정하고 학습에 필요한 자료, 교과서, 사전, 소프트웨어, 우표, 전화 및 전신 등을 구입하는 데 소요되는 비용도 정리한다. 학생이 주관하는 행사, 설문 조사, 개별 및 집단 프로젝트 등에 관해 토의하기도 한다(Focque-noey, 2002).

[중등학교에서의 학급 회의 내용]

평가	계획
• 교육 진행 정도에 대한 학생 평가 • '나는 비판한다' • 개별 학습계획에 따른 평가 • 책임자의 보고와 토의	• 교육계획 수립 • 교육과정에 따른 활동 시기 결정 • 정치, 경제, 예술 관련 동향을 반영하는 프로젝트 정의 • 프로젝트 결정 이후의 실행 • 새로운 책임자 지적 및 결정

2) 벽신문(journal mural)

학급의 구성원들은 벽에 붙인 종이 위에 자유롭게 하고 싶은 말을 적을 수 있다. 비판할 내용, 칭찬이나 축하할 내용, 학교나 친구들에게 제안하고 싶은 내용을 적는다. 적힌 내용을 바탕으로 매주 토요일 아침 관련 토의 주제를 갖고, 학급 회의의 의장이 회의를 진행한다. 벽신문을 읽어 보고 경우에 따라 동료 학생들, 교사, 선후배의 말이나 행동이 문제 되어 토론하고 자신의 입장을 설명한다.

무엇보다도 제안이나 비판을 많이 하는 아동에게 발언권을 더욱 자주 주고 있다. 이는 학생 각자의 책임과 임무를 반성하는 기회가 된다.

이러한 활동을 통해 아동은 학교생활의 주체로서 자부심을 느끼고 스스로 결정할 수 있는 역량을 기른다. 이러한 학교생활이 학습활동으로까지 이어져 능동적인 학습 참여자로서, 자율적이고 책임감 있는 학생으로서 더욱 잘 성장할 것이다(Focquenoey, 2002).

3) 토론과 발표

토론 시간은 학생들에게 자신의 삶을 되돌아보게 해 준다. 토론의 주제는 시사적 사건, 교실이나 주변 환경에서 일어난 일, 사회적 의미가 있는 새로운 현상, 빠른 답변이 요구되는 편지 내지는 e-메일 자료,

독서, 과학적 탐구 자료가 될 수 있다.

〈학급 토론〉

- 횟수: 매일 혹은 일주일에 2회
- 시기: 오전
- 기간: 10분에서 15분, 타협하는 분위기에서 짧게 진행
- 장소: 정돈된 공간
- 학급 규칙: 학년 초에 학교 협동체를 정착시킴(구어 표현과 발언권 분배 문제 상의)
- 성인: 신뢰감 형성과 안정적 분위기, 명확한 표현력 신장, 규칙 위반 시 해결 방안 논의

토론은 한 문제를 타인에게 이해시키고 그를 설득하는 과정이다. 의사소통을 위해 2~3가지 사고의 유형을 제시한다. 이 외에도 도서를 활용한 토론수업도 있다. 브뤼네(Brunet) 교사가 인터뷰한 내용은 고등학교에서 적용한 토론 수업의 예시이다. 이 사례는 토론시간 중에 녹음기를 잘 활용한 경우이다.

> "전체 학급 또는 학급의 반이라도 토론에 참여하게 한 후, 4명이나 5명 학생들에게 자료와 필기 내용에 근거하여 논의의 핵심을 묻는다. 일주일 후에 중고등학생들을 교수학습지원센터인 CDI에서 교사 없이 학생들만 만나게 한다. 1시간 동안 녹음기에 나오는 친구의 말을 경청하고 비판하는 내용을 편집하여 지면으로 기술하도록 한다." (엘리-포르 고등학교)

또한, 발표 혹은 프레젠테이션하는 시간이 있다. 이 시간에는 명확한 주제에 대해 다양한 근거가 있는 정보와 깊이 있는 정보를 만들어 동료 친구들에게 전달하는 것을 최종 목표로 삼고 있다. 일반적으로 초등학교에서 실시한다면 15분에서 30분 동안 지속할 수 있으며, 강

연자가 말하는 동안 동료 친구들은 경청하고 질문 목록을 작성하여 발표 마지막 단계에 질문을 한다. 이렇게 질문과 답변의 과정이 지나면 기록으로 남겨두거나 학급신문(journal scolaire)으로 제작한다.

4) 학습계획서, 시간표, 학습 공간 활용

프레네 교실에서 학습은 모두 세 가지 방식으로 진행될 수 있다. 첫째, '자율적 학습'으로 아동이 해당 분야에 지식을 갖고 있고, 학습계획을 스스로 세우고 조직할 수 있다면 개별화 학습이 가능하다. 둘째, 어떤 학습활동에 어려움을 느낀다면 동료 친구들의 지도가 필요하다. 이때, '학습 계약(contrat de travail)'을 맺는다. 예를 들어, 월요일에 학생이 교사와 학습 계약을 맺고 학습 계약의 목표를 달성하기 위해 필요하다면 동료 친구들의 도움을 받는다. 셋째, 교사의 '학습지도'를 받는 것으로 시간 활용에 어려움이 있는 학생들이 주요 대상이 된다.

학습계획(plan de travail)은 수업을 조직하는 방식이며, 학생에게 자발적 학습을 유도할 수 있다. 보통 일주일 단위지만 13세에서 16세 사이의 중등학교 학생은 2주마다 실시하는 것이 효과적이었다고 한다(Freinet, 1977).

〈프랑스 초등학교의 학습계획서〉

[예 1] ____________의 개별 학습계획(월 일에서 월 일까지)

읽기	읽기 훈련	철자/어휘	동사변화/문법	쓰기
수	조작기술	측정/기하	문제 해결	관찰
과학	역사/지리	체육	예술(음악/미술)	

과학, 역사/지리, 체육, 음악/미술은 1단계, 언어 교과와 수학 교과는 3단계로 구분하여 학습 진도를 확인하였다.

[예 2] 학습계획서

1. 나의 학습의 질에 대한 생각 (−, =, +)	교사가 생각하는 정도 (−, =, +)
2. 나의 학습의 양에 대한 생각 (−, =, +)	교사가 생각하는 정도 (−, =, +)
3. 나의 학습에 대한 노력 (−, =, +)	교사가 생각하는 정도 (−, =, +)
4. 나의 행동에 대한 생각 (−, =, +)	교사가 생각하는 정도 (−, =, +)
5. 나의 책임에 대한 생각 (−, =, +)	교사가 생각하는 정도 (−, =, +)

나의 관찰

____

____

교사의 관찰

____

____

사인 :

[예 3] 초등학교 5학년 학습계획서[37]

<table>
<tr><td>월요일
• 자유 글쓰기(texte libre) • 수학 문제: ( )호
• 수: ( ) 호 • 읽기: ( ) 호</td><td rowspan="5">역사 ______
______
지리 ______
______
과학 ______
______
조형미술 ______
______
체육 ______
______
음악 ______
______
이번 주 더 학습한 내용
______
______
다른 활동 ______</td></tr>
<tr><td>화요일
• 자유 글쓰기 수정과 다시 적기 • 시를 쓰고 배우기
• 사칙연산: • 조작 기술: ( )호
• 동사변화: ( )호</td></tr>
<tr><td>목요일
• 조작기술: ( )호 • 철자: ( )호
• 읽기: ( )호
• 초등생 대상 학습총서(Bibliothèque de Travail):( )호</td></tr>
<tr><td>금요일
• 문제 해결: ( )호 • 철자: ( )호
• 시를 다시 복습하고 그림 그리기
• 다음주 학습계획(plan de travail) 작성</td></tr>
<tr><td>토요일</td></tr>
<tr><td colspan="2">자유 글쓰기 연극
시 책소개
발표 컴퓨터</td></tr>
<tr><td colspan="2">동그라미 수: 녹색 ( ) 노랑 ( ) 빨강 ( )</td></tr>
</table>

그 외에 한 주 동안 했던 활동들, 학습에 대한 생각, 계획한 내용을 모두 마쳤는지를 종합적으로 보고 자신에 대한 생각을 작성한다. 학습 정도를 진보, 정체, 미흡 세 단계로 나누어 구분하여 기술한다. 반드시 학생과 부모의 사인이 필요하다. 경우에 따라서 교사가 생각한 점도 기록하며, 교사 자신도 해당 학생을 개별적으로 평가하여 학습자의 역량을 더 자세히 파악할 수 있다.

37) 프랑스 교육부는 토요일 대신 수요일을 등교하는 날로 정하는 법령을 제정하여 2013년 1월에 공포하였다. 여기에 소개한 초등학생의 학습계획서와 시간표는 그 이전에 사용한 양식으로 수요일 대신 토요일이 포함되어 있다.

다음의 표는 생 뤽(Saint-Luc, 2007) 교사의 초등학교 5학년 시간표이며, 초등학교 교육과정의 내용 이외에 프레네의 교육활동에서 제시하고 있는 자유 글쓰기, 쿠아 드 뇌프, 아틀리에, 컴퓨터, 학급 회의 등을 실천하고 있다. 초등학교 시간표에서의 특이점은 쿠아 드 뇌프 시간이 주 2회 있고, 고학년이므로 특별 프로젝트 주제에 따라 자료 조사를 한 후, 동료 학생 앞에서 발표 및 프레젠테이션한다. 프레네 교육활동을 그대로 실천하지만, 학년이 올라갈수록 주요 교과인 국어, 수학, 영어의 비중이 높아지고 있다.

받아쓰기, 글쓰기, 평가가 매일 있어 학습자의 리듬을 고려한 시간표를 운영하고 있으며, 초등학교 1학년과 5학년이 공동학습 활동을 통해 전체 학급이 모인 장소에서 발표회를 하기도 한다.

[프레네 초등학교 5학년 시간표]

구분	월요일	화요일	목요일	금요일	토요일
8:30~9:00	쿠아 드 뇌프/ 주간학습계획	독서활동	쿠아 드 뇌프/ '개미' 프리젠테이션	초1학년과 공동 운영/ 학교 회의	3회 받아쓰기/ 동시
9:00~10:10	국어	자유 글쓰기	받아쓰기/ 시간 연산	받아쓰기/ 구구단	연극 관람
10:10~10:30	휴식	휴식	휴식	휴식	휴식
10:30~11:30	평가시험	수학 평가	수학/영어	개별 활동	무용/경주
11:30~13:30	점심	점심	점심	점심	–
13:30~14:30	영어	학교 회의/ 영어 노래	과학기술 아틀리에	기술 아틀리에/ 조형 아틀리에	
14:30~15:10	컴퓨터 워드/ 자료 탐색활동	영어	컴퓨터	기술 아틀리에/ 조형 활동	
15:10~15:30	휴식	휴식	휴식	휴식	
15:30~16:30	역사	지리/ 경험 소개하기	체육(핸드볼)	수학 아틀리에	

중학교에는 프레네 교육학을 실천하는 주 5일 수업이 있으며, 수요일은 오전 수업만 이루어진다. 모든 중학교는 범교과 학습을 3시간씩 진행하고 있으며, 튜터의 지도를 받는다.

[프레네 중학교 시간표]

<table>
<tr><th>구분</th><th>월요일</th><th>화요일</th><th>수요일</th><th>목요일</th><th>금요일</th></tr>
<tr><td>8:00~8:30</td><td>등교</td><td>등교</td><td>등교</td><td>등교</td><td>등교</td></tr>
<tr><td>8:30~9:00</td><td>쿠아 드 뇌프[38]</td><td>따뜻한 음료</td><td>신문 읽기</td><td>신체 표현</td><td>음악</td></tr>
<tr><td>9:00~9:40</td><td>튜터제[39]</td><td>튜터제</td><td>튜터제</td><td>튜터제</td><td rowspan="2">학교협의회[40]</td></tr>
<tr><td>9:40~10:30</td><td>수업 1</td><td>수업 5</td><td>수업 7</td><td>수업 9</td></tr>
<tr><td>10:30~11:00</td><td>휴식</td><td>휴식</td><td>휴식</td><td>휴식</td><td>수업 13</td></tr>
<tr><td>11:00~11:45</td><td>수업 2</td><td>수업 6</td><td>수업 8</td><td>수업 10</td><td>휴식</td></tr>
<tr><td>11:45~12:30</td><td>RETP[41]</td><td>RETP</td><td>RETP</td><td>RETP</td><td>수업 14
(11:30~12:30)</td></tr>
<tr><td>12:30~13:30</td><td>점심</td><td>점심</td><td>점심</td><td>점심</td><td>점심</td></tr>
<tr><td>13:30~14:15</td><td>RETP</td><td>RETP</td><td rowspan="5">방과후
교육활동</td><td>RETP</td><td>RETP</td></tr>
<tr><td>14:15~14:30</td><td>휴식 및 이동</td><td rowspan="4">아틀리에/
프로젝트/
범교과 학습[42]
(3시간)</td><td>휴식 및 이동</td><td rowspan="4">아틀리에
프로젝트
범교과 학습
(3시간)</td></tr>
<tr><td>14:30~15:15</td><td>수업 3</td><td>수업 11</td></tr>
<tr><td>15:15~16:00</td><td>휴식</td><td>휴식</td></tr>
<tr><td>16:00~17:30</td><td>수업 4
(1시간 30분)</td><td>수업 12
(1시간 30분)</td></tr>
</table>

프레네 교실에서는 교사와 학생, 학생 간의 상호작용이 용이하게 이루어질 수 있도록 효율적인 공간을 구성한다. 대집단 학습, 소집단 학습, 개별 학습이 언제든지 가능할 수 있도록 공간에 대한 활용을 고민하면서 책상과 의자를 배치한다.

대집단 학습의 경우, 책상이 칠판 앞으로 향해 있는 버스형 학급의 구조를 따른다. 이러한 형태는 학생들의 말하기 교육이 불가능하며, 수업에 참여하더라도 교사의 시야에서 가려질 수 있다.

한편, 칠판을 향한 U자형 구조가 있는데, 이 경우에는 집단의 소통이 매우 가능한 공간 배치이며, 특히 학급 회의와 쿠아 드 뇌프를 실천하기에 적합하다. 20명 이상의 학생이 있는 교실에서는 두 줄의 U자형을 만들 수 있지만, 모든 학생이 마주 볼 수 없어서 효율적인 소통 공간이라 보기 어렵다. U자형 구조 가운데 빈 공간에 테이블을 놓고, 교사의 보충 지도가 필요한 학생을 모이게 하여 설명하거나 나머지 학생들은 개별 학습을 수행한다.

학기 초에는 U자형 또는 학생 수에 따라 두 개의 U자형으로 책상을 놓고, 가운데 자리는 중앙 테이블을 배치한다. 가끔 학급 회의 시간에 아이들은 공간 위치를 바꾸자는 제안을 할 수도 있다. 교사는 때

---

38) 쿠아 드 뇌프(Quoi de neuf)는 매일 아침 30분 동안 학교도서관에서 읽은 독서 내용을 발표하거나, 그룹 토의, 신문 잡지 읽기 등을 통해 하루 일과를 차분하게 시작하는 준비 단계의 과정이다.

39) 튜터제(Groupe de Tutorat)는 중학생 12명으로 구성한 집단을 튜터(tuteur)가 책임지는 제도를 말한다. 연령과 수준이 다른 학생들이 만나 학습적 관계를 형성하고 상호 협력하는 기회를 갖는다.

40) 학교협의회(Conseil coopératif)는 학급 회의의 기능을 유지하지만, 중학교에서 용어를 다르게 사용하고 있다. 학교생활 규칙의 제정에서 준수까지 구성원들이 찬반 투표를 하며, 규칙을 어길 때 응당히 받아야 할 행동 결과에 대해 토론한다. 협의회를 통해 학생들은 민주주의를 체험하고 교사의 도움으로 회의록을 작성한다. 협의회에 속한 한 명의 학생이 기록자 역할을 수행한다.

41) RETP(Réseau d'Entraide et de Travail Personnel)는 상호 협조망과 개별 학습, 상호 관계에 바탕을 둔 학습으로 습득된 지식을 평가하며, 타인에게 자신이 알고 있는 것을 설명해 줌으로써 지식의 이해 수준을 스스로 파악할 수 있다. 이 시간 동안 학생들은 어려움을 느끼는 교과목을 집중 공부한다. 오전과 오후 2회 하며, 오전 중에는 국어, 수학, 역사-지리, 영어, 물리/기술 등 교과 중심의 학습이 이루어지거나 혹은 개별 학습을 자율적으로 실천한다.

42) 아틀리에/프로젝트/범교과 학습(Ateliers projets transdisciplinaires)은 매주 2회 오후 시간에 이루어진다. 프로젝트는 보통 3개월 단위로 진행하며, 주요 프로젝트 주제는 시간, 자연과 발견, 유토피아, 중세 시인과 성, 폭력과 성 차이, 바람, 예술의 발견, 낮과 밤의 전설 등이 있다.

마다 공간 활용 계획을 준비하여 학생들과 회의 시간에 협의하여 결정한다.

교사는 학급의 여러 가지 활동의 성격에 따라 공간을 바꾸거나 이동하는 것을 제안할 수 있다. 다시 말하면 학생의 이동이 수월한 공간으로, 교구나 자료에의 접근성이 용이한 공간으로, 학생과 교사의 소통이 원활한 공간으로, 서로 간의 공동 의견을 찾을 수 있는 공간으로, 동일한 주제를 탐구하는 학생들 사이에 최적의 관계를 형성할 수 있는 공간을 배치할 수 있다.

공간 배치의 방법으로는 책임 학생을 두거나, 학생들에게 맡길 수 있으며, 교실의 다양한 활동을 위해 언어 공간, 교구 장소, 놀이 공간, 자료 보관 장소를 마련하고 있다. 그리고 학급생활 안내를 위한 게시판 활용 공간도 확보해야 할 것이다. 특히, 일을 중심으로 이루어지는 아틀리에(atelier) 활동을 하려면 동시, 연극, 음악 등과 같은 동적인 활동을 위해서 교실 복도를 확보해야 하는 경우도 있다(Le Ménahèze & Olivier, 2008).

다음의 그림과 같이 학생들의 책상과 의자를 배치하여 집단 활동을 더욱 강화할 수 있다. 오른쪽 그림에서, 왼쪽 상단은 모든 학생들이 칠판을 바라보도록 앉으며, 오른쪽 상단은 혼자 공부할 때, 벽에 가까이 앉아 집중할 수 있는 환경을 만들 수 있다. 왼쪽 하단의 그림은 서로 토론할 때, 마주보고 앉는 네모형 위치이다. 오른쪽 하단은 소집단 활동을 위해 배치한 공간 활용의 예이다.

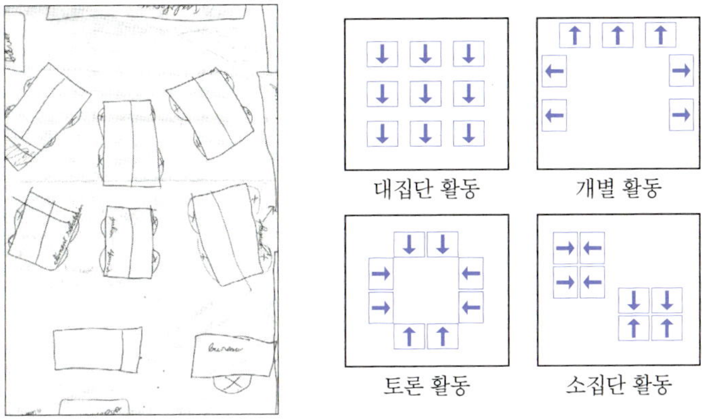

▼ 프레네 교실의 책상 배치

출처: Le Ménahèze & Olivier (2008). 김영주 · 송순재 · 신은희 · 진영효 · 황성원 엮음 (2009). 프레네 교육의 첫걸음, 2008년 프레네 교육 참실대회 및 직무연수 자료집. 27.

3 프레네 교육학과 심리치료 교육학

1) 프레네 교육학과 프랑스 공교육

르그랑(Legrand , 1993)은 프레네 교육학이 프랑스 공교육개혁에 어떠한 기여를 하였는가의 물음에 무엇보다 언어교육의 발전과 초등 국어과 교육의 구체적인 활동 방법의 정착에 영향을 주었다고 하였다.

또한, 리오넬 조스팽(Lionel Jospin)이 시행한 '국가 교육정립법'의 기본 원칙인 '아동 중심의 교육', '학생 중심의 교육'에도 반영된 바 있으며, 프랑스 교육개혁에서 강조되고 있는 쓰기 위주 교육방법이 구어 중심의 표현 교육으로 전환된 것도 프레네 교육학의 영향이라고

본다(Chabrun & Le Ménahèze, 2007).[43]

프레네 교육학은 '학급 책임자로서의 발언', '학급 회의에서 문제와 갈등을 해결하는 의견 나누기', '창의적 언어표현 활동' 등의 방법을 통해 학교교육에서 다양하게 실천되고 있다. 미디어를 활용하는 교육과 교육활동에 대한 영상 기록 및 편집은 프레네가 강조한 교수 매체의 도입과 활용에 근거를 두고 있다.

르그랑은 프레네 교육학이 사회와 과학의 통합 교과에 해당하는 지역사회 탐구(étude du milieu)에도 영향을 주었다고 한다. '아틀리에'(atelier) 중심의 노작교육, 박물관 수업, 과학 활동, 산책, 시청각 자료, 식물류의 보존 등은 지역사회 탐구와 관련 있는 '프레네 테크닉(Techniques Freinet)'이며, 이는 아동의 개별적인 참여만으로 가능하지 않으며, 친구들과 협력하는 태도가 절대적으로 필요하다(Focquenoey, 2002).

학급 내 한 집단이 '고래'에 관한 프로젝트를 정했다면 그 프로젝트의 핵심 주제에 대해 친구들 앞에서 설명할 수 있도록 그림, 사진, 책, 백과사전, 그림 사전, 인터넷 등에서 찾은 자료를 정리하여 발표한다. 이런 활동이 프레네 테크닉을 적용하는 교육 사례이다. 프로젝트 활동을 잘 준비하여 진행하려면 학교 도서관의 교육적 환경이 풍부하게 갖춰져야 한다.

43) 프랑스에서 프레네 교육학을 적용하고 있는 교사는 6,000명이지만 이 중에는 유치원을 포함한 초등교사가 주를 이루며, 중등학교 교사의 수는 매우 적은 편이다. 중고등학교가 교과분절식의 수업 운영을 대부분 운영하고 있어 교사 협력이 필수적인 프레네 유초등교육에 비해 프레네 교육학의 도입과 실천에 소극적인 편이다.

또한, 프레네 교육학은 소집단 협력 학습과 같은 그룹 조직과 운영,[44] 학교 프로젝트(projet d'établissement)[45]에도 영향을 주었다. 중등학교에서는 프레네 교육운동이 매우 제한적으로 실시되고 있다. 이런 이유는 교과 중심의 교육 특성 때문일 수 있다. 그럼에도 학급 내 의사결정 사항이 있는 경우, 학급 회의를 통해 민주적인 방식으로 의결한다.

학생들이 자치적으로 운영하는 자주 고등학교(lycée auto-géré)는 파리(paris)와 생 나제르(Saint-Nazaire)에 있다. 이 학교들은 프랑스 교육부 인가를 받았으며, 학교 구성원들이 학교 운영의 책임을 공유하며 공동체 의식을 키워간다. 교사와 학생은 학교 운영의 주체로서 책임과 권한이 매우 크다.

2) 프레네 교육학 기반 심리치료 교육학

기존의 프레네 교사들에게 다른 경향성을 보여 주는 젊은 프레네 교사들이 나타났다.

첫 번째 성향은 프레네 교육학의 원칙을 지키면서, 교사 자신이 처해 있는 학교와 교실 상황, 아동의 특성, 지역사회에 따라 프레네 테크닉과 교육 매체를 상황에 맞게 적용하는 교사들이 있다. 프레네 교육

---

44) '프레네 테크닉'은 기본적으로 아동 간 협력에 기초한다. 몇 명의 학생이 집단을 형성하여 학습활동을 하는 것을 원칙으로 하지만 매주 초 학생 각자가 주간학습계획을 세워 집단 학습 안에서 개별 학습을 진행하는 균형 잡힌 학습 형태를 강조하고 있다.

45) 프랑스 초중등학교는 해마다 또는 2, 3년 동안 학교, 교사, 학생들이 하나의 큰 주제를 정해 계획 수립부터 실행까지 이루어지는 학교 프로젝트를 구성한다. 교육청 장학사와 협의 하에 이루어지는 학교 프로젝트는 재정 지원과 교육 지원을 받는 교사와 학생 간의 공동 프로젝트이다.

학을 실천하는 대부분의 교사가 이 그룹에 해당한다.

두 번째 성향은 프레네 교육학과 프레네 테크닉에서 출발하였으나, 교사와 학생, 학생과 학생, 학생 집단과 제도의 관계에는 갈등이 내재해 있다고 보고, 이러한 갈등을 해결하고자 심리치료적 접근을 시도한 교사들이 있다. 이들은 바스케즈(A. Vasquez)와 우리(F. Oury)를 중심으로 구성된 프레네 교사들 그룹이다.

이들은 학교 구성원들의 무의식을 다루는 교육학을 말 그대로 번역하여 '제도화 교육학(pédagogie institutionnelle)'이라 한다. 이 교육학은 교실이라는 한 장소에서, 행동과 언어의 제한선 아래 규칙과 법을 지키며 생활하는 구성원들이 어떻게 사회적 관계를 유지하고, 무의식을 통제하고 표출하는가에 관심을 갖는다. 예를 들어, 동시를 배울 때, 프레네 교사는 학생들에게 자유 글쓰기(texte libre) 활동을 촉진한다. 일반적으로 많은 교사는 학생들에게 자신을 자유롭게 표현하도록 권하지만, '제도화 교육학(pédagogie institutionnelle)'을 강조하는 교사는 프레네의 자유 글쓰기가 아동의 심리와 감정 상태를 어떤 면에서 치유하는지를 주의깊게 살펴본다.

프레네 교육학을 기반으로 심리치료적 접근을 시도했으므로 필자는 독자의 이해가 더 쉽도록 '제도화 교육학' 대신에 '심리치료 교육학'[46]이라고 부르고자 한다. 앞으로 이 책에서 언급하는 심리치료 교육학은 곧 제도화 교육학을 의미한다. 프레네 교육학과 심리치

---

46) 고민하건대, '제도적 교육학'이라고 원어를 그대로 번역하는 것보다 프레네 교육학을 기반으로 심리치료적, 임상적 접근을 시도했던 교육학의 발생배경을 고려하여 '심리치료 교육학'으로 부르고자 한다. 이는 전적으로 자의적인 결정임을 밝혀 둔다.

료 교육학의 차이는 현대학교협의회(ICEM) 소속 교사들이므로 차이가 없어 보이나 사실은 교육방법이나 수업을 쉽게 구별할 수 있다(Boncourt, 2003).

그렇다면 프레네 교육학에서 어떻게 '심리치료 교육학(pédagogie institutionnelle)'이 형성되었는지 그 과정을 살펴보도록 하겠다.

라미히(Lamihi, 1994)의 박사 논문은 프레네 교육학에서의 어떠한 실천이 교사에게 심리치료 교육학을 주장하는 계기가 되었는지, 심리치료 교육학을 주장하는 교사 그룹은 프레네 교육학에 대해 어떠한 관점을 갖고 있었으며, 어떠한 과정에서 의사와 심리치료사들이 프레네 교육학에 임상적 · 심리분석적 접근을 하게 되었는지를 연구하였다.

심리치료 교육학을 주장한 교사들은 프레네 교육학이 교사의 지역별 연구 모임을 통해 확산되어 가던 시기에, 프랑스 파리 시의 프레네 교사 그룹에 등록되어 있었다. 드니(M. -J. Denis), 퐁비에유(R. Fonvieille)와 우리(F. Oury)는 프레네 테크닉의 한계점을 밝히기 시작하였고, 결국 프레네 교사 모임과도 단절하기에 이르렀다.

프레네 교육운동에서 배제된 그들은 1961년 5월 18일, 자체적으로 GTE(Groupe Techniques Educatives)를 결성하였다. GTE는 교육기술 그룹으로 프레네 테크닉의 기술적 변화에만 집중하는 것이 아니라 인문학 전공자들과 협력하고, 교육학의 시각을 넓혀 다양한 분야의 전문가들과 교류하였다. 이중에 의사와 심리학자들은 프레네 교육학에 존재하는 심리치료적 특성을 발견하고, 학생들이 집단 활동에서 보일 수 있는 문제행동을 예측해 본다. 도시 계획가와 건축가들은 학교 건축에 관심을 갖고, 6개 반으로 구성한 도시형 학교의 유형을 연구한다. 이렇게 프레네 테크닉의 교육 가능성을 알리고, 교직 수행의 어려움을 보도하는 신문기자, 아동의 요구를 반영한 도시형 학교의 설립과 그 설립의 과정에 영향을 준 프레네 교육운동 특별위원회와도 협력한다.

당시 프레네 교사들이 농촌 학교에서 출발한 다수에 비해 심리치료 교육학을 주장한 프레네 교사들은 대도시 지역, 특히 파리 주변의 프레네 학교에 근무하는 교사들이 대부분이었다.

다양한 분야의 전문가 중에서 우리(J. Oury)는 심리치료 교육학의 형성에 결정적인 영향을 주었다. 그는 라 보르드(La Borde) 병원을 설립하였고, 정신분석가 가타리(Pierr-Félix Guattari)와 매우 가까운 협력 관계에 있었다. 다른 심리치료사와 정신분석가처럼 이 둘은 정신 병동이나 병원 이외의 기관에 대한 실험 연구를 찾고 있었고, 병원과 매우 다른 기관의 실천가들과 만나는 것이 연구의 범위를 확장할 수 있는 일이었다. 그래서 학교에 대한 연구가 매우 유익하다고 생각하였다. 우리(Oury) 형제가 학교와 병원에서 근무하면서 교사와 심리치료사의 협력이 비교적 빠르게 성립되었다.

단순히 이 둘의 관계가 형제였기 때문에 프레네 교육학 기반 심리치료 교육학이 발전한 것은 아니다. 우리(F. Oury)는 특수 교사였고, 그가 맡은 학생들은 학교체제에 부적응한 아이들이었거나, 정서적으로 반사회적 장애를 가졌었다. 또한, 가벼운 지적 장애를 가진 학생도 있었다. 우리(F. Oury)는 교육적 실천으로 지도하고자 하였으나, 우리(J. Oury)는 정신건강의학과 의사로서 교육에 무관심할 수 없었다.

이후 심리치료 교육학은 퐁비에유(Fonvieille, 1989)의 학급이나 학교의 심리사회적 접근, 학생들이 직접 운영에 참여하며, 자치 활동에 비중을 둔 자주(autogestion) 학교로 변화되어 간다. 퐁비에유는 저서 『프레네 교육운동의 모험(*L'aventure du mouvement Freinet*)』(1989)에서, 프레네가 어떠한 점에서 위대한지 그 이유를 적고 있다.

"프레네가 보여 준 가장 위대한 능력은 구텐베르그가 인쇄기 사용을 보급한지 500년이 지난 시점에, 이것을 학교 학습의 중심에 놓은 점이며, 루소의 교육 원칙을 공교육에 도입한 점, 학교 협동을 실천한 점, 아울러 프레네와 같은 초등학교 교사들이 미래 시민을 양성하는 교육에 사명감을 갖고, 인본주의적 의미에 대해 근본적 물음을 한 것에 있다." (Fonvieille, 1989)

프레네 교육학에 대해 우리(F. Oury)는 몇 시간의 연수 후에 유치원부터 중고등학생에게 실천하는 교육활동을 익힐 수 있다고 하면서, 어느 교사나 의지만 있으면 교육 현장을 바꿀 수 있다고 하였다. 교사들이 서로에게 조언해 주며 실천하면, 프레네 교육방법에 빠르게 적응할 수 있다는 것이다. 프레네 교육학을 실천하는 데 의무적으로 이수하는 연수시간이 있는 것도 아니고, 특별한 능력이 더 필요한 것도 아니었다. 더구나 퐁비에유와 우리(F. Oury)는 프레네 교육학을 적용하고 실천할 때, 경제적인 비용이 없다는 점에 매력을 느껴 현대학교 협의회(ICEM)에 각각 1947년, 1949년에 가입하였다.

이후, 이들이 프레네 교육학의 어떤 점을 비판하였을까? 프랑스 파리 시와 그 주변 도시에, 프레네 교육학의 확산과 보급을 담당했던 그들을 향해 셀레스탱 프레네는 조금씩 거리감을 두게 되었다. 근본적인 이유는 프레네 자신이 프랑스 남부지방에서 이끄는 교육운동보다 이들이 파리 시와 그 근교에서 벌이는 프레네 교육운동이 더 커지는 것이 불편하지 않았을까 생각하는 경우도 있다.

퐁비에유는 1960년, 자신이 주도하는 『일 드 프랑스 교육자(*L'Éducateur d'Ile-de-France*)』 잡지 34호에 프레네 교육학이 인쇄활동 중심으로 정형화 되어 가는 현실을 비판하였고, 프레네는 결국 그를 현대학교

협의회(ICEM)에서 배제시킨다.

심리치료 교육학은 의사와 환자의 관계처럼 교육 현장의 교사와 학생의 관계에는 중재(médiation)가 필요하다고 보았다. 중재는 기관이 하거나 어떠한 매체가 그 역할을 할 수 있다. 의사와 환자의 관계에서 중개 매체가 병원인 것처럼, 프레네 교육학에서는 인쇄기, 학급신문, 학급 회의, 아틀리에가 중개 매체가 된다. 이런 중개 매체는 다음의 조건을 만족해야 한다.

- 교사와 학생 또는 돌보고 돌봄을 받는 자의 이중적 관계는 위험이 없어야 한다. 대면관계는 제3자가 개입하는 삼각관계를 통해 가능하다.
- 이중 관계에서 나타날 수 있는 상상적 동일시의 위험성을 예견해야 한다.
- 집단 활동이나 공동 프로젝트를 참조하여 아동이나 환자가 보이는 주도성 또는 상호 교류를 권장하고, 그들이 자유롭게 말할 수 있어야 한다.
- 학생과 환자가 경험할 수 있는 집단 내의 갈등 해결이나 상호 교류를 통해 타인과 공존할 수 있는 기회를 제공해야 한다.

한마디로 정의하면 개인 간, 개인과 집단 간 형성하는 위계적 관계와 학생이 지식과 맺는 관계, 의사가 환자와 맺는 관계가 변한다는 것이다. 심리치료 교육학은 학급에서 무엇이 일어났는지 일상생활에서 학생들의 행동 변화를 이해하고자 인문학적 관점에서 바라보았다. 우리(J. Oury, 1994)가 바라본 심리치료 교육학은 교육 테크닉을 활용하여 그룹의 무의식적 관계에 대한 연구를 했다는 점에서 나름의 독창성이 있다(Lamihi, 1994).

오래 전부터 프레네 교사였고, 특히 장애 아동의 학급을 담당했던 우리(F. Oury)는 형제인 우리(J. Oury)와 가타리, 바스케즈와 더불어 프레네 교육학에 기반한 심리치료 교육학을 형성하였다.

> "심리치료 교육학(제도화 교육학)은 기술, 조직, 일의 방법, 활동적인 학급의 실천에서 파생한 내부 제도의 총체를 다룬다. 아동과 성인을 새롭고 다양한 상황에 놓이게 하여 그들에게 개인적인 참여, 주도성, 행동, 지속성을 요구한다. 실제 해야 할 일과 시간과 능력의 제한은 불안을 야기하고, 이런 상황은 자연스럽게 갈등을 빚어낸다. 문제가 해결되지 않고 지속된다면, 공동의 활동과 참여자의 지적 정의적 발달을 동시에 가로막는다. 그것으로부터 물리적 도구, 교육적 기술, 개념, 내부의 사회적 제도를 활용하는 것이 필요하며, 물리적 · 정의적 · 언어적 교류의 촉진은 갈등을 해소하는 데 도움을 준다." (Vasquez & Oury, 1971)

이후 심리치료 교육학의 한계점을 보완하여 더 진보적이고 자주적 교육을 실천하려는 움직임이 있었지만, 그것은 지나치게 급진적이었고, 학교나 교실의 자주적 운영을 학생들에게 전적으로 맡긴다는 것은 일반적인 교육 현장에 보급하기 어려웠다. 이렇게 프레네 교육학은 집단의 제도화를 통한 심리치료적 기능이 정착되어 가고 있었다.

제 5 장

프레네 교육학 전망

1. 프레네 교육학 동향
2. 프레네 교육학 발전 방향

지금까지 프레네 교육학의 기본 원칙과 다양한 교육 매체를 통한 활동의 유형을 살펴보았다. 프레네는 『프랑스 현대학교(*L'École moderne française*)』라는 책에서 프레네 교실을 특징짓는 30가지 교육불변의 원리를 제시하였다. 프레네 교육학은 여러 가지 프레네 테크닉을 병렬적으로 적용하는 것이 아니다. 프레네는 교육 매체와 도구의 중요성 및 필요성을 일찍부터 간파하였고, 당시 학교 현장에 상당히 획기적인 새로운 교육을 도입하였다.

하지만 수업의 변화를 가져왔다는 것만으로 프레네 교육학을 평가하는 것은 충분하지 않다. 프레네 교육학의 정신이 바탕이 되어 프레네 테크닉에 의미와 가치를 부여하였다는 점을 더 인정해야 할 것이다.

그렇다면 프레네 교육학은 어떤 분야와 함께 생각해야 할까?

- 학교교육의 목적과 관련이 있다.
- 교수학습의 실천과 적용에 관한 근거를 제공한다.
- 교실 내 상호작용과 사회화에 관심을 두고 있다.

우리는 20세기 초 교육사상적 맥락에서 프레네 교육학을 접근하였다. 당시 확산되었던 에뒤카시옹 누벨과 프레네 교육학이 어떻게 다른지를 설명하였다. 아울러 프레네 교육학이 현시점에서 어떠한 교육적 가치를 갖고 있으며, 프레네 교육학이 학교 현장에 주는 영향력은 어느 정도인지 파악하고자 하였다.

이 책은 프레네 교육학에 관한 철학적 접근이 아니라 프레네가 자신을 이론가보다는 실천가로 인식하길 바란 것처럼 교육 현장에서 몸소 실천한 사례를 소개하고, 프레네 자신과 프레네 교육학을 계승한 현장의 교사들이 개발한 프레네 테크닉의 의미를 더 자세히 살펴보고자 하였다.

1 프레네 교육학 동향

1) 삶과 일에 기초한 학교

삶과 일에 기초한 학교는 거부와 의도라는 용어로 요약할 수 있다. 거부는 전통적인 교재 중심과 전달식 수업에 대해 반기를 들고 교과서를 통한 메마른 학교지식의 습득을 거부한다는 의미이다. 반면 자연적 · 사회적인 환경에 개방된 학교문화를 정치, 경제, 사회, 문화, 역사와 연계하여 살아있는 세상을 경험하길 바라는 의도를 품고 있다.

농촌 지역에서 출발한 프레네 교육학은 1950년대 도시 개발과 맞물려 학교를 개방하는 것을 원하지 않았다. 이는 도시 주변 지역의 끔찍한 환경 변화에 찬성하지 않았기 때문이다. 최근 프레네 교육학을 계승하는 차세대 교사들은 도시의 새로운 건축 환경에서 사회적 교류를 시도하고, 학교가 사회와 더불어 발전하는 데 기여하고 있다.

프레네 교육학에서 말하는 학교의 개방은 학교를 무조건 개방하라는 뜻이 아니다. 자유 경제와 기업의 생리에 맞게 학교를 개방한다는 의미는 더더욱 아니다. 프레네 교사들은 대도시 주변의 외곽 지역이 도시화될 때, 학교와 주변 환경과의 연관성에 관심을 많이 가졌고, 환경을 파괴하는 도시 개발을 중단시키고자 정치적 참여도 감행하였다.

삶이 학교문화에 유입되면, 일은 프레네 교육학의 이론과 실천을 연결하는 고리 역할을 한다. 소작농의 아들이자 초등학교 교사인 프레네에게 일은 직업 정신의 바탕이 되었다. 프레네는 대량 생산을 추구하는 자본주의 조직이 노동자를 착취하는 것을 규탄하였다.

그는 19세기의 사회주의자들처럼 생산적인 일에 어린이를 참여시키는 것에 관심을 가졌고, 다양한 기술과 여러 가지 수공예를 실천하는 민중교육을 꿈꾸었다. 학교인쇄출판활동을 도입하여 유익했던 것은 인쇄기에 딸린 작은 재료들을 활용하여 학생들에게 학습 차원에서 질 높은 수작업을 경험하게 해 주었다는 점이다.

프레네에게 일의 개념은 유년기에 지중해 연안에서 농사일을 했던 경험에서 나왔다. 프레네는 일에 대한 열정, 철학적이고 심리학적인 생기론, 본질적 가치로서의 일을 강조하였다. 일은 '생명 유지에 필요한 소질이나 성향'을 말한다.

2) 민중학교

셀레스탱 프레네에게 민중학교의 설립은 제2차 세계대전 이후에 그 색깔이 조금 약해졌다. 민중학교를 설립하겠다는 의지는 전쟁을 겪으면서 변화하였다. 예를 들면, '민중학교', '프롤레타리아 교육'이라는 표현을 더 이상 사용하지 않았다.

계급 없는 사회의 학교를 만들겠다는 희망은 모든 사람을 맞이하는, 대중을 위한 학교를 설립하는 데 기여하였다.

중류층은 교육의 민주화에 적극적으로 대응하지 않았다. 1960년대는 학교의 사회적 불평등을 고발하던 시절이었다. 그러나 현대학교 운동가들은 여전히 교육 민주화를 직접 실현하고자 하였다. 교육의 민주화를 이루고 지식에의 접근과 학교 사회화라는 이 두 가지 교육의 목표를 달성하고자 노력하였다.

번스타인(B. Bernstein)과 페르누(Ph. Perrenoud)는 에뒤카시옹 누벨의 '보이지 않는 조직'과 중류층의 가치 사이에 존재하는 접점에 관한 질문을 던졌다. 페르누는 자신의 질문을 요약하였고, 현대학교 관계자들은 그에게 응답하였다.

> "새로운 교육은 역사적으로 억압받는 계층, 빈곤자들, 서민 계층의 편에 있다. 중산층 사회에서 이런 역사적 특성은 무엇을 남겼는가? 부모가 자녀의 학교를 선택할 때, 새로운 학교에 자녀를 등록시키는 사람은 주로 중상류층 가정이다. 그것은 전혀 의문을 제기할 필요가 없다. 문화자본과 부모의 지위는 자녀의 발달, 자율성, 자아 형성을 이루는 데 영향을 주는 결정적 요인이다." (Peyronie, 1999, 재인용)

> "새로운 교육에서 일의 진행 방식, 가치, 지식과 규칙에 대한 관계는 취약 계층의 아동과 부모에게 실제적이고 현실적인 괴리감을 갖게 한다. 놀이로 학습하기, 질서에 대해 토론하기, 활동을 협상하기, 교섭하기, 질문하기, 반론 제기하기 등 이 모든 것은 성인-아동의 '자연적' 관계와 취약한 가족의 눈에 보여지는 것과는 대립되어 나타난다." (Peyronie, 1999, 재인용)

페르누는 새로운 학교교육의 실천에 근거가 되기 위해 학교문화는 중류층의 가치 체계와 근접하다고 언급하였다.

> "우리는 자율성에 높은 가치를 부여한다. … 사회적 관계 속에서 협력에 더 높은 가치를 부여한다. … 우리는 관용의 가치를 옹호한다. … 개인적인 성숙이나 자기 계발의 중요성을 주장한다." (Peyronie, 1999, 재인용)

번스타인과 페르누가 말하는 '새로운 교육'은 프레네의 민중학교와 다르게 지배적인 사회질서와 전혀 대립하지 않는다.

프레네 교사들의 '전문성 있는 실천'과 '직무 수행의 방식'은 영국, 스위스, 프랑스의 에듀카시옹 누벨 운동과 다르다. 그렇다면 프레네 교사를 차별화하는 '전문성 있는 실천'과 '직무 수행의 방식'은 무엇을 의미하는가?

(1) 전문성 있는 실천

프레네 교사의 교육 목적은 다수의 학생이 학업에 성공하는 것이다. 학습의 개별화, 성숙할 시간을 갖는 것과 인지적 발견을 위해 약간 우회하는 것을 수용하는 것은 성공적인 학업성취를 위한 현명한 길이다. 현대학교 교사들의 협동체는 수업에서 학생의 문화적 배경을 충분히 발현시키는 데 목적이 있다.

전문성이 있는 실천에는 지역사회에 관한 앙케이트 조사, 자유 글쓰기, 학급신문, 학교 간 통신교류와 같은 소통의 기술을 포함한다. 이런 활동을 통해 프레네가 말하는 진정한 의미의 일에 다가갈 수 있다. 이때, 교사의 역할이 매우 중요하다.

> "진정한 의사소통의 부재는 취약 계층의 아이들이 낯선 언어 환경으로부터 정신적 소외를 느끼는 것이다. 학업 실패와 아동의 방치는 학교의 반민주적 기능을 보여 준다. 그렇지만 프레네는 개인의 표현과 듣기 중심의 소통 교육을 적용했다는 점에서 교육선구자였다." (Legrand, 1993)

(2) 직무수행의 방식

프레네 교사는 부르주아 학교가 갖는 섬세한 매력을 추구하지 않는다. 민중학교에 발령받는 것을 피하기 위한 특별한 전략도 없다. 교육운동가들은 교사로서의 직무 수행을 위해 학교 이동을 좋아한다. 교사라는 직업과 관련한 요인, 예를 들어 적극적 참여와 개입만이 민중학교의 학업성취 여부를 결정하는 조건들이다. 교사가 전문성만 갖추었다고 모든 문제를 해결할 수는 없다.

프레네 학교를 적극적으로 실현할 의지를 가진 교사들은 대다수의 학생이 학업 수행에 성공하길 바란다. 이러한 교육 희망을 갖고 자발적으로 교사의 연구 모임에 참여한다. 이들은 지금까지 개인적으로 새로운 교육을 꾸준히 실천해 왔으며, 교육 매체와 도구에 대한 개선을 고민해 온 참다운 교육실천가이다.

3) 프레네 교육방법

프레네 교육학을 학습심리학적 관점에서 접근한다면, 세 가지로 요약할 수 있다. 이 세 가지는 실험적 모색, 자유 표현과 자연스러운 방법이다. 실험적 모색은 프레네가 저술한 『감각심리학 시론(*Essai de psychologie sensible*)』에서 이론화되었다. 그는 이 개념을 이론화할 때, 행동주의 심리학과 파블로프의 조건 반사이론에 근거를 두었다. 프레네는 다년간의 교사 경험을 바탕으로 자신이 실천한 사례들을 정리하였다.

실험적 모색은 아동과 성인의 본성은 동일하다는 명제에서 출발하였다. 아동은 다양한 행동을 하고, 성공한 것을 다시 시도하려 한다. 일반적으로 영유아기의 아동은 기계적인 시도에서 경험에 기초한, 다시 말하면 동물의 본능적 충동과는 다른 경험에서 얻어진 능력을 통합한다. 이를 지적인 탐색이라 할 수 있다. 성인도 마찬가지로 시도와 탐색, 분석, 가설, 증명 등을 통해 새로운 지식을 형성해 간다.

아동의 학습은 반드시 사회화가 필요하다. 학습의 사회화를 위해 타인, 가족, 주변 환경은 개인이 의지할 '자연의 울타리'가 된다.

> "개인은 탐색을 하면서 자신의 고유한 잠재성을 평가한다. 개인의 가능성을 더해 주는 주변 환경에 주의를 기울인다. 주변 환경은 수용적이고 다루기 쉽고 유용하다. 결국, 환경과 마주한 개인행동의 결과는 환경에 도움을 주기도 하고 환경을 경계하기도 한다." (Célestin Freinet, 1994)

위의 내용은 지적인 영역과 정의적 영역을 분리할 수 없음을 전제로 한다. 성취감과 즐거움은 학습과 연관되어 있다. 이 관점은 스위스의 심리학자 클라파레드의 '기능주의 심리학'에 가깝다.

'자연스러운 방법(méthode naturelle)'은 실험적 모색의 의미를 보완한다. 이 방법은 프레네가 딸의 언어 학습을 관찰한 결과이며, 학교의 읽기 학습 도구들이 너무 경직되어 있다고 보았다. 영유아기에 걷기를 배우는 것, 더 나아가 말을 배우는 과정은 프레네 교실에서의 언어 학습과 그 외에 다른 학습 과정의 모델이 된다. 자연스러운 방법은 교사의 역할을 매우 중요하게 드러낸다. 아동은 교육적으로 탐색하고, 자유롭게 표현할 수 있는 교육환경의 구성을 전제로 한다. 프레네는 이런 환경을 '아동 보호 지대'라는 어색한 표현을 사용했다(Freinet, 1994).

엘리즈 프레네는 세 권으로 된 프레네의 저서를 『자연스러운 방법』, 『셀레스탱 프레네의 여정』, 『프레네 교육학에서의 자유 표현』이라는 제목으로 출간하였다. 이것은 프레네 교육학에서 두 가지 기본 조건을 충족해야 한다는 것을 암시한다. 우선 자유 글쓰기를 위해 타인에게 읽어 주기, 명확히 말하기, 알려 주기 등이 있다. 또한, 쿠아 드 뇌프, 학급 회의, 예술표현 아틀리에 등에서 자유 표현을 격려한다. 이와 같이 실험적 모색, 자유 표현, 자연스러운 방법이 프레네 교육학의 핵심적 교육방법이다.

4) 프레네 교육학의 현장 연구

교사가 수업에 도입하여 활용한 교육 매체는 교실의 분위기를 결정한다. 수업을 어떻게 진행하는가에 따라 교사의 역량과 윤리, 가치관을 파악할 수 있다. 이렇게 교육방법의 변화는 프레네 교실 내에서 일어날 일을 어떻게 조직하는가, 개인과 집단의 관계를 어떻게 조정하는가, 학습을 어느 정도 개별화하는가, 학생의 창의성과 자유 표현을 얼마나 격려하고 촉진하는가에 영향을 준다. 프레네의 인쇄기 도입이 교실 전체의 운영을 완전히 변화시켰다.

프레네가 적용한 교육 매체와 도구는 교육공학의 발달과 상관이 있다. 이 분야에서 선구자가 되고자 하는 의도는 현대학교협의회(ICEM) 교사들의 일반적 동향이었다. 적어도 몇 세대를 걸쳐 프레네의 교육철학을 지향해 온 소수의 교사에게는 더욱 그러하다.

1927년에는 영화와 라디오 매체를 활용하였고, 1980년대에 와서 팩스와 컴퓨터의 전신인 미니텔을, 오늘날에는 프레네 학교들이 웹 사이트나 전자 메일 등 인터넷을 충분히 이용하고 있다. 이러한 변화를 보고 하나의 질문을 해 볼 수 있다. 프레네 교육학의 첫 교육 매체인 인쇄기는 상징성을 갖지만, 점점 멀티미디어에 밀리는 것일까?

교육학 연구물은 프레네 교육실천 현장의 외부에 있을 때 프레네 교육학과의 관계성이 잘 드러나지 않았다. 프레네 교육학 연구는 교육 현장의 연구와 거리가 있었다. 여러 논문이 이미 그 사실을 밝히고 있다. 새로운 교육을 시도하는 단계나 보급 및 확산의 단계에서 협력적 연구가 정말 필요하다. 프랑스에서 프레네 교육학에 관한 많은 책이 개인 저서나 공동 저서로 출판되었다. 또한, 교사이면서 연구자의 역할을 수행하는 실행 연구도 수행되었다. 몇 년 전, 대학교수와 연구자들이 협력하여 프레네 교육학을 적용한 효과 연구도 있었다(Reuter, 2007).

프레네 교육학을 실천하는 교사들은 꽤 오랫동안 대학의 연구자들과 어려운 관계를 유지해 왔다. 프랑스의 대학은 프레네 교육운동을 사회적 논리와 가치에서 분리시켰고, 초등학교 범위에서만 다루기도 하였다. 이러한 반응에도 불구하고 프레네 교육학의 확산은 근본적으로 교육실천가들이 노력한 결과이다.

1959년과 1962년 사이 『삶의 기술(*Technique de vie*)』이라는 잡지의 창간호는 '프레네 테크닉의 철학적 토대'를 심화하고자 대학교수들과 학문적 교류를 시작하였다. 그러나 몇 번의 시도에도 불구하고, 아쉽게 짧게 끝났으며, 그 후에도 몇 가지 변화가 있었지만, 단기간에 마무리되었다.

이후, 대학교수와 프레네 교사들 간의 교류를 가능하게 하는 조건이 형성되었다. 대학교 입학이 좀 더 자유로워지고, 동시에 연구자로서 교사의 사회적 정체성이 변화하였다. 현대학교의 교육 비전을 함께 나누고 싶은 대학교수의 수도 증가하였다. 1967년 프랑스의 여러 대학교가 교육학과를 개설하여 교육 분야에서 많은 연구 업적이 나왔다.

벌써 50년이 지난 상황에서, 프레네 교육학에 관한 연구는 실천가와 지식인 사이에 정보 교류를 위한 다양한 네트워크가 존재하고 있다. 인문학 연구의 결과를 알려 주는 네트워크를 통해 프레네 교육학의 실천이 교육학 이론 연구에 제기할 수 있는 문제점을 다룬다. 예를 들어, 자유 글쓰기 실천에 대한 클랑쉐(P. Clanché)의 언어심리학적인 연구 작업이 있다. 또한, 프랑스 보르도(Bordeaux)에서 열린 학회, 렌(Rennes)과 캉(Caen)에서 개최한 학회, 대학교 연구자들이 참여하고 2년마다 개최하는 현대학교협의회(ICEM) 세미나, 대학 연구 차원에서 ICEM의 실천가와 연구자 간의 협력 작업이나 프레네 교육학 연구를 주제로 발표되는 대학교 박사학위 논문 등 여러 방향으로 프레네 교육학에 관한 연구가 점점 다양해지고 있다.

파브르(M. Fabre)는 프레네 교육학이 학습 상황의 엄격함을 유지하면서 교수학의 흐름을 알게 해 주었다고 말한다. 페르누는 "구성주의적 접근, 교과 교육학, 학습능력과 전이에 관한 연구, 문제 중심의 교육학을 무시할 수 없다."라고 하였다(Peyronie, 1999, 재인용).

이들은 프레네 교육학이 나아가야 할 방향이 무엇이며, 교육의 이론과 실천을 어떻게 조율해야 할지 고민하고 있다. 실천으로부터 얻은 지식과 소위 학문 차원에서 머무는 지식이 어떻게 상생할 수 있을지 깊은 고민과 토론이 필요하다. 요즈음의 현실에서는 현장으로부터 얻은 실천적 지식이 갈수록 설득력을 갖는다.

2 프레네 교육학 발전 방향

1) 프레네 교사교류의 활성화

프랑스에서 프레네 교육학을 계승하는 교사의 수를 정확한 숫자로 나타내기 어렵다. 우리나라를 자주 방문하여 프레네 교육학을 소개한 올리비에 프랑콤 교수는 프랑스 파리에서 개최한 현대학교협의회(ICEM) 총회에서 약 6,000천 명의 교사가 모였다고 했다.

제1차와 제2차 세계대전 사이에 엘리즈 프레네는 해마다 당시 프레네 교사협회(CEL)에 가입했던 회원 수를 측정했다. 하지만 1950년 이래, 회원 수를 세기가 어려워졌다. 그 이유는 현대학교 교사들이 기존의 전통적이고 형식적인 단체의 성격보다는 좀 더 유연한 조직으로 변화하였기 때문이다.

그렇다면 어떠한 기준으로 프레네 교사인지를 알 수 있을까? 앞서 언급하였던 프레네 교육학이 제안한 교육 매체와 프레네 테크닉 중 한 가지라도 실행한다면 프레네 교사라고 말할 수 있다. 또한, 현대학교협의회(ICEM)의 회원으로 가입하였거나, 교사 간 네트워크를 형성하여 지역학교 수준에서 교사 연구 모임에 참여한다면 그들도 프레네 교사라고 한다.

이렇게 프레네 교사는 일종의 상징성을 갖고 있으며, 프레네 교육학에 관심이 있더라도 많은 교사는 어떠한 조직이나 모임에서 활동하지 않을 수도 있으므로 프레네 교사를 파악하기는 더욱 쉬운 일이 아니다. 따라서 프레네 교사는 유연하고 창의적이며, 전혀 교조적이지 않다.

프레네 교육학을 실천하는 학급과 교사의 수는 그동안 조금씩 변화되었다.

기 아방지니(Guy Avanzini, 1994)는 약 40년 전, 매우 조심스럽게 "프레네 교사의 통계는 아마도 전체 프랑스 교사의 5%를 넘지 않는다."라고 지적하였다. 그러나 오늘날은 어느 정도일까? 교사의 역할이 매우 중요한 프레네 교육학에서 프레네 교사인지 아닌지는 프레네 교육학의 보급과 확산에 큰 의미가 없다.

다만, 프레네 교육학이 추구하는 교육 이념과 정신을 잘 수용하여 자신의 교육 현장에서 부분적으로 실천하는 시도를 한다면 모두 프레네 교사라고 말할 수 있으며, 굳이 교사 단체를 만들거나, 협회에 회원으로 가입하지 않아도 프레네 교사라도 할 수 있다. 현직의 교사나 예비교사에게 한 가지 필요한 것은 프레네 교육학의 철학을 수용하고, 다른 교사들과 함께 공유하는 개방적 태도, 학습자의 관점에서 최선의 교육을 제공하고자 깊이 생각하고 고민하는 자세, 이러한 교사를 프레네 교사라고 부를 수 있을 것이다.

2) 공립학교에 대한 영향

프레네 교육학은 프랑스 공립학교의 개혁에 영향을 주었다. 우선 교육 제도에 학생을 중심에 놓기 시작했던 교육정립법이 있었다. 르그랑은 학교를 개혁하는 주 참여자로서 프레네 탄생 100주년 행사에서 그의 영향에 대해 다음과 같이 적었다.

"오래전부터 프랑스 교육의 변화가 따라가는 프레네와 프레네 교육운동은 교육부의 지침서가 공식적으로 명시하지 않더라도 많은 흔적을 남겼다. 무엇보다도 초등교육 수준의 모국어에서 의사소통에 관한 강조점이 눈에 띄며, 과학교육, 역사와 지리, 지역사회 탐구의 분야에서 더욱 그러하다. 집단 활동과 학교 프로젝트에서도 프레네 교육학은 많은 영향을 남겼다. 반면, 중등교육은 프레네 교육운동의 영향에서 다소 벗어나 있다." (Legrand, 1996)

르그랑은 프레네 교육학이 교육부 지침에 남긴 영향력을 확인한 후, 두 가지 아쉬운 점을 언급하였다. 첫째, 1975년의 하비(Haby) 장관, 1984년의 슈벤느망(Chevènement) 장관이 재직하던 시절, 프레네 교육운동이 조금 약화되었던 점, 둘째, 교사의 실제적인 교육실천 사례를 교육부가 공식적으로 추천하여 소개할 수 있었으나, 그렇게 하지 못한 점을 지적하였다. 그러나 2013년 이후, 프랑스 교육부는 현대학교협의회(ICEM)를 공식적으로 인증하였다.

1960년대 초반, 프랑스의 중학교에 학습 곤란을 가진 학생들을 위한 전이학급이 생겼다. 이 학급을 위한 교육부 지침은 프레네 교육학의 이념에 기초하고 있으며, 전이학급을 담당하는 교사교육에 현대학교협의회(ICEM)가 참여하였다. 교육부의 공식 지침에는 없지만 프레네 교육학과 심리치료적 접근의 영향으로 형성한 '제도화 교육학 또는 심리치료 교육학'은 특수교육 분야에도 영향을 주었다.

오늘날, 프레네 교육학은 학생들 사이에 협력을 강조하고 상호작용을 중시하는 교사들이 많은 관심을 갖는다. 특히, 프랑스 북부 도시 릴(Lille) 근교에 위치한 학교에 프레네 교육학의 이론과 실천을 도입하여 학습 성과를 낸 사례도 발표되었다(Reuter, 2007).

3) 외국으로의 확대

프레네 교육학이 외국에 많이 알려졌다는 것은 누구나 알고 있는 사실이다. 프레네 교사들은 세계 각국에 분포되어 있고 그들은 서로 정기적인 교류를 하고 있다. 프레네의 저서와 논문이 오래전부터 여러 외국어로 번역 출판되었고, 교사협의회를 결성하여 프레네 교육운동을 보급하면서 인지도가 높아졌다.

프레네 저서를 스페인어로 번역하여 자국과 멕시코, 아르헨티나, 쿠바 등에 소개하였고, 그 외에도 오래전부터 독일어, 이탈리아어, 포르투갈어, 폴란드어, 일본어, 덴마크어, 헝가리어 등으로 번역해 왔다.

유럽 대륙에서는 프레네 교육학의 형성 초기부터 상호 교류를 실천했던 몇 개의 나라가 있다. 벨기에, 스위스, 스페인의 카탈란, 포르투갈, 네덜란드, 이탈리아, 독일, 덴마크, 스칸디나비아 반도의 국가 등은 프레네 교육학에 관한 역서나 관련 자료를 쉽게 찾아볼 수 있다. 프레네 교육학은 폴란드와도 특별한 관계를 형성해 왔다.

프레네의 저서를 스페인어와 포르투갈어로 번역함으로써 라틴 아메리카에도 활발히 보급하였고, 아프리카의 세네갈, 부르키나 파소, 말리 등에도 잘 알려져 있다.

우리나라와 지리적으로 가까운 일본에서도 프레네 교육학에 대한 역서가 소개되었다. 1990년대 이미 프레네 교사 국제모임(Rencontre internationale des éducateurs Freinet)을 개최한 일본도 우리나라처럼 유아기의 성장 과정에 주의를 기울이고, 표현활동을 권장하고 있어 프레네 교육학을 부분적으로 실천하고 있다. 하지만 학교급이 올라갈수록 제도권 교육의 한계로 인해 교육방법의 변화를 주기 어렵다. 그래서 프레네 교육학을 영유아교육과 초중등교육에서 다르게 실천할 수밖에 없을 것이다.

4) 프레네 교육학의 새로운 시도

프레네 교육학은 학교 내부와 학교 밖의 여러 가지 교육 현상에 어떠한 영향을 주었을까? 프레네 교육학에서 출발한 '제도화 교육학(pédagogie institutionnelle) 또는 심리치료 교육학'의 발달은 우리(F. Oury)의 심리치료적 접근과 정신분석학의 영향을 받았다. 또한, 퐁비에유(Fonvieille, 1989)는 제네빌리에 학교에서 자주 교육(autogestion pédagogique)을 실천하였다. 자주 교육은 전통적 학교 체제에서 관료주의에 대한 비판과 사회심리학의 영향에 기초한다. 이러한 변화는 프레네 교육학의 정통 모델과 비교하면 매우 거리감이 있다.

프레네 교육학은 초등학교와 대학교에서 함께 발달하였다. 학생들을 대상으로 파리 8대학의 루로(R. Lourau) 교수, 로브로(M. Lobrot) 교수, 라파사드(G. Lapassade) 교수를 중심으로 프레네 교육학을 더욱 발전시켰고, 교육의 방향성을 새롭게 제안하였다.

자주 교육의 사상은 현대학교협의회(ICEM)에서 발달하였으며, 특히 이벵(P. Yvin)과 르갈(J. Le Gal)이 정착시켰다. 아울러 1982년 사바리 교육부 장관 시절에 인가 받은 네 개의 실험학교 중 한 고등학교는 '자주 관리 학교'라는 프로젝트를 수행하였다. 바로 생 나제르(Saint-Nazaire) 자주 학교이다.

프레네 교육학은 앞으로 교육철학이나 교육실천 분야에서 더욱 심화한 연구가 수행될 것이며, 학교와 언론 출판과의 관련성을 탐색할 수도 있다. 또한, 학습자의 연령 구분 없이 영유아보육 및 교육, 초중등교육, 더 나아가 대학 및 평생교육기관 등 다양한 기관에서 프레네 수업기술을 도입하거나 방학 기간 동안에 운영하는 여가 센터(centre de loisirs), 방과후 학교에서도 프레네 교육학이 실천해 온 여러 테크닉을 시도할 수 있을 것이다.

그 밖에 '벽 없는 도서관'과 같은 새로운 교육 정책을 개발하여 학생과 시민의 책 읽기를 격려할 수도 있다. 아울러 프레네 교육학의 전통과 새로운 교육방법의 만남이라고 할 수 있는 '지식의 나무(arbre de connaissances)'는 렌(Rennes) 시에서 오티에(M. Authier)와 레비(P. Lévy)가 개발한 교육적 시도 중의 하나이다. '지식의 나무'는 프레네 교육학에 영감을 얻어 현장의 교사들이 더욱 발전시킨 교육활동 사례이다. 각 학생은 하나의 지식 전문가가 되어 친구들 앞에서 발표를 하고, 맡은 부분을 철저하게 준비하여 학부모를 초대한 행사를 주관한다. 이렇게 학습의 큰 울타리에서, 각자 맡은 역할을 잘 수행하여 지식의 나무를 구성할 수 있다.

이와 같이 프레네 교육학에 기초한 여러 가지 교육적 시도는 교육현장을 지속적으로 변화 · 발전시켜 갈 것이며, 굳이 셀레스탱 프레네를 언급하지 않더라도 새로운 교육을 위해 자신의 교육방법을 고민하고 개선해 가는 교사들은 점점 증가할 것이다. 국내외를 불문하고, 교실 수업의 개선에 온 힘을 다해 열정적으로 노력하는 교사들이 있는 한 교육의 개혁은 항상 긍정적인 효과를 창출한다고 생각한다.

참고문헌

강영혜 (2008). 석차, 사교육, 영재교육 없는 교육강국 핀란드. 세계의 수월성 교육. 49-95. 서울: 한국교육개발원.

권성호 · 정훈 (2013). 소통의 교육론으로서 프레네 교육의 의미. 학습과학연구, 7(3), 119-133.

김명신 (2002). 대안교육 : 어제-오늘-내일. 서울: 문음사.

김세희 (2014). 현대 프랑스 교육운동의 관점에서 본 '페다고지 프레네'. 고려대학교 대학원 교육학과 박사학위논문.

_____ (2015). '페다고지 프레네'와 프레네 교육운동. 교육비평, 36호, 256-265.

김영주 · 송순재 · 신은희 · 진영효 · 황성원 (2009). 프레네 교육의 첫걸음. 2008년 프레네 교육 참실대회 및 직무연수 자료집. 24-25.

김영화 (2005). 공동체로서의 학교 : 그 구성 요건. 한국교육, 32(2). 3-29. 로리앙 지역의 프레네 학교 규정 (2000). 1-16.

송순재 (1999). 공교육의 개혁을 위한 셀레스탱 프레네(C. Freinet)의 교육실천. 한국교육연구소, 44권. 477-497.

_____ (2000). 유럽의 아름다운 학교와 교육개혁운동. 인천: 내일을 여는 책.

_____ (2011). 셀레스탱 프레네와 프레네 교육학. 우리교육 2011년 여름호.

신현화 (2011). 프레네(Freinet) 교육론이 교육과정에 주는 함의. 한국교원대학교대학원 교육학석사학위논문.

엄진경 (2012). 프레네 학교의 '일' 개념에 기초한 청소년 농경체험 수련활동 연구. 전북대학교대학원 교육학석사학위논문.

오은순 · 황성원 (2003). 프랑스의 교수-학습 지원체제와 수업 지원의 실제. 교육과정평가연구, 6(1). 2003, 49-73. 한국교육과정평가원.

오인탁 · 양은주 · 황성원 · 최재정 · 박용석 · 윤재홍 (2006). 새로운 학교교육 문화운동. 서울: 학지사.

윤상화 (2007). 셀렝스탱 프레네의 언어수업 적용 연구. 공주교육대학교 교육대학원 석사학위논문.
이부영 (2013). 프레네와 이오덕 그리고 비고츠키와 혁신학교. 민들레 85. 143-156.
이영주 (2013). 배움의 의미에서 비추어 본 프레네 교육론. 경인교육대학교 교육대학원 석사학위논문.
이한순 (2008). 공교육 내에서의 '프레네 교육'의 실현 가능성과 고민. 자발성이 살아 숨쉬는 프레네 교육. 2008년 프레네 교육 직무연수 자료집. 94-97.
_____ (2010). 프레네 교육과 자유 표현. 프레네 교육의 현장 적용을 통한 살아있는 학급 경영. 2010년 충청남도 교육청 특수분야 직무연수 자료집. 15-48.
이혜성 · 이재림 (2012). 농산어촌 소규모 학교와 대안교육의 접점 모색 : 몬테소리 교육학, 예나플랜 교육학, 프레네 교육학, 발도르프 교육학의 사례를 중심으로. 청소년시설환경, 10(2). 65-80.
정혜영 (2013). 초등학교에서 '교육적 수업'의 가능성과 과제 -'행위 지향적 수업'을 중심으로. 교육논총, 50(1), 209-225.
정훈 (2006). 프레네의 일을 통한 교육론, 고려대학교대학원 교육학박사학위논문.
____ (2006). 셀레스탱 프레네의 시민교육론. 교육문제연구, 24, 25-48.
____ (2006). 프레네의 일 개념과 일에 토대를 둔 학교. 교육과학연구, 37(1), 1-28.
____ (2007). 셀레스탱 프레네 학교 협동체의 교육원리: 협력과 민주주의. 교육철학, 38, 207-227.
____ (2007). 『교육학의 불변 법칙』에 담긴 "프레네 교육"의 핵심사상과 과제. 교육학연구, 13(2), 99-125.
____ (2008). 교육적 놀이의 범주화를 위한 시도: 프레네 '놀이-일' 개념으로. 교육과학연구, 39(1), 1-17.
____ (2008). 프레네 교육(학)의 핵심사상과 주제. 자발성이 살아 숨쉬는 프레네 교육심화 연수자료집. 프레네 교육실천을 위한 네트워크. 24-41.

____ (2009). 자발성과 협력의 프레네 교육학. 서울: 내일을 여는 책.
____ (2011). 배움 욕구 회복을 위한 학교교육론으로서의 프레네 교육론의 의미. 교육학연구, 17(1), 32-56.
____ (2011). 프레네 자유글쓰기의 교육적 의미. 교육과학연구, 43(3), 1-25.
____ (2012). 프레네 교사론. 교육문제연구, 42, 97-121.
____ (2014). 프레네와 슈타이너 교육에서 예술 활동의 의미. 학습과학연구, 8(1), 158-174.
조욱현 (2013). 프레네 교사상과 진보주의 교사상의 비교 연구. 교원대학교 교육대학원 교육학석사학위논문.
한국교육연구네트워크 (2010). 핀란드 교육혁명. 서울: 살림터.
황성원 (1997). 프레네(C. Freinet) 교육에 대한 사회학적 고찰. 교육사회학연구, 7(3), 159-176.
____ (1997). 프랑스의 열린교육: R. 쿠지네와 C. 프레네의 교육을 중심으로. 열린교육연구, 5(2), 27-45.
____ (2003). 교실개혁운동으로서의 프레네 교육의 실천가능성 탐색. 열린교육연구, 11(2), 1-18.
____ (2003). 19세기말/20세기초 프랑스의 신교육운동: 에콜 데 로슈에서 프레네 교육까지. 연세교육연구, 16(1), 49-78.
____ (2003). 셀레스탱 프레네의 삶, 교육관, 수업사례. 교육비평, 12, 329-354.
____ (2005). 프레네 교육학에서 본 아동의 '학교 협동체'. 건양대학교 인문과학연구소. 인문논총, 10집.
____ (2007). 프레네 교육학의 전개과정과 현재적 의미. 프랑스학연구, 42, 555-576.
____ (2008). 표현, 소통, 협동에 기초한 프레네의 유아교육 실천. 제 7차 학교교육개혁연구회. 사유하는 학교 자료집. 85-91.
____ (2008). 프레네 교육학에서의 유아 · 초등교육 수업 실천 방안. 자발성이 살아 숨쉬는 프레네 교육. 2008년 프레네 교육 직무연수 자료집. 68-93.

_____ (2008). 프레네 교육학의 국내 학교 현장 적용 가능성. 자발성이 살아 숨쉬는 프레네 교육심화 연수자료집. 프레네 교육실천을 위한 네트워크. 42-77.

_____ (2009). 개방형 공립학교 모델-프랑스의 프레네 학교. 비교교육연구, 19권, 2호, 147-173.

_____ (2010). 표현과 소통의 교육, 셀레스탱 프레네. 서울: 창지사.

_____ (2012). 프레네 교육 이론과 시사점. 서울시 교육연수원 초중등 서울교육혁신 토요아카데미(제1기 삶과 교육). 강의자료.

_____ (2013). 표현, 소통, 공유의 프레네 학교교육과정. 2013 유초등 관리자 창의지성 역량강화 직무연수 자료집. 경기도율곡연수원.

_____ (2013). 프랑스 보육정책의 육아지원 공공성 연구. 2013 한국아동학회 춘계학술대회 자료집. 7-31.

_____ (2015). 프레네(Freinet) 교육학의 한국 영유아교육 적용 방안 물색. 2015년 한국 영유아교원교육학회 추계학술대회 교육철학과 정책 분과 발표 자료집. 64-70.

황원철 · 김성열 · 고창규 (2004). 공교육. 서울: 원미사.

Acker, V. (2000). Célestin Freinet (1896-1966): A most unappreciated educator in the anglophone world. Paper presented at the Annual Conference of the Comparative and International Éducation Society, San Antonio, TX, March 8-12, 26p.

_______ (2007). *The French Éducator Célestin Freinet(1896~1966): An inquiry into how his Ideas shaped éducation*. Rowman & Littlefield Pub Inc.

Albertini, P. (1992). *L'école en France XIXe-XXe siècle de la maternelle à l'université*. Paris : Hachette.

Aslanian, Chabrun, Le Ménahèze, Mathieu, Mazurie, & Saint Luc. (2005). *Démarrer en pédagogie Freinet: Pourqoui? Comment?*. Nantes : Éditions ICEM.

Baillet Dietlinde (2002). *프레네 교육학에 기초한 학교 만들기* (송순재 · 권순주 공역). 인천: 내일을 여는책. (원저 출판 1999).

Barré, M. (1995). *Célestin Freinet, un éducateur pour notre temps*. Paris : Éd. PEMF.

________ (1996). *Célestin Freinet et l'École moderne*. Paris : Éd. PEMF.

________ (1997). *Compagnon de Freinet*. Vauchrétien. Ivan Davy Editeur.

Beattie, N. M. (1996). Interview and Concours : teacher appointment procedures in England and Wales and France, and What they mean. *Assessement in éducation*, *Vol. 3*, No 1, 9-28.

Beattie, N. M. (1998). Freinet and the Anglo-saxons. *Compare*, *28*, 1, 33-45.

___________ (2002). *The Freinet movements of France, Italy, and Germany, 1920-2000: Versions of Éducational Progressivism*. N.Y & Queenston : The Edwin Mellen Press.

Bizieau, Ch. (2002). *J'ai deux, trois ou quatre ans, Et je vais à l'école Maternelle-Cycle 1*. Nantes : Éditions ICEM.

Blanchard, J., Descottes, P., & Le Ménahèze, F. (2007). *Travailler en équipe aujourh'hui : de l'utopie àla réalité*. Nantes : Éditions ICEM.

Bloch, M.-A. (1948, 1968). *Philosophie de l'éducation nouvelle*. Paris : Seuil.

Boncourt, M. (2003). Pédagogie Freinet/Pédagogie institutionnelle : autres points de divergence. *Recherche et formation*, n°44, 167-182.

Boumard, P. (1996). *Célestin Freinet*. Paris : Puf.

Bruliard, L. & Schlemminger, G. (1996). *Le mouvement Freinet : des origines aux années quatre-vingts*. Paris : L'Harmattan.

Castier C. & Quoniam, M. (2002). *Pratiques Freinet en maternelle*. Nantes : Éditions ICEM.

Chabrun, C., Le Ménahèze, F. (2007). *La parole dans la classe : l'entretien, le《Quoi de Neuf?》*. Nantes : Éditions ICEM.

Chabrun, C. (2015). *Entrer en pédagogie Freinet*. Paris: Éditons Libertalia.

Chanet, J.-F. (1996). *L'école républicaine et les petites patries*. Paris : Éditions Aubier.

Chopart, Ch. (2011). *Une organisation de pédagogie Freinet pour un an*. Coprighted

Material.

Clanché, P. & Testanière, J. (1989). *Actualitéde la pédagogie Freinet*. Bordeaux : Presses Universitaires de Bordeaux.

Clanché, P. Debarbieux, E., & Testanière, J. (1994). *La pédagogie Freinet, Mises àjour et perspectives*. Bordeaux : PUB.

Connac, S. (2009). *Apprendre avec les pédagogies coopératives, démarches et outils pour l'école*. Paris: ESF éditeur.

Decaunes, L. & Cavalier, M.-L. (1962). *Réforme et projets de réforme de l'enseignement français de la révolution à nos jours(1789-1960)*. Paris : Institut pédagogique national.

Delcambre (2007). Enseingement et apprentissage de l'oral. Une école Freinet. *Fonctionnements et effets d'une pédagogie alternative en milieu populaire*. Paris : L'Harmattan. 159-184.

Demolin, Ed. (1897). *A Quoi tient la supériorité des Anglo-saxons?*. Paris : Puf.

Dottrens, R. (1963). *L'enseignement individualisé*. Neuchâtel : Delachaux & Niestlé.

Ehm, A. (1937). *L' éducation nouvelle*. Sélestat : Alsatia.

Favry, R., Jourdanet, J., & Le Ménahèze, F. (2007). *Le conseil dans la classe*. Nantes : Éditions ICEM.

Ferrière, Ad. (1947). *Transformons l'école*. Paris : Éd. J. Oliven.

Fonvieille, R. (1989). *L'aventure du mouvement Freinet*. Paris: Méridiens Klincksieck.

Focquenoey, Th. (2002). *Coopération et Pédagogie Freinet*. Nantes : Éditions ICEM.

Francomme, O. (2010). Être décrocheur en Corée du Sud. *Les Cahiers pédagogiques*. n°481. 61-62.

____________ (2011). *La recherche dans le mouvement Freinet : épistémologie du chercheur collectif coopératif*. Habilitation à diriger des recherches[HDR]. Université Paris Ouest Nanterre La Défense.

François Le Ménahèze & O. Francomme (2008). 프레네 교육, 기존의 대안학교, 일반 학교와의 차이점. *자발성이 살아 숨쉬는 프레네 교육* (황성원 역). 2008 프레네 교육 직무연수 자료집. 전국교직원노동조합. 1-13.

Freinet, C. & Alziary, H. (1947). Les correspondances interscolaires. *Brochures de l'Éducation nouvelle populaire*. n°32 de novembre.

Freinet, C. (1977). *Pour l'école du peuple*. Paris : Fr. Maspero.

________ (1978). *L'éducation du travail*. Neuchâtel : Delachaux & Niestlé.

________ (1980). *Les techniques Freinet de l'École moderne*. Paris : A. Colin.

________ (1990). *Cooperative learning & socal change: Selected writing of Célestin Freinet*. David Clandfield & John Sivell(Eds. & Trans.). Toronto: Our School/OurSelves OISE.

________ (1994). *Œuvres pédagogiques I*. Paris : Seuil.

________ (1994). *Œuvres pédagogiques II*. Paris : Seuil.

Freinet, E. (1976). *Naissance d'une pédagogie populaire*. Paris : Fr. Maspero.

________ (1977). *L'itinéraire de Célestin Freinet, La libre expression dans la pédagogie Freinet*. Paris : Puf.

Freinet, M. (1997). *Élise et Célestin Freinet. Souvenir de notre vie*. Paris : Stock.

Giauque, N. & Tièche Christinat, Ch. (2015). *La pédagogie Freinet, concepts, valeurs, pratiques de classe*. Paris: Chronique sociale.

Hameline, D., Helmchen, J., & Oelkers, J.(dir.) (1995). *L'éducation nouvelle et les enjeux de son histoire*. Bern : Peter Lang.

Houssaye, J. (1994). *Quinze pédagogues, leur influence aujourd'hui*. Paris : A. Colin.

Huberman, M. (1989). *La vie des enseignants : évolution et bilan d'une professeion*. Neuchâtel : Delachaux & Niestlé.

Hwang, S. W. (1997). *Socialisation scolaire et éducation Nouvelle. Travail de groupe(R. Cousint) et Pédagogie Freinet: Etude comparative*. Thèse de Doctorat. Universitéde Rouen.

___________ (1999). La socialisation dans le courant "pédagogie Freinet": ses valeurs et ses pratiques. *Questions de recherches en éducation*. Paris : INRP/Éducation. 1. 225-235.

Jacomino, B. (2011). *Alain et Freinet une école contre l'autre*. Paris : L'Harmattan.

Jacomo, B. & Rouvière Yv. (2014). *Comprendre Freinet*. Paris: MaxMilo.

Lamihi, A. (1994). *De Freinet àla pédagogie institutionnelle ou l'école de Gennevilliers*. Vauchrétien : Ivan Davy Editeur.

________ (1997). *Freinet et l'école moderne*. Vauchrétien : Ivan Davy Editeur.

Lee, W. (1993). Freinet Pedagogy: An Alternative Approach to Traditional Schools. *Canadian social studies*, *27*, 4, 146-151.

______ (1994). John Dewey and Célestin Freinet: A Closer Look, in J. Sivell (Ed) : *Freinet Pedagogy theory and practice*. Lewiston. NY : Edwin Mellen Press.

______ (1997). *The école moderne, an internatinal movement. What are the ingredients for successful import?* http://membres.lycos.fr/possible/Lee/htm.

Lee, W. & Sivell, J. (2000). *French elementary éducation and the école moderne*. Bloomington : Phi Delta Kappa Éducational Foundation.

Legrand, L. (1968). Les conditions du développement en pédagogie, *Revue Française de pédagogie*. n°3.

_________ (1993). Célestin Freinet(1896-1966). *Perspectives*. Edition UNESCO. numéro spécial. vol XXII, n° 1-2. 407-423.

Lémery, J.& Bizieau, Ch. (2002). *La pédagogie Freinet, des principes, des pratiques*. Éditions ICEM.

Maury, L. (1988). *Freinet et la pédagogie*. Paris :Puf.

Meirieu, Ph. (2014). *Le plaisir d'apprendre*. Paris: Editions Autrement.

Mialaret, G. (1991). Freinet Method, *The international encyclopedia of éducation*, T. Husen et T-N. Postlethwaite, Vol. 4, Oxford/New York : Pergamon Press. 1972-1973.

Mialaret, E. (2000). *Les sept savoirs nécessaires á l'éducation du futur*. Paris : Seuil.

Morin, E. (2005). *Introduction à la pensée complexe*. Paris : Seuil.

Mondoloni, J. (1996). *Les enfants de Freinet*. PhilPapers.

Nonnon (2006). Conférence, comptes rendus de lecture : compétences d'écoute et d'exposition. *Effets d'un mode de travail pédagogique Freinet en REP*. Rapport de la Recherche IUFM du Nord-Pas de Calais(2004-2005). Université Charles-de-Gaulle-Lille 3. 141-152.

O. Francomme. & J. N. Even (2006). 프레네 학교 이야기 (성장학교 별 역). 서울: 도서출판 별.

________________ (2007). 두 번째 프레네 학교 이야기 (성장학교 별 역). 서울: 도서출판 별.

Passerieux Ch. (2014). *Construire le goût d'apprendre àl'école maternelle*. Paris: Chronique sociale.

Peeters, J. & Vandenbroeck, M. (2010). Freinet et l'accueil d'enfants: à nouveau croire au monde. *25 ans d'enseignment Freinet à Gand*. Le livre du colloque du 20 novembre 2010. 103-112.

Peyronie, H. (1999). *Célestin Freinet, Pédagogie et émancipation*. Paris : Hachette.

________ (2000). *Célestin Freinet*. In Jean Houssaye de Quinze pédagogues : Leur influence aujourd'hui. Paris : Bordas

________(dir.) (2000). *Freinet, 70 ans après*. Presses universitaires de Caen.

________ (2013). *Le mouvement Freinet : du fondateur charismatique à l'intellectuel collecif*. Presses universitaires de Caen.

Piaton, G. (1974). *La pensée pédagogique de Célestin Freinet*. Toulouse : Privat.

Prost, A. (1968). *L'enseignement en France 1800-1967*. Paris : A. Colin.

Raillon, L. (1994). Éducation nouvelle. *Dictionnaire encyclopédique de l'éducation et de la formation*. Paris : Nathan. 341-345.

Raymond, A. (2002). *L'éducation morale dans le mouvement de l'éducation nouvelle*. Paris: L'Harmattan.

Reuter, Y., & Carra, C. (2005). Analyser un mode de travail pédagogique alternatif: l'exemple d'un groupe scolaire travaillant en pédagogie Freinet. *Revue Française de Pédagogie*. n° 153. 39-53.

Reuter, Y. (2006). *Effets d'un mode de travail pédagogique Freinet en REP*. Rapport de la Recherche IUFM du Nord-Pas de Calais(2004-2005). UniversitéCharles-de-Gaulle-Lille 3.

______ (2007). *Une école Freinet. Fonctionnements et effets d'une pédagogie alternative en milieu populaire*. Paris : L'Harmattan.

________ (2010). Pratiquer la pédagogie Freinet en milieu 'difficile'. *25 ans d'enseignment Freinet à Gand*. Le livre du colloque du 20 novembre 2010. 27-41.

Robin, I. (2011). *La pédagogie institutionnelle en maternelle*. Paris: Matrice.

_______ (2013). *L'entrée dans la Loi*. Nidernhausen: Edition RoPi.

_______ (2014). *L'entrée dans la réussite évaluer en maternelle. Le Cahier de réussites*. Nidernhausen: Edition RoPi.

Robo, Patrick (1996). *Qu'est-ce que la pédagogie Freinet*. Lyon : Voies Livres.

Rodero, M. I. (1995). Active learning in a democratic classroom: The 'pedagogical invariants' of Célestin Freinet. *The reading teacher. 49*(2). 164-167.

Saint-Luc, F. (2007). *Formation des enseignants dans une association coopérative: Le cas d'un projet d'établissement secondaire Freinet*. document inédit.

Sivell, J. (1994). *Freinet Pedagogy: Theory and practice*. Edwin Mellen Press.

Skidelsky, R. (1972). *Le mouvement des écoles nouvelles anglaises, Abotsholme, summerhill, dartington hall, gordonstoun*. Paris : Maspero.

Tapscott, D. (1999). *Grown up digital: How the net generation is changing your world*. Canada: McGraw-Hill.

Testaniére, J. (1994). La Pédagogie Freinet : une 'éducation nouvelle populaire', des 'éducateurs prolétariens'? In Clanché P., Debarbieux E., Testanière E.(dir.). *La Pédagogie Freinet –Mise à jour et perspectives*. Presses universitaire de Bordeaux.

Tosquelles, F. (2006). *Éducation et psychothérapie institutionnelles*. Paris: Matrice.

Vasquez, A. & Oury, F. (1971). *Vers une pédagogie institutionnelle*. Paris: Maspero.

Vergnioux, A. (2005). *Cinq études sur Célestin Freinet*. Caen : PU de Caen.

福田誠治 (2008). 핀란드 교육의 성공 (나성은 · 공영태 공역). 서울: 북스힐. (원저 출판 2006).

[사이트 주소]

http://www.education.gouv.fr/(프랑스 교육부)

http://www.icem-pedagogie-Freinet.org/(현대학교협의회 ICEM 홈페이지)

http://www.freinet.org/(국제현대학교연합 FIMEM 홈페이지)

저자소개

황성원(黃聖媛, Hwang Sungwon)

이화여자대학교 사범대학 외국어교육과(불어교육 전공) 졸업

프랑스 국립 스트라스부르(Strasbourg) 대학교 (교육학 학사)

프랑스 국립 스트라스부르(Strasbourg) 대학교 (교육학 석사)

프랑스 국립 루앙(Rouen)대학교 (교육학 박사)

건양대학교 아동보육학과 교수(2000년 ~)

[박사논문] 아동의 학교사회화와 에뒤카시옹 누벨 - 로제 쿠지네(Roger Cousinet)의 소집단 자유학습법과 프레네(Freinet) 교육학 비교 연구

[연구분야] 프레네 교육학, 프레네 교육 기반 영유아 교수방법과 활동자료 개발, 프랑스 육아지원정책

표현 · 소통 · 협력의 교육

프레네 교육학

초판 1쇄 인쇄 2016년 9월 22일
초판 1쇄 발행 2016년 9월 27일

지 은 이 | 황성원
펴 낸 이 | 김기섭
편 집 인 | 이혜란
펴 낸 곳 | 창지사 www.changjisa.com
08589 서울시 금천구 가산디지털 1로 83 파트너스타워 1차 9층
전화 (02)719-2211~3
팩스 (02)701-9386
등 록 | 1977년 4월 28일 · 제1-421호

ISBN 978-89-426-0870-6 (93370)

값 16,000원

이 도서의 국립중앙도서관 출판예정도서목록(CIP)은 서지정보유통지원시스템 홈페이지(http://seoji.nl.go.kr)와 국가자료공동목록시스템(http://www.nl.go.kr/kolisnet)에서 이용하실 수 있습니다(CIP제어번호: CIP2016023406)